Hugo Weithase

Geschichte des Weltpostvereins

Hugo Weithase

Geschichte des Weltpostvereins

ISBN/EAN: 9783743325807

Hergestellt in Europa, USA, Kanada, Australien, Japan

Cover: Foto ©ninafisch / pixelio.de

Manufactured and distributed by brebook publishing software
(www.brebook.com)

Hugo Weithase

Geschichte des Weltpostvereins

GESCHICHTE

DES

WELTPOSTVEREINS

VON

Dr. HUGO WEITHASE
POSTKASSIRER.

Zweite, erheblich vermehrte und verbesserte Auflage.

STRASSBURG

J. H. Ed. Heitz (Heitz & Mündel).

1895.

Herrn Ober-Postdirektor LEITOLF

IN DANKBARKEIT

GEWIDMET.

Bei Abschluss meiner Arbeit darf ich nicht unterlassen, meinen hochverehrten Lehrern, den Herren Professoren Dr. Sartorius von Waltershausen und Dr. G. F. Knapp für die mir in den sechs Semestern, während welcher ich im Staatswissenschaftlichen Seminar der Kaiser-Wilhelms-Universität hierselbst thätig war, gewährte Belehrung und Antheilnahme, namentlich aber dem Ersteren für die speziell zu dieser Arbeit gegebene Anregung und geleistete eingehende Unterstützung meinen tiefgefühlten Dank auszusprechen.

Vielen Dank schulde ich auch den Herren Direktoren im Reichs-Postamt, Excellenz Sachse und Fritsch in Berlin, dem früheren schweizerischen Ober-Postdirektor Herrn Höhn und vor Allem meinem verehrten Freunde, Herrn Postrath Galle, Vicedirektor des internationalen Bureaus des Weltpostvereins in Bern, für die freundliche Ueberlassung der einschlägigen Aktenstücke.

* * *

Der erste Theil der Abhandlung ist unter dem Titel „Die internationalen Postbeziehungen bis zum Zusammentritt des Berner Postkongresses" als Inaugural-Dissertation behufs Erlangung der staatswissenschaftlichen Doktorwürde gedruckt.

Einleitung.

Unter der Post versteht man nach dem modernen Begriff eine Staatsverkehrsanstalt zur Beförderung von Briefen, Zeitungen, Geldsendungen und, in manchen Staaten, auch von Packeten und Personen. Sie ist aus Gründen der Zweckmässigkeit gegenwärtig in allen Kulturländern als Staatsanstalt unter gesetzlichen Garantien eingerichtet, weil es nothwendig erscheint, das Verkehrsbedürfniss der Staatsangehörigen durch sorgfältige, unter die Verwaltung staatlicher Organe gestellte öffentliche Betriebseinrichtungen von unbedingter Regelmässigkeit und unter Wahrung des Briefgeheimnisses zu befriedigen.

Mit dieser allgemeinen volkswirthschaftlichen Zweckmässigkeit verbindet sich noch das Finanzinteresse des Staates, und aus diesem Grunde muss die Post entweder ein rechtliches oder faktisches Monopol besitzen. Nicht Alles jedoch, was durch die Post verschickt wird, fällt heute noch unter den Begriff dieses Verkehrsmonopols, wie es früher der Fall war; der bedeutungsvollste Kern des Postbetriebes, die Briefbeförderung, ist aber durch das frühere Postregal, jetzt Postzwang genannt, geschützt. Technisch ist gerade bei der Briefbeförderung die Koncentrirung des Betriebes, der ausgesprochene monopolistische Grossbetrieb, angezeigt. Dieses Interesse zeigt sich auch darin, dass bei gemischten Staatengebilden — bei Bundesstaaten — die Post regelmässig einheitlichen Verwaltungsnormen unterliegt.

So viele Verfechter beispielsweise das System der Privateisenbahnen noch haben mag, so ist es heute doch allgemein anerkannt, dass der Postbetrieb ein staatlicher sein muss. Adam Smith bezeichnete schon die Postverwaltung als „vielleicht die einzige merkantile Unternehmung, welche durch jede Art der Regierung mit Erfolg geleitet und verwaltet worden ist."[1] Zur Erörterung

---

[1] Reichthum der Nationen. 5. Buch. 2. Kap. Theil I.

stehen heute nur noch Fragen über Einzelheiten der Ausdehnung des Postbetriebes und über die Zulässigkeit und Zweckmässigkeit der staatlichen Ausschlussrechte, wobei besonders das Briefbeförderungsmonopol eine wichtige Rolle spielt.

Was das finanzpolitische Princip betrifft, so ist dasselbe bei der Post analog aufzufassen, wie bei den Staatsbahnen, aber mit etwas anderer Färbung. Die öffentlich rechtliche Verkehrsleistung des Staates steht in erster Linie. Wenn auch die Post als Erwerbsunternehmung in Gestalt eines Verkehrsmonopols — nicht eines Finanzmonopols — zu betrachten ist, die Einnahmen daher zu den Erwerbseinkünften zählen, so tritt doch das Gebührenartige des Entgelts hervor und zwar so stark, dass die Ansichten über die wissenschaftliche Klassification der Einnahmen getheilt sind. Bei den Ländern mit entwickeltem Verkehr und verhältnissmässig dichter Bevölkerung dürfte zu erstreben sein die volle Kostendeckung und darüber hinaus ein mässiger Ueberschuss, welcher gewissermassen als Reserve für ungünstige Perioden gilt. Dagegen wird bei Ländern mit weiten und theilweise schwach bevölkerten Gebieten, mit kostspieligen Postverbindungen und relativ geringem Postverkehr, wie bei Russland, Brasilien und den Vereinigten Staaten von Amerika, aus politischen Gründen zweckmässig davon abgesehen, die Tarife so zu normiren, dass durch die Posteinnahmen die Kostendeckung oder gar ein Ueberschuss erzielt wird.

Das Gesetz des Zusammenhangs der Verkehrsentwickelung mit der Verbilligung des Transports und der Vereinfachung seiner Normen, namentlich die Schaffung weitester Zonen, hat sich bei der Post in glänzender Weise bewährt.

Bei der Frage der Portotarifirung kommen zwei Hauptsysteme in Betracht:

1. Der Stufentarif mit steigenden Sätzen, abgestuft nach Entfernungen, Gewicht und Werth. Diese Art von Tarif bestand bis zum Jahre 1840 in allen Ländern. Ein sehr reich ausgestatteter Stufentarif mit vielen einzelnen steigenden Sätzen war namentlich der englische[1] Briefposttarif vom Jahre 1812. Hiernach kostete der einfache Brief, welcher indessen nur ein Blatt Papier enthalten

---

[1] Unter England ist, sofern nichts Besonderes angegeben ist, immer Grossbritannien und Irland zu verstehen

durfte, bis zum Gewichte von 1 Unze, nach 11 verschiedenen zwischen 15 und 500 englischen Meilen sich abstufenden Entfernungen 4, 5, 6, 7, 8, 9, 10, 11, 12, 13 und 14 Pence, darüber hinaus für je 100 englische Meilen einen Penny mehr. Briefe im Gewichte von über 1 Unze bis $1^1/_4$ Unze kosteten das vierfache Porto; bei schwereren Briefen wurde für jede Viertelunze ein Portosatz mehr in Ansatz gebracht. Enthielt der Brief mehrere Blätter, so wurde für jedes Blatt der volle Taxbetrag berechnet; Briefe unter Umschlag kosteten, weil sie kouvertirt waren, das doppelte Porto. Zur möglichsten Sicherstellung der richtigen Portoerhebung bestand ein wahres Spionirsystem. Die englische Post liess durch ihre Beamten auf jede mögliche Weise (Befühlen, Halten gegen das Licht u. a. m.) die Anzahl der in einem Briefe enthaltenen einzelnen Briefbogenblätter zum Zwecke der erhöhten Taxirung ermitteln.

2. Der Einheitstarif mit möglichst niedrigen Sätzen, welcher, als Ideal in der Art, dass es überhaupt keine Abstufungen mehr gäbe, wohl kaum erreicht werden wird. Immerhin bezeichnen wir als konkreten Einheitstarif denjenigen, welcher im Gegensatz zum Stufentarif mit vielen einzelnen steigenden Sätzen von der Abstufung nach den Entfernungen beinahe ganz absieht, nur eine ganz kleine Zahl von Abstufungen der Entfernungen zulässt und auch in der Berücksichtigung des Gewichts grössere Freiheiten gewährt als der Stufentarif.

Ein Kompromiss zwischen streng durchgeführtem Stufentarif und dem Einheitstarif ist der Zonentarif; und die Entwickelung geht dahin, dass der Zonentarif sich immer mehr und mehr dem Einheitstarif nähert, ohne ihn aber ganz zu erreichen.

Mit der Entwickelung der Tariffragen geht die Herabminderung der Sätze Hand in Hand, wobei gelegentlich wichtige Fragen aufgeworfen werden. Bei jedem Ermässigungsakt, welcher sich hierbei als Resultat ergiebt, ist finanzpolitisch die Frage aufzuwerfen, ob derselbe nicht etwa der vollen Kostendeckung hinderlich ist. Die Beantwortung dieser Frage erfolgt nicht immer im Sinne der auf Fortschritt drängenden Konsumenten, aber sie muss festgehalten werden, selbst auf die Gefahr einer gewissen Unpopularität der Post hin. Mit der Herabminderung der Taxen ist Hand in Hand gegangen eine grosse technische Vereinfachung des Betriebes. Im Ganzen kann man sagen, dass Verbilligung und Vereinfachung am leichtesten zulässig sind beim intensivsten Verkehr, bei der Briefpost.

Epochemachend auf diesem Gebiete ist die einheitliche Einführung des Pennyportosystems in England im Jahre 1840 gewesen. Im Jahre 1837 trat Rowland Hill, damals ein einfacher Assekuranzcommis, mit seinen grossartigen Vorschlägen auf, durch welche er zunächst der Reformator [1] des englischen Briefverkehrs, aber zugleich, wenn auch unbewusst, ein Mitbegründer des späteren Weltpostvereins wurde, denn nur aus dem Einheitsporto der einzelnen Staaten konnte ein einheitliches Porto für einen alle Staaten der Erde umfassenden Postverein hervorgehen. In einer Flugschrift, betitelt „Postreform, ihre Wichtigkeit und Ausführbarkeit", [2] wies Hill nach, dass die Ueberschüsse der englischen Postverwaltung in den Jahren 1815 bis 1835 trotz der Vermehrung der Bevölkerung und der Steigerung des Wohlstandes unverändert geblieben, hob die Vortheile hervor, welche in finanzieller Hinsicht, sowie in den sittlichen und intellektuellen Beziehungen des Volkes durch einen ungehinderten, nicht auf die besitzenden Klassen beschränkten Briefverkehr eintreten würden, und beantragte, für jeden nicht eine halbe Unze schweren Brief im gesammten Gebiete der Länder der britischen Krone einen Penny Porto zu erheben. Dieser grossartige Vorschlag wurde von der Postverwaltung zurückgewiesen, und der damalige englische General-Postmeister Graf von Liechfield liess sich im Parlamente zu der Aeusserung hinreissen, dass von allen den wilden und phantastischen Problemen, welche jemals zu seiner Kenntniss gelangt seien, das Hill'sche doch das überspannteste sei. Aber die Gedanken von Hill waren in die Massen eingedrungen und hatten bei diesen grossen Anklang gefunden. Versammlungen wurden

---

[1] In der Schrift «The Penny Postage Scheme of 1837: was it an Invention or a Copy?» sucht Patrik Chalmers nachzuweisen, dass Rowland Hill keineswegs der geistige Urheber der englischen Postreform von 1840 gewesen, dass vielmehr der Gedanke des Einheitsportos schon im fünften Berichte des Parlamentsausschusses für Postangelegenheiten enthalten sei. Sofern Hill nicht der Urheber des Gedankens gewesen ist, gebührt ihm doch das grosse Verdienst, dass es ihm gelungen ist, den Gedanken in den Volksmassen zu verbreiten und populär zu machen.

[2] Post Office Reform: its importance and practicability (London 1837).

abgehalten, zahlreiche Petitionen an das Parlament gesandt; auch die Presse trat für die Durchführung des Hill'schen Vorschlags ein. In London wurde von den grossen Kaufleuten und Bankiers ein Mercantile Committee gegründet, welches in Flugschriften und Zeitschriften, ja selbst auf der Bühne die Ideen Hills popularisirte. Nachdem der Kampf des Publikums gegen die Postverwaltung in dieser Weise mehrere Jahre gedauert hatte, bequemte das Parlament sich endlich, eine Kommission zur Prüfung der Frage einzusetzen. Die Kommission sprach sich für die Einführung des Hill'schen Projektes aus, und die Regierung führte, nachdem Hills Vorschläge durch das Gesetz vom 17. August 1839 angenommen worden waren, das Pennyporto vom 10. Januar 1840 ab in Grossbritannien und Irland ein.

Erst durch die englische Postreform vom Jahre 1840 wurde die Aufgabe des modernen Postwesens, einen allgemeinen Gedankenverkehr im Volke zu erhalten, erreicht; denn so lange in Folge der hohen Portosätze die Benutzung der Post auf die bemittelten Stände beschränkt blieb, war die Post zwar der Theorie, aber nicht der Wirklichkeit nach eine allgemeine Verkehrsanstalt.

Die Hill'sche Postreform bildete den Ausgangspunkt für eine rationellere Gestaltung des Posttarifwesens. Sie brach für immer mit dem alten Fiskalitätsprinzip, nach welchem die Post von Seiten der Staatsgewalt lediglich als Finanzquelle behandelt worden war. Mit Verkennung gewisser volkswirthschaftlicher Grundsätze waren die Postgebühren nach Entfernungs- und Gewichtseinheiten abgestuft, so dass die Möglichkeit, die Post für die Zwecke der Volkswirthschaft und des Kulturlebens zu benutzen, in dem Grade, wie die Entfernungen für den Korrespondenzverkehr wuchsen, abnahm. Erst Hill verschaffte dem Gedanken Geltung, dass es volkswirthschaftlich allein richtig sei, die Preise der Einzelleistungen der Post nach der Gesammtfrequenz aller Leistungen zu bemessen, dass mässige Portosätze diese Gesammtfrequenz zu steigern im Stande seien, und dass damit auch die Einnahmen der Post eine Steigerung erfahren müssen. Mehr noch als diese Theorie sprachen für die Richtigkeit der Hill'schen Idee die Thatsachen selbst. Blieben auch in den ersten zehn Jahren die Finanzerträgnisse der englischen Post gegen früher verhältnissmässig zurück, so verdoppelte sich doch schon im ersten Jahre der Reform die Zahl der Briefpostsendungen, nach fünf Jahren war sie verdreifacht, nach acht Jahren vervierfacht und nach siebzehn Jahren versechsfacht,[1] so dass bald eine stetige Steigerung der Posteinnahmen erzielt wurde; allein die grossen Erwartungen, welche man bezüglich der Steigerung der Finanzüberschüsse gehegt hatte, trafen erst nach etwa 30 Jahren ein; denn es war ein Fehler der Hill'schen Postreform gewesen, dass das Porto mit einem Male zu bedeutend, nämlich von durchschnittlich $7^1/_2$ Pence auf 1 Penny, herabgesetzt, und der Einfluss dieser weitgehenden Reduktion des Portos auf die Steigerung des Bedürfnisses zu sehr überschätzt worden war. Man hatte zwar eine Uebergangsmassregel ergriffen, indem man das Einheitsporto zunächst auf 4 Pence festsetzte, aber die Zeit vom 12. November 1839 bis 10. Januar 1840 war doch zu kurz bemessen, um in finanzieller Hinsicht irgend welche Wirkung auszuüben.[2]

In den übrigen Verkehrsstaaten waren zwar keine so günstigen Vorbedingungen für die Steigerung des Korrespondenzverkehrs, wie in England, gegeben; dennoch konnte das Vorgehen Englands

---

[1] Der Briefverkehr Englands weist folgende Zahlen auf:

Im Jahre	1839	75,9	Millionen	Briefe	
»	»	1840	168,8	»	»
»	»	1841	196,5	»	»
»	»	1842	208,4	»	»
»	»	1843	220,4	»	»
»	»	1844	242,1	»	»
»	»	1845	271,4	»	»
»	»	1846	299,6	»	»
»	»	1847	322,1	»	»
»	»	1848	328,8	»	»
»	»	1849	337,4	»	»
»	»	1850	347,1	»	»
»	»	1851	360,6	»	»
»	»	1852	379,5	»	»
»	»	1853	410,8	»	»
»	»	1854	443,6	»	»
»	»	1855	456,2	»	»

[2] Die reinen Posteinnahmen beliefen sich in England:

Im Jahre	1838	auf	1659 500	£
»	»	1839	»	1633 764	»
»	»	1840	»	465 927	»
»	»	1841	»	528 700	»
»	»	1842	»	611 300	»
»	»	1843	»	568 382	»
»	»	1844	»	691 000	»
»	»	1845	»	775 986	»

auch in den anderen Staaten nicht ohne Wirkung bleiben. Der Gedanke, welcher der englischen Postreform zu Grunde lag, musste auch anderwärts sich durchringen und zur Geltung gelangen. Erst nach dieser Reform konnten die Staaten dazu übergehen, über den Austausch von Korrespondenzgegenständen unter einander Verträge abzuschliessen, wenn auch die Erzielung derartiger gemeinsamer Abmachungen stets auf ausserordentliche Schwierigkeiten stiess. Um so mehr muss es überraschen, dass bereits lange Zeit vor der Hill'schen Reform der Gedanke an die Möglichkeit einer Vereinigung aller Postverwaltungen ausgesprochen worden war.

Im Jahre 1811, in einer für ganz Europa, besonders aber für Deutschland schweren politischen Zeit, hatte der Schriftsteller Klüber eine Schrift, betitelt „Das Postwesen in Deutschland, wie es war, ist und sein könnte" veröffentlicht und darin den folgenden Satz aufgestellt: „Bei der Post sollte, wie bei Künsten und Wissenschaften, ein kosmopolitischer Sinn in seinem ganzen Umfange gelten, allgemeiner Weltgeist walten. Mit schuldigem Wohlwollen gegen die Menschheit sollte man sie behandeln und betrachten, als gehöre sie der ganzen kultivirten Welt an, denn in chaotischer Nacht liegt die Kultur, wo keine Post ist. Die Wechselwirkung zwischen ihr und jedem Kulturverhältniss aller civilisirten Nationen ist so vielfach und unzertrennlich, dass man sie als Weltpostanstalt betrachten muss, wenn man ihren ganzen hohen Werth richtig fassen will."

Diesen Satz hatte Klüber zu einer Zeit aufgestellt, als in Deutschland nicht weniger als dreissig selbständige Postinstitute bestanden, deren Einrichtungen und Verwaltungsgrundsätze sich wesentlich voneinander unterschieden, als die Berechnung der Portogebühren in Folge der Zerstückelung der Beförderungsstrecken in eine Reihe von Transitstrecken zu einem schwierigen geographisch-arithmetischen Exempel wurde. Deutschland bot damals, wie auf politischem Gebiet, so auch in seinem Postwesen ein Bild äusserster Zersplitterung dar. In jedem Staate gab es besondere Posteinrichtungen und Tarife. Bei den Taxen bestanden Unterschiede nicht allein in den Grundsätzen, sondern auch in den Sätzen und Abstufungen. Ferner waren die Längen-, Münz- und Gewichtssysteme äusserst verschieden; die Gesammttaxe für eine Sendung setzte sich oft aus zahlreichen Einzeltaxen zusammen. Bei den Transitverhältnissen stand es noch schlimmer; für das Passiren eines jeden Landes wurde Transitgebühr erhoben, und jeder Staat suchte hierbei möglichst viel zu profitiren. Diesen Missstand suchte man durch Umleitung zu vermeiden. Hierdurch wurde aber der Weg länger, die Taxe höher und die Beförderungsstrecke ausgedehnter.

Der von Klüber ausgesprochene Gedanke konnte daher nicht in Erfüllung gehen, bevor nicht zunächst der chaotische Wirrwarr der deutschen Postverhältnisse einigermassen beseitigt war. Die Aussichten hierfür waren indess sehr gering. Selbst nach dem Wiener Kongresse wurde für die Einigung in Postangelegenheiten in Deutschland Nichts gethan, obwohl auf dem Kongresse angedeutet worden war, dass das Postwesen eine allgemeine Bundesanstalt sein müsse,[1] deren Ertrag zu allgemeinen Zwecken zu verwenden sei, und obgleich in der Bundesversammlung im Jahre 1819 von den Freien Städten der Antrag gestellt worden war, „mittels einer Vereinigung der Bundesstaaten den Zustand des Postwesens in Deutschland zu verbessern, insbesondere den Klagen über übermässige Theuerung des Portos und Verlängerung der Postrouten abzuhelfen und zu dem Ende am Bundestage eine Kommission anzuordnen." Es ist nicht zu leugnen, dass damals viel für die Verbesserung des Postwesens innerhalb der einzelnen Staaten gethan wurde, es darf aber nicht übersehen werden, dass in Folge der mehrfachen Verbesserungen die Posttaxen enorm erhöht wurden, und die Postzwangsbestimmungen eine immer grössere, das Privatgewerbe ausserordentlich beeinträchtigende Ausdehnung erhielten. Als England im Jahre 1840 durch die Einführung des Pennyportos aus einem Extrem in das andere fiel, bemächtigte sich die deutsche Presse des Gegenstandes. Die Herabsetzung des Portos, welche einzelne Staaten, wie Oesterreich, Preussen, Bayern und Sachsen, für den inneren Verkehr vornahmen, genügte allein nicht; der Postverkehr zwischen den einzelnen deutschen Staaten bedurfte dringend

---

[1] Preussen hatte auf dem Wiener Kongress ausser der Einführung einer Verfassung, eines Bundesgerichts, eines gemeinsamen Gesetzbuchs und der Einheit des Zoll- und Münzwesens auch die einheitliche Regelung des Verkehrswesens beantragt.

der Umgestaltung, denn die Missstände waren zu gross und häufig, um dem Aufblühen des Verkehrs nicht hemmend und entgegen zu treten. Eine Umgestaltung des Postwesens in Deutschland zur schnelleren und billigeren Beförderung der Briefe war ein allgemein empfundenes Bedürfniss geworden, aber die Mannigfaltigkeit der Interessen, welche dabei berührt wurden, die staatliche Zerrissenheit und in Folge davon die grosse Anzahl von Besitzern des Postregals, deren jeder in erster Linie sein eigenes Land oder Ländchen und seinen eigenen Nutzen im Auge hatte, stellten einer allgemeinen Reform der Posttarife in Deutschland weit mehr Hindernisse in den Weg, als in England. Welche Schwierigkeiten zu überwinden waren, ehe die ersehnte postalische Einigung in Deutschland erreicht werden konnte, zeigt am besten ein Ueberblick über die deutschen Postverhältnisse im Jahre 1846, in welchem Jahre man dem Plane einer Einigung endlich näher trat. Damals gab es in Deutschland folgende Postgebiete:

1. das preussische, das umfangreichste. Dasselbe umfasste ausser Preussen die Herzogthümer Anhalt-Dessau, Anhalt-Bernburg, Anhalt-Köthen, die Unterherrschaften der Fürstenthümer Schwarzburg-Rudolstadt und Schwarzburg-Sondershausen, sowie das Fürstenthum Waldeck;

2. Oesterreich (die Bundesländer) und Liechtenstein;

3. Bayern;

4. Die Thurn und Taxis'sche Postverwaltung, welche sich über die Gebiete von nicht weniger als 16 deutschen Staaten ausdehnte, nämlich: das Königreich Württemberg, das Kurfürstenthum Hessen, die Grossherzogthümer Hessen und Sachsen-Weimar, die Herzogthümer Nassau, Sachsen-Meiningen, Koburg-Gotha und Altenburg, die Fürstenthümer Hohenzollern-Hechingen und Hohenzollern-Sigmaringen, Reuss jüngere und ältere Linie, die Oberherrschaften von Schwarzburg-Rudolstadt und Schwarzburg-Sondershausen, sowie die Freie Stadt Frankfurt (Main);

5. Hannover;

6. Sachsen;

7. Baden;

8. Mecklenburg-Schwerin;

9. Mecklenburg-Strelitz;

10. Oldenburg mit Ausnahme von Birkenfeld;

11. Braunschweig.
12. Luxemburg-holländische Post;
13. Holstein-dänische Post :
14. Hamburg; hier gab es ausser der eigenen Postverwaltung noch 8 verschiedene auswärtige Postämter, nämlich von Preussen, Taxis, Hannover, Braunschweig, Mecklenburg, Dänemark, Schweden und den Vereinigten Staaten von Amerika;
15. Bremen (mit 5 auswärtigen Postämtern) und
16. Lübeck (mit 2 auswärtigen Postämtern).

Jedes dieser verschiedenen Postgebiete — und innerhalb des Thurn und Taxis'schen Gebiets wiederum fast jeder einzelne Staat — hatte seine eigenthümlichen Einrichtungen, besonderen Verwaltungsgrundsätze, Taxen, Gewichte und Gesetze. Diese waren so vielfacher Art und oft so verwickelt, dass selbst geübte und tüchtige Postbeamte nicht leicht im Stande waren, alle Vorschriften richtig anzuwenden, geschweige dass das die Post benutzende Publikum dies vermocht hätte. Als Gewicht für den einfachen Brief gab es damals in Deutschland die Sätze von $^1/_2$ Loth Köln. Gew., $^1/_2$ Loth Wien. Gew., $^3/_4$ Loth, $2^1/_2$ Hektas, $^7/_8$ Loth und 1 Loth. Bei Aktenbriefen von Behörden waren auch schwerere Briefe, als von dem angegebenen Gewichte, noch einfach. Die damaligen Posttaxen in Deutschland bieten eigentlich das Bunteste dar, was man sich vorstellen kann, so dass man fast glauben möchte, es sei aller Scharfsinn aufgewendet worden, die Verschiedenheit so gross als möglich zu machen.

Alle diese Uebelstände wurden um so fühlbarer, je rascher die Pulse des Verkehrs schlugen, und je weiter und schneller sich das Verkehrsnetz über Deutschland und Europa ausbreitete. Leider fehlte es für die deutschen Bundesstaaten an einer einheitlichen Repräsentation, um eine so wichtige Frage allgemein deutschen Interesses einleiten und durchführen zu können, denn der Bundesversammlung in Frankfurt waren in dieser wichtigen Angelegenheit die Hände so gebunden, dass Niemand daran dachte, von dort her Heil zu erwarten. Es blieb also kein anderes Mittel zur Lösung der Frage, als ein allgemeiner deutscher Postkongress.

Es wurde daher überall freudig begrüsst, als der österreichische Hofkammer-Präsident von Kübeck und der preussische General-postmeister von Schaper in einer „Propositionsschrift an die

deutschen Postverwaltungen" vom 13/31. März 1847 die Grundlagen eines deutschen Postvereins mittheilten und zur Beschickung
einer Konferenz nach Dresden einluden. In der genannten Schrift
hiess es: „Die deutschen Postverwaltungen sind wohl bereits allgemein von dem Bedürfnisse und von den wohlthätigen Folgen
einer gemeinschaftlichen Uebereinkunft überzeugt, durch welche
in Uebereinstimmung mit den vielfach laut gewordenen Wünschen
des Publikums der gegenseitige Postverkehr zwischen den deutschen Bundesstaaten nach gleichmässigen Grundsätzen und Normen
geregelt würde. Das Zustandekommen ausgedehnter Eisenbahn-
verbindungen, welche die Landesgrenzen durchschneiden, wird in
der nächsten Zukunft dem internationalen Verkehr eine von der
gegenwärtigen wesentlich verschiedene Gestaltung geben. Es wird
die unabweisbare Nothwendigkeit eintreten, die kürzesten Wege
für den Korrespondenztransport zu wählen, wobei die hier und
da noch bestehenden, durch Verträge erworbenen ausschliesslichen
Rechte auf die Beförderung gewisser Korrespondenzen dem Publikum gegenüber zu postalischen Verlegenheiten führen müssen.
Das zwischen den einzelnen, in Vertragsverhältnissen stehenden
deutschen Postbezirken gelegene sonstige deutsche Gebiet erscheint
als ein fremdes, und verschiedene Transitvergütungen vervielfäl-
tigen und vertheuern die Portosätze für die Korrespondenzen
zwischen den deutschen Staaten. Ein allseitiges gleichzeitiges Einverständniss der deutschen Postverwaltungen über einen gleichmässigen Portotarif und über freie Instradirung der deutschen
Korrespondenzen auf den kürzesten Wegen erscheint daher ebenso
sehr durch die Zeitverhältnisse geboten, als von der öffentlichen
Meinung herbeigewünscht."

Somit war der erste Schritt zu einer Annäherung der deutschen
Postverwaltungen gethan, und erfreulich war hierbei das Einge-
ständniss von Seiten Oesterreichs und Preussens, dass es mit den
bisherigen Postverhältnissen nicht weiter gehen könnte, dass es
vielmehr „gerathen erschiene, dem Postverkehr der deutschen
Bundesstaaten unter einander ein System freier Bewegung und
billiger, gleichmässiger Portotaxen so bald wie möglich zu sichern."
Nachdem jedoch die Propositionsschrift in ihren Einzelheiten bekannt geworden war, sagte sich jeder Sachkenner sehr bald, dass
die vorgeschlagenen „wesentlichen Grundlagen für die gemein-

schaftliche Unterhandlung zur Konstituirung eines deutschen Postvereins" sich in zu engen Grenzen hielten und nicht befriedigen
könnten. Nach der Propositionsschrift war in Aussicht genommen,
die Taxirung und postamtliche Behandlung der im Verkehr zwischen den deutschen Bundesstaaten sich bewegenden Brief- und
Fahrpostsendungen, d. h. solcher Sendungen, deren Absender und
Empfänger sich in Deutschland befanden, einheitlich und gleichmässig zu gestalten; dagegen sollten die Feststellung der im inneren
Verkehr der einzelnen Bundesstaaten zu erhebenden Taxen, sowie
die Regelung der Postverhältnisse zwischen den Bundesstaaten
und fremden, nicht deutschen Staaten jeder Postverwaltung überlassen bleiben; mit anderen Worten, die vollständig von einander
abweichenden Systeme der 16 verschiedenen deutschen Postgebiete, sowie deren Verträge mit dem Auslande sollten fortbestehen,
und nur der Postverkehr zwischen den einzelnen deutschen Staaten
gleichmässig geregelt werden.

Die Postkonferenz trat am 18. Oktober 1848 in Dresden
zusammen; sämmtliche deutschen Staaten, mit Ausnahme von
Mecklenburg-Strelitz, welches sich durch Preussen, und von Oldenburg,
welches sich durch Hannover vertreten liess, hatten Abgeordnete
gesandt. In der Eröffnungsrede des österreichischen Kommissars
heisst es u. a.: „es liegt in der Absicht der hohen proponirenden
Regierungen, den Postverein sich aus den vorhandenen Zuständen,
gleichsam aus sich selbst herausbilden, und die sich der Gesammtheit aufdrängende Ueberzeugung von der Opportunität des einen
oder des andern Systems für den zu erreichenden Zweck über
dessen Annahme entscheiden zu lassen. Ohne die Kenntniss von
den in den deutschen Bundesstaaten zur Zeit bestehenden Postnormen und Einrichtungen und ohne eindringende Erwägung der
praktischen Möglichkeit, sie zu verschmelzen und gleichmässig zu
reformiren, muss jeder Detailvorschlag zur Durchführung der pro-
ponirten Posteinigung vorzeitig erscheinen". Aus diesem Grunde
wurden die von Oesterreich und Preussen gemachten Vorschläge
zum Leitfaden für die Berathungen der Postkonferenz gemacht,
wobei auch die in der Propositionsschrift aufgezeichnete Reihen-
folge der Gegenstände eingehalten wurde. Hieraus erklärt sich
vollkommen, dass in Ermangelung von gründlich ausgearbeiteten
Entwürfen die Postkonferenz einen Zeitraum von nicht weniger

als $3\frac{1}{2}$ Monaten zu ihren Berathungen nöthig hatte, ohne damit ein Endresultat zu erzielen. Die hierbei sich unwillkürlich aufdrängende Frage, warum den Kommissarien oder den Postbehörden „die Kenntniss von den in den deutschen Staaten damals bestehenden Postnormen und Einrichtungen nicht beiwohnte", wird man sich unschwer beantworten können.

Bemerkenswerth ist, dass Bayern auf der Konferenz die Einführung des Einheitsportos vorschlug, der Antrag indess mit Rücksicht auf die schlechten finanziellen Ergebnisse der englischen Postreform abgelehnt wurde. Österreich hatte einen mässigen Stufentarif vorgeschlagen, welchen Preussen wegen finanzieller Bedenken ablehnte, obwohl der damalige preussische General-Postmeister bei Antritt seines Amtes in einem Rundschreiben vom 19. Oktober 1846 das Publikum zu der Erwartung ermuthigt hatte, „dass künftig die Interessen des öffentlichen Verkehrs den fiskalischen Interessen gegenüber grössere Berücksichtigung finden würden."

Nachdem auch die Bestrebungen der deutschen Nationalversammlung, eine Einigung in den verworrenen deutschen Postverhältnissen zu erzielen, zu einem Ergebniss nicht geführt hatten, nahm im Jahre 1849 der inzwischen an die Spitze des preussischen Handelsministeriums, welchem die General-Postdirektion unterstellt war, getretene Minister von der Heydt die Angelegenheit in die Hand, und dessen Bemühungen ist vor Allem der Abschluss des deutsch-österreichischen Postvereinsvertrags vom 6. April 1850 zu danken. Zunächst zwischen Preussen und Oesterreich abgeschlossen, umfasste der hierdurch geschaffene Verein auch bald Bayern, dann die übrigen Staaten mit selbständigen Postverwaltungen und schliesslich auch die Thurn und Taxis'sche Postverwaltung.

Die wichtigsten Vertrags-Bestimmungen waren:

Feststellung gleicher Bestimmungen für die Taxirung und postalische Behandlung der Sendungen, Gewährleistung des Transits, Berechtigung jeder zum Verein gehörigen Postverwaltung, für ihre Sendungen den kürzesten und schnellsten Weg zu benutzen, Verpflichtung, für möglichst schnelle Beförderung Sorge zu tragen;

2

Festsetzung der geographischen Meile als Entfernungsmass und des Zollpfundes als Gewichtseinheit; für die Gebührenberechnung Beibehaltung der damaligen drei Hauptwährungen in Deutschland: des 14 Thaler-, 20 Gulden- und 24½ Guldenfusses und Zurechnung der Länder mit anderen Währungen zu den Ländern des 14 Thalerfusses.

Die hauptsächlichste und wichtigste Bestimmung des Postvereinsvertrags war jedoch die, dass sämmtliche zum Verein gehörigen Staaten in Bezug auf die Brief- und Fahrpost ein einheitliches und ungetheiltes Postgebiet bilden sollten. Demgemäss wurde das Porto ohne Rücksicht auf die Landesgrenzen, deren Häufigkeit sich früher oft unangenehm fühlbar gemacht hatte, nur entsprechend der direkten Entfernung zwischen dem Aufgabe- und dem Bestimmungsorte nach der einheitlichen Taxe erhoben, welche bis 10 Meilen 1 Silbergroschen, über 10 bis 20 Meilen 2 Silbergroschen und über 20 Meilen 3 Silbergroschen für einen einfachen Brief betrug.

Für den Transit[1] wurde vom Publikum keine Gebühr erhoben. Die von den Verwaltungen zu zahlenden Transitgebühren waren aber noch ziemlich hoch. Die Verwaltung des Aufgabegebiets bezog alle Gebühren für die aufgelieferten Sen-

---

[1] Man unterscheidet 2 Arten von Transit:

1. Die den Transit benutzenden Verwaltungen befördern die Sendungen in eigenen Posten durch das Zwischenland hindurch, sei es mit eigenen Betriebsmitteln, sei es mit denen des Zwischenlandes;

2. Die Sendungen werden der transitleistenden Verwaltung an den Grenzen ihres Gebietes zur Beförderung mit ihren Landesposten übergeben, und zwar:

   a) offen und einzeln — offener Transit — transit à découvert,

   b) die unter einander im Verkehr stehenden Verwaltungen verpacken die Sendungen in Säcke oder benutzen geschlossene Wagenabtheilungen, welche von der transitleistenden Verwaltung uneröffnet weiterbefördert und abgeliefert werden — geschlossener Transit, transit en dépêches closes.

Im Weiteren unterscheidet man noch Land- und Seetransit.

dungen. Für frankirte Briefe fand keine, für unfrankirte jedoch eine genaue Abrechnung statt.[1] Für Fahrpostsendungen[2] konnten diese Grundsätze keine Anwendung finden, weil hier der Transport schwieriger ist, und die Länge der Beförderungsstrecke noch in Betracht kommt. Doch gelang es auf einer Konferenz im Januar 1857, die Norm zu erzielen, dass bei Fahrpostsendungen als Transitgebühr je 2 Pfennig pro Pfund für je 4 Meilen zum Ansatz kommen sollten.

Durch den deutsch-österreichischen Postvereinsvertrag war eine Einigung in Deutschland erzielt worden, welche ihre segensreichen Wirkungen auch nach aussen hin bemerkbar machte durch die Bestimmung, dass die Verträge mit dem Auslande auch nach den im Vereinsverkehr geltenden Grundsätzen abgeschlossen werden sollten. Die Hauptbedeutung des Vertrags liegt aber darin, dass die Möglichkeit einer postalischen Vereinigung zwischen einer grösseren Zahl von Staaten bewiesen wurde.

Der deutsch-österreichische Postvereinsvertrag war auf zehn Jahre abgeschlossen worden. Im August 1860 wurde auf der vierten deutschen Postkonferenz ein neuer Vertrag unterzeichnet, welcher mehrfache Verbesserungen einführte, namentlich die Vorschriften in Betreff der Kreuzbandsendungen vereinfachte und den Frankozwang für eingeschriebene Briefe abschaffte.

Nachdem der Fürst von Thurn und Taxis durch Vertrag vom

---

[1] In Betreff des Portobezugs sind gegenwärtig drei Grundsätze zu unterscheiden:
1. Das Porto wird von derjenigen Verwaltung bezogen, welche es erhebt, mit anderen Worten: das Porto für frankirte Sendungen bezieht die Verwaltung des Aufgabeorts, das Porto für unfrankirte Sendungen diejenige des Bestimmungsorts;
2. Die Einheitstaxen werden nach bestimmten Faktoren getheilt, und zwar unterscheidet man hier entweder
   a) Halbscheidliche Theilung oder
   b) Theilung nach einem bestimmten Verhältniss;
3. Jede Verwaltung bezieht das Porto für ihre Beförderungsstrecke. Für diesen Fall werden Taxgrenzpunkte vereinbart. Der Tarif setzt sich dann zusammen aus der Taxe vom Aufgabeort bis bis zum Taxgrenzpunkt und der Taxe von letzterem bis zum Bestimmungsort. Diese letztere Art des Portobezugs hat den Nachtheil, dass die Taxen demselben Lande gegenüber nicht gleichmässig sind, sobald verschiedene Taxgrenzpunkte vereinbart werden.

[2] D. s. Gelder und Packete.

28. Januar 1867 seine Postgerechtsame vom 1. Juli 1867 ab auf Preussen übertragen hatte, und durch die Gründung des norddeutschen Bundes die in den 22 Staaten desselben bestehenden selbständigen Postverwaltungen von Preussen,[1] Sachsen,[2] Mecklenburg-Schwerin, Mecklenburg-Strelitz, Oldenburg, Braunschweig, Lübeck, Bremen und Hamburg zu einer einheitlichen Staatsverkehrsanstalt verschmolzen worden waren, wurde vom 1. Januar 1868 ab die einstufige Brieftaxe im Gebiete des norddeutschen Bundes eingeführt. Das Einheitsporto für Briefe führte zwar auch hier, ebenso wie s. Z. in England, zu einem vorübergehenden Deficit, jedoch schon vom Jahre 1869 ab lieferte die Post, trotz der Einführung kostspieliger Verbesserungen, namentlich im Landbestelldienste, immer grössere Ueberschüsse.

Auch die übrigen Verkehrsstaaten waren auf der von der englischen Postverwaltung betretenen Bahn der rationellen Gestaltung der Briefportotarife bald gefolgt und theils zu einem Zonentarif mit sehr wenigen Abstufungen, theils auch zum Einheitstarif übergegangen.

Unter allen Staaten des europäischen Festlandes betrat zuerst Oesterreich den Weg einer durchgreifenden Reform des Posttarifwesens. Wenige Jahre, nachdem auf Anregung von Rowland Hill die englische Regierung zu dem einheitlichen Porto übergegangen war, hob die österreichische Regierung den siebenfach von 2 bis 14 Kreuzern abgestuften Zonentarif auf und führte an dessen Stelle mit dem Portoregulativ vom 2. Februar 1842 zwei Portosätze ein, nämlich 6 Kreuzer für Entfernungen bis einschliesslich 10 Meilen und 12 Kreuzer für alle weiteren Entfernungen. So wichtig auch diese Tarifänderung war, so wurde sie von der Regierung doch nur als der erste Schritt zu einer weiteren Erleichterung des Briefverkehrs bezeichnet. Da der erste Portosatz von 6 Kreuzern sich als zu hoch erwies, wurde schon im Jahre 1843 der Rayon für denselben von 10 auf 20 Meilen erweitert. Noch immer war aber

---

[1] Preussen verwaltete damals zugleich die Post in Anhalt und Waldeck, sowie in der sachsen-weimarischen Enclave Allstedt, in den zu Oldenburg gehörigen Fürstenthümern Lübeck und Birkenfeld und in Theilen von Schwarzburg-Rudolstadt und Schwarzburg-Sondershausen.

[2] Sachsen verwaltete gleichzeitig die Post im Herzogthum Altenburg.

der Uebelstand der zu hohen Portotaxen nicht gehoben; die Regierung fand sich daher veranlasst, im Jahre 1848 eine Portotaxe von 3 Kreuzern für Entfernungen bis 10 Meilen einzuführen und im Jahre 1849 dem Publikum eine weitere Erleichterung dadurch zu gewähren, dass für die Entfernungen über 10 Meilen die Taxe von 6 Kreuzern festgesetzt wurde. Durch die Kaiserliche Verordnung vom 21. November 1861 wurde endlich das Einheitsporto von 5 Kreuzern eingeführt.

Die Einführung eines einheitlichen Portosatzes war übrigens in Oesterreich nichts Neues,[1] denn bereits am Ende des 17. Jahrhunderts hatte ein solcher hier bestanden, nämlich der Satz von 6 Kreuzern für Briefe im Gewichte bis $^1/_2$ Loth. Das Einheitsporto war im Jahre 1750 auf 8 Kreuzer, im Jahre 1809 auf 24 Kreuzer erhöht und im Jahre 1810 wieder durch einen Stufentarif von 2, bald aber durch denjenigen von 7 Abstufungen ersetzt worden, welcher erst im Jahre 1842 wieder aufgehoben wurde.

In Russland war vom Jahre 1844 ab das Porto für jeden einfachen Brief auf die weitesten Entfernungen des Reichs auf 10 Kopeken = $3^1/_4$ Silbergroschen und für Briefe zwischen nahen Orten auf 3 Kopeken herabgesetzt worden.

Frankreich hatte durch Gesetz vom 15. August 1848 den Einheitsportosatz von 20 Centimen eingeführt, nachdem bis dahin der sehr ins Einzelne gehende Gewichts- und Entfernungstarif vom 15. März 1827 Geltung gehabt hatte. Nach demselben kostete ein ein Brief im Gewichte bis zu $7^1/_2$ g 20 Centimen auf Entfernungen bis 40 Kilometer, dann je 10 Centimen mehr für jede der bis zu einer Entfernung vom 900 Kilometern bestehenden 9 Zonen; bei weiteren Entfernungen kostete der einfache Brief 1 Frank 20 Centimen. Briefe im Gewichte von $7^1/_2$ bis 10 g kosteten das anderthalbfache, von 10 bis 15 g das doppelte, von 15 bis 20 g das dreifache Porto. War sonach der französische Stufentarif vom Jahre 1827 ebenso komplicirt, wie der englische, so kam auch in Frankreich die Einführung des Einheitsportos so unvermittelt, dass mit Rücksicht auf den erheblichen Einnahmeausfall bereits durch Gesetz vom 18. Mai 1850 das Briefporto von 20 auf 25 Centimen

---

[1] Roscher, System der Volkswirthschaft III. Seite 423.

erhöht wurde. In Folge der nach dem unglücklichen Kriege von 1870/71 eingetretenen Finanzkalamität wurde durch Gesetz vom 24. August 1871 der mässige Einheitstarif wieder aufgehoben und an dessen Stelle wieder ein Stufentarif mit zahlreichen Abstufungen und hohen Portosätzen eingeführt. Briefe innerhalb Frankreichs kosteten im Gewichte bis 10 g 25 cts., von 10 bis 20 g 40 cts., von 20 bis 50 g 70 cts.; für jede weiteren 50 g wurden je 50 cts. berechnet. Selbst für den Ortsverkehr wurde der Stufentarif eingeführt, und hier waren die Tarife für den Verkehr von Paris und denjenigen der übrigen Orte sowohl hinsichtlich der Höhe der Portosätze, als auch bezüglich der Gewichtsprogression wesentlich verschieden. Im Jahre 1875 [1] wurde der einheitliche Briefportosatz von 15 cts. für je 15 g eingeführt, welcher gegenwärtig noch besteht.

Spanien hatte sein Briefporto im Jahre 1854 auf den Satz von $^1/_2$ Real = 13 Pfennig für Briefe innerhalb Spaniens und auf den Satz von 1 Real = 2 Groschen 2 Pfennig für Briefe zwischen Spanien und den Antillen ermässigt. Von der Postverwaltung der Vereinigten Staaten von Amerika war im Jahre 1851 das interne Porto für einfache frankirte Briefe bei Entfernungen bis zu 3000 englischen Meilen auf 3 Cents und für alle weiteren Entfernungen auf 6 Cents herabgesetzt worden; durch die Acte vom 8. Juni 1872 wurde das Briefporto auf 3 Cents für je 15 g für das ganze Gebiet der Vereinigten Staaten festgesetzt.

In Schweden bestand bis zum Jahre 1873 eine Briefgewichtsscala, welche für Briefe bis zu 50 Ort (1 Ort = 5 Gramm) nicht weniger als 11 Abstufungen hatte. Dieser Stufentarif wurde in dem genannten Jahre dahin abgeändert, dass nur noch 3 Portosätze bestehen blieben: der einfache für Briefe bis zum Gewicht von 4 Ort, der doppelte für Briefe im Gewicht von 4 bis 25 Ort und der dreifache für Briefe im Gewichte von 25 bis 50 Ort.

In Dänemark wurde bereits im Jahre 1842 eine Kommission zur Untersuchung der durch den Vorgang Englands angeregten Frage der Portoermässigung eingesetzt; die von der Kommission abgegebenen, auf die Einführung eines einheitlichen Portos hinzielenden Vorschläge wurden jedoch von der Finanzdeputation

---

[1] Gesetz vom 3. August 1875.

mit Rücksicht auf den durch die Portoermässigung nothwendig eintretenden Einnahmeausfall abgelehnt. Erst im Jahre 1850 wurde ein Einheitsporto von 4 Schilling für einen bis 1 Loth schweren, mit Freimarken versehenen Brief eingeführt; für baar bezahlte oder unfrankirte Briefe wurde ein Zuschlag von 50 Procent festgesetzt.

Der Gang der Entwickelung in Italien war in vielen Punkten den deutschen Verhältnissen analog. Von einem italienischen Postwesen kann erst die Rede sein, nachdem im Jahre 1860 die Vereinigung jener vielen, nur in Sprache und Anschauung ihrer Bewohner eine nationale Einheit repräsentirenden Länder und Ländchen zu dem Königreich Italien erfolgt war. Die bis zu diesem Zeitpunkte in Italien bestehenden 7 verschiedenen Postverwaltungen vermochten in keiner Hinsicht den Ansprüchen des Verkehrslebens zu entsprechen, denn auch hier war die Post, wie in Deutschland bis zum Jahre 1850, bei jedem Schritte von Grenzpfählen gehemmt, von Gesetzen und Verordnungen einer misstrauischen Politik eingeengt und somit von jedem Fortschritt zurückgehalten. Nachdem jedoch die kleinen Regierungen gestürzt, die politische Einheit hergestellt und die inneren Verhältnisse des Landes geordnet worden waren, begann die Gesetzgebung mit der Schaffung einheitlicher Normen über den Begriff des Postregals für das ganze Gebiet des Königreichs; durch das Gesetz vom 2. Mai 1862 wurde das Vorrecht der Beförderung und Bestellung von Briefen ausschliesslich dem Staate übertragen. Anfänglich gingen die Meinungen darüber auseinander, ob man mit Rücksicht auf das ausgedehnte Postgebiet zunächst einen Stufentarif einführen oder sofort zur Einheitstaxe übergehen sollte. Die letzte Ansicht trug den Sieg davon, und so wurde in Italien bereits vom Jahre 1863 ab die Einheitstaxe von 15 Centesimi für den frankirten und von 30 Centesimi für den unfrankirten Brief eingeführt.

In der Schweiz war unter der kurzen helvetischen Regierung das Postwesen zum ersten Male nach einheitlichen, für das ganze Gebiet der Eidgenossenschaft geltenden Grundsätzen eingerichtet.[1] Nach Auflösung dieses Einheitsstaates wurde das Postregal jedoch

---

[1] Vergl. Stäger: Das schweizerische Postwesen zur Zeit der Helvetik.

wieder von den einzelnen Kantonen ausgeübt. Die Brieftaxen waren sehr verschieden; sie schwankten zwischen 5 und 60 Rappen und waren oft für den Hinweg andere, als für den Rückweg. Die neue Bundesverfassung vom Jahre 1848, welche die Schweiz aus einem Staatenbund zu einem Bundesstaat umwandelte, erklärte das Postwesen für den ganzen Umfang der Eidgenossenschaft als Bundessache. Die nächste Folge war eine durchgreifende Reform des Posttarifwesens. In seiner Botschaft vom 15. März 1849 vermochte zwar der Bundesrath, mit Rücksicht auf die in England gemachten Erfahrungen, der Bundesversammlung die Einführung des Einheitstarifs noch nicht zu empfehlen und sich im Hinblick auf die eigenthümlichen Strassenverhältnisse der Schweiz für die Annahme des damals in fast allen Ländern Europas zur Geltung gelangten Systems, die Entfernungen nach der Luftlinie zu messen, nicht auszusprechen, schlug aber einen mässigen Stufentarif mit 3 Entfernungs- und 8 Gewichtsstufen vor. Dieser Tarif, welcher in das Posttaxgesetz vom 25. August 1851 aufgenommen worden war, wurde auf Grund des Bundesgesetzes vom 6. Hornung 1862 durch den Einheitstarif ersetzt, welcher für Briefe im Gewichte bis 10 g die Taxe von 10 Rappen festsetzte. Diese Gewichtsgrenze wurde schliesslich durch Gesetz vom 23. März 1876 von 10 auf 15 g abgeändert.

I. KAPITEL.

Die Pariser Postkonferenz von 1863; erster Versuch der Begründung einer internationalen Postunion.

So grosse Fortschritte die Regelung des Postverkehrs in den einzelnen Kulturstaaten während des fünften und sechsten Jahrzehnts dieses Jahrhunderts auch gemacht hatte, in welch durchgreifender Weise auch mit dem Wuste irrationaler und willkürlicher Bestimmungen aufgeräumt worden war, welche früher die Bahnen des Postverkehrs mehr oder weniger unwegsam machten, ein wie gewaltiger Umschwung sich auch dieser Hinsicht namentlich in Deutschland vollzogen hatte, so war die Postgesetzgebung europäischer und aussereuropäischer Staaten in demjenigen Theile, welcher ihre Beziehungen unter einander betraf, doch weit entfernt von jener Gleichförmigkeit und Einheit, welche bei den heutigen gleichen wirthschaftlichen Verhältnissen gerade für den postalischen Völkerverkehr ein entschiedenes Bedürfniss sind. Um Beispiele anzuführen, sei erwähnt, dass man während der 6oer Jahre aus den Staaten des deutsch-österreichischen Postvereins nur nach wenigen fremden Ländern Briefe mit Geld, oder gegen eine ermässigte Taxe Waarenproben, Drucksachen und Korrekturbogen versenden konnte. Es war oft nicht möglich, Briefe nach fremden Ländern bis zum Bestimmungsort zu frankiren; so konnte man nur in Portugal, Frankreich und Belgien das Porto für Briefe nach Spanien bis zum Bestimmungsorte vorausbezahlen.

Das Gewicht, welches damals der Brieftaxirung zu Grunde lag, war im deutsch-österreichischen Postverein das Zollloth, in England und Amerika die Unze, in Frankreich, Belgien und Italien das Gramm. Die Gewichtsprogression stieg in Deutschland von Loth zu Loth, in England und den Vereinigten Staaten von Amerika von halber zu halber Unze, in Frankreich von 10 zu 10 Gramm, in Belgien und Italien theils von 10 zu 10, theils von 15 zu 15 Gramm, in Spanien von $7\frac{1}{2}$ zu $7\frac{1}{2}$ Gramm, in Dänemark theils von $\frac{3}{4}$ zu $\frac{3}{4}$ Loth, theils von $\frac{1}{2}$ zu $\frac{1}{2}$ Loth. Ein Brief, welcher mehrere dieser Länder zu durchlaufen hatte, musste nach den verschiedenen Gewichts- und Progressionssätzen taxirt werden. Die Brieftaxen waren deshalb je nach der Wahl des Weges sehr verschieden. So kostete ein Brief aus Deutschland nach Rom durch die Schweiz zu Lande 68 Pf., durch die Schweiz über Genua und dort zu Wasser mit französischen Packetboten 90 Pf., durch Oesterreich auf dem Landwege oder über Triest 48 Pf. und über Frankreich 85 Pf. Nur auf dem letzten Wege war eine völlige Frankirung der Briefe bis zum Bestimmungsorte möglich; bei den andern drei Wegen konnte das Franko nur bis zur Grenze des Kirchenstaats vorausbezahlt werden. Das englische Briefporto betrug für Briefe nach der Schweiz 5 Pence für jede Viertelunze, für Briefe nach Italien und dem Kirchenstaat 11 Pence, nach Schweden 9

Pence und nach Norwegen 8 Pence für jede halbe Unze; im preussisch-englischen Verkehr betrug das Briefporto 12 Pence bz. 10 Silbergroschen [1], im französisch-englischen Verkehr 40 Centimen für je 7 $\frac{1}{2}$ g bz. 4 Pence für jede Viertelunze. [2]

Die Portoberechnung für einen eingeschriebenen Brief von Berlin nach Rom war damals ein schwieriges arithmetisches Exempel. Ein solcher Brief im Gewicht von 20 g kostete:

a) preussisches Porto 2 ✕ 30 Pf. . . . . . M. 0,60

b) fremdes Porto, 3 Portosätze von 7 $\frac{1}{2}$ g oder

3 ✕ 55 Pf. . . . . „ 1,65

c) preussische Einschreibgebühr . . . . . . „ 0,20

d) fremde Einschreibgebühr, nochmalige Erhebung des gewöhnlichen Briefportos . . . . . . „ 1,65

zusammen . . . . . M. 4,10

mithin fast das Siebenfache des Betrags, welcher heute zu entrichten wäre. Dass das grosse Publikum sich geduldig in die Bezahlung dieser hohen Portosätze, durch welche unbemittelte Personen von der Benutzung der Post zum Austausch von Briefen mit entfernt wohnenden Verwandten und Freunden ausgeschlossen waren, fand, mag darin eine Erklärung finden, dass damals viele Briefe ohne die Vermittelung der Post, namentlich durch Reisende befördert wurden, und man in Anbetracht der langen Beförderungszeit von der Post nur in Angelegenheiten von besonderer Wichtigkeit Gebrauch machte.

Manche Regierungen beuteten die geographische Lage ihrer Territorien so aus, dass sie die durchgehende Korrespondenz anderer Länder mit einer übermässigen Transittaxe belegten. Namentlich Frankreich benutzte seine Lage, um sich auf diese Weise eine ergiebige Einnahmequelle zu schaffen.

Aehnliche Missverhältnisse bestanden damals bei dem Seeporto. Der Austausch der Korrespondenzen zwischen den Vereinigten Staaten von Amerika und den Staaten des europäischen

---

[1] Postvertrag vom 19. October 1846.
[2] Postvertrag vom 24. September 1856.

Kontinents erfolgte durch englische, französische, amerikanische und hanseatische Packetboote oder Segelschiffe. Die Taxen für Briefe von und nach den Vereinigten Staaten von Amerika waren nach der Wahl des Weges verschieden; und durch diese Verschiedenheit und die Höhe der Taxen war besonders für die Staaten im Innern Europas der Austausch der Korrespondenzen erschwert. Briefe aus Preussen nach Mittelamerika, Mexiko und Westindien kosteten auf dem Wege über die Vereinigten Staaten von Amerika ein Porto von mindestens 145 Pf., Sendungen nach der Westküste Südamerikas ein solches von 248 Pf.; Briefe aus dem Königreich Sachsen nach den südamerikanischen Staaten kosteten 33 Neugroschen 6 Pf., nach den sonstigen überseeischen Ländern 20 Neugroschen 1 Pf. auf dem Wege über England, 13 Neugroschen 2 Pf. auf dem Wege über Frankreich. In anderen Staaten war das Porto für Briefe nach dem amerikanischen Kontinent nicht billiger; so betrug das Porto für Briefe aus England nach Ecuador, Bolivien, Peru, Chile und Guatemala 2 Schilling.

Bei solchen Verschiedenheiten der Tarifirung war es ein grossartiger Gedanke, welcher die Bundesregierung in Washington beseelte, als sie im September 1862 durch ihre Gesandtschaften den europäischen Regierungen ein Cirkular des Staatssekretairs der Vereinigten Staaten mittheilte, welchem eine Denkschrift des nordamerikanischen General-Postmeisters Blair beigefügt war. In dieser Denkschrift [1] führte Letzterer aus, dass im Korrespondenzverkehr mit dem Auslande, besonders im Verkehr der Länder der beiden Kontinente Amerika und Europa untereinander zahlreiche Schwierigkeiten beständen, welche nur durch ein einmüthiges internationales Vorgehen beseitigt werden könnten. Ein auf gemeinsamer Grundlage getroffenes internationales Abkommen für den direkten Korrespondenzverkehr durch ein Zwischenland oder über den Ocean würde nicht allein für die Handelsbeziehungen, sondern auch für die socialen Beziehungen zwischen den einzelnen Ländern von grosser Wichtigkeit sein. Zum Schluss machte Blair eine Reihe von Vorschlägen; nach diesen sollten künftig die Briefpostverbindungen zwischen den

---

[1] Letter suggesting improvements in International Postal Arrangements (Washington 4. Aug. 1862).

Vereinigten Staaten von Amerika und den europäischen Staaten, bei welchen damals so verschiedenartige Tax- und Speditionssysteme bestanden, und deshalb vielfache Unrichtigkeiten der Behandlung und Hindernisse der Beförderung vorkamen, in einheitlicher Weise geregelt werden. Zu diesem Zwecke wurde seitens der Postverwaltung der Vereinigten Staaten vorgeschlagen, durch Abgeordnete der Postverwaltungen die einschlägigen Fragen auf einer Konferenz, welche an einem passend gelegenen Orte Europas abgehalten werden sollte, zur Behandlung zu bringen. Als zunächst zur Behandlung geeignet waren folgende Punkte aufgeführt :

1. Auswechselung von gewöhnlichen Briefen, Drucksachen und eingeschriebenen Briefen, sowie einheitliche Regelung der Taxen, ohne Unterschied der Entfernung und der Taxbetheiligung des Ursprungs- und Bestimmungslandes der Korrespondenzen;

2. Die Verhältnisse des Transits über europäische Länder und des Seetransits;

3. Vermeidung der Abrechnung dadurch, dass jede Verwaltung das Porto, welches sie erhebt, behalten sollte;

4. Eventuelle Einführung von Geldanweisungen und vielleicht auch anderweiten im Briefpostverkehr liegenden Einrichtungen.

Es liess sich voraussehen, dass es schwer fallen würde, unter den verschiedenen Postverwaltungen eine Vereinbarung über ein einheitliches Tax- und Speditionssystem zu erzielen, und dass namentlich die Aufgabe, die europäischen Transitländer zu der erforderlichen Ermässigung der Transitsätze zu vermögen, auf grosse Schwierigkeiten stossen würde, weil die Transitverhältnisse bis dahin durch besondere, sehr verschiedenartige Postverträge geregelt waren. Obgleich die europäischen Postverwaltungen ein fruchtbares Ergebniss von der Konferenz wohl nicht erwarteten, so sagte doch die Mehrzahl derselben zu, sich auf der in Paris zusammentretenden Konferenz vertreten zu lassen.

Das Hauptziel der Konferenz musste sein, für die Briefpost ebenso mässige wie möglichst einfache Taxen zu vereinbaren; die Taxen für die Seebeförderung zwischen den amerikanischen Häfen, unter deren Verschiedenheit besonders die nicht ans Meer grenzenden Länder litten, möglichst gleichmässig zu gestalten oder wenigstens einander anzunähern und den europäischen Binnenstaaten die Benutzung der zur See und zu Lande bestehenden Transportwege der anderen Staaten gegen mässige Transittaxe zuzugestehen.

Die Konferenz wurde am . 11. Mai 1863 in Paris eröffnet; vertreten waren Belgien, Costarica, Dänemark, Frankreich, Grossbritannien, die deutschen Hansestädte, Italien, Niederland, Oesterreich, Portugal, Preussen, die Sandwich-Inseln, Spanien, die Schweiz und die Vereinigten Staaten von Amerika.

Der französische Delegirte, General-Postdirektor Vandal, hob im Eingange seiner Eröffnungsrede hervor, dass die Zeiten vorüber seien, wo die Nationen, dem Geiste falscher Eifersucht folgend, den von aussen kommenden Fortschritt zurückgewiesen hätten, und dass die Völker sich jetzt durch gegenseitigen Gedankenaustausch zu bilden suchten; zum Schluss aber betonte er, dass die Abgeordneten nicht gekommen seien, um durch einen bindenden Vertrag Erleichterungen des Postverkehrs zu schaffen, sondern nur, „um gewisse allgemeine Principien zu diskutiren und zu proklamiren". Damit hatte Vandal die Stellung angedeutet, welche Frankreich den Beschlüssen der Konferenz, namentlich hinsichtlich der Ermässigung der Transitsätze, gegenüber einnehmen würde. Aus den Protokollen der während der Zeit vom 11. Mai bis 8. Juni abgehaltenen neun Sitzungen fallen dem Leser zwei Wahrnehmungen auf: die ausserordentliche Divergenz der Ansichten der Abgeordneten und die radikalen Forderungen des italienischen Abgeordneten. Die Verschiedenheit der auf der Konferenz hervortretenden Interessen entsprach der Zahl der vertretenen Staaten, und es schien deshalb von vorn herein sehr schwierig, wenn nicht gar unmöglich, das gesteckte Ziel zu erreichen.

Die Annahme einer einheitlichen Gewichtsstufe und Gewichtsprogression für die internationalen Beziehungen, ebenso die Regelung des Landtransits und des Seetransports waren Fragen fundamentaler Art, gegen welche alle übrigen, welches Interesse sie auch boten, nur von untergeordneter Bedeutung waren. Hier standen nicht allein Interessen auf dem Spiele, sondern es waren

auch Systeme zu vergleichen, einzelne Systeme zur Geltung zu
bringen und die andern abzuschaffen; kurz, bei der Behandlung
und Berathung dieser Fragen spielte die Eigenliebe der verschiedenen Verwaltungen eine bedeutende Rolle. [1]

Bei der Frage der Transitsätze nahm Frankreich, welches
seine Lage als Transitgebiet bisher benutzt hatte, um aus den
Transitgebühren sich eine ergiebige Einnahmequelle zu schaffen,
eine exceptionelle Stellung ein. Es erhob damals für jeden einfachen Brief, welcher durch sein Gebiet hindurchging, durchschnittlich 25 bis 30 Centimen Transittaxe. Man begreift daher, dass
es, ohne das Gleichgewicht in seinem Postetat zu stören, nicht
Bedingungen annehmen konnte, welche diese wichtige Einnahmequelle wenigstens um zwei Drittel verringert hätten, und das nur,
weil es der Wunsch von Nationen war, von denen ein grosser
Theil ihm eine Gegenleistung nicht bieten konnte.

Der italienische Delegirte Pagni sah kein anderes Mittel, den
sich aus der grossen Verschiedenheit der Taxen für Briefe aus
demselben Aufgabegebiet nach demselben Bestimmungsgebiet bei
Benutzung verschiedener Leitwege ergebenden Missständen zu be-
gegnen, als die Abschaffung jeglicher Transitgebühr und den Austausch von geschlossenem Transit. Nur durch die Abschaffung der
Transitsätze würde die Festsetzung einer einheitlichen Taxe für
die auf verschiedenen Wegen nach demselben Bestimmungslande
zu befördernden Briefe möglich sein. Auf diese Weise würde auch
das Briefporto jedes Landes auf 2 Sätze, für das Inland und für
das Ausland, reducirt werden können. Er verheimliche sich die
Schwierigkeiten durchaus nicht, welche mit seinen Vorschlägen
verbunden seien, aber er bat, die Frage einer ruhigen Prüfung
zu unterziehen und sie von dem Gesichtspunkte der ungeheuren
Vortheile aus zu betrachten, welche in den Beziehungen der
Völker unter einander sich daraus ergeben würden. [2]

---

[1] Im Jahre 1862 hatte die englische Postverwaltung angeregt, im
internationalen Briefverkehr eine einheitliche Gewichtsprogression einzuführen, und natürlich die bei ihr übliche Progression von halber zu
halber Unze vorgeschlagen; Frankreich hatte andrerseits die Progression
von 10 zu 10 g, welche es in allen neueren Postverträgen durchgeführt
hatte, als zweckmässig bezeichnet. Eine Einigung wurde damals nicht
erzielt, da jede Verwaltung an ihrem System festhalten wollte.

[2] Procès-Verbal de la 5ème séance (27. Mai).

So gross und schön auch die Idee der Abschaffung der
Transittaxen war, so musste sie doch vor allen Dingen erst
populär werden und feste Gestalt annehmen; der Boden, auf
welchem sie sich entwickeln sollte, musste erst vorbereitet sein,
andernfalls lief man Gefahr, dass sie verkümmerte. Kostenlosen
Transit von einem Lande zu verlangen, welches aus dem Transit
bisher eine seiner hauptsächlichsten postalischen Einnahmen erzielt
hatte, und das, ohne ihm eine Gegenleistung zu bieten, war eine
zu hohe Anforderung.

Die Pariser Postkonferenz hatte keine bindende Vereinbarung
zur Folge. Es wurden nur 31 Grundsätze vereinbart, welche den
den internationalen Postverkehr betreffenden Vertragsabschlüssen
fortan zu Grunde gelegt werden sollten.[1]

Als die wesentlichsten, für den allgemeinen Verkehr interes-
santesten dieser Grundsätze mögen mit Rücksicht auf die oben
angedeuteten Mängel der damaligen Zustände nur die folgenden
hervorgehoben werden :

1. Die Post soll auch Briefe mit deklarirtem Werthe befördern ;

2. nach allen Ländern sollen Korrekturbogen, Schriften,
   Waarenmuster, Drucksachen aller Art gegen eine ermässigte Taxe befördert werden können ;

3. nach allen Ländern soll die Frankirung der Briefe bis
   zum Bestimmungsorte möglich sein ;

4. das der Brieftaxirung im internationalen Korrespondenzverkehr zu Grunde zu legende Gewicht soll überall das
   des metrischen Decimalsystems sein, und die Progression
   von 15 zu 15 g fortschreiten ;

5. die Gewichtseinheit für Korrekturbogen, Schriften und
   Waarenmuster soll in 40 g bestehen, und die Progression
   von 40 zu 40 g steigen ;

6. überall soll für einen verloren gegangenen eingeschriebenen Brief ohne Werthangabe der Aufgeber mit 50

---

[1] ... principes... comme étant de nature à faciliter les relations
de peuple à peuple, par la voie de la poste, et pouvant servir de base
aux conventions internationales destinées à régler ces relations. (Ré-
sultat des Délibérations de la commission internationale des Postes.)

Franken entschädigt, im Falle der Werthangabe der ver-
lorene oder verminderte Werth ersetzt werden;

7. die Transitgebühr für Korrespondenzen soll niemals höher
sein, als die Hälfte des internen Portos des Transitlandes;

8. das Seeporto darf nicht höher sein, als das Porto für
Briefe nach demjenigen Lande, welches den Seetransport
bewerkstelligt.

Nach dem Ausgange der Verhandlungen war also ebenso
wenig an einen allgemeinen Verein und die Beseitigung der zahlreichen Einzelverträge, als an die Einführung ermässigter und
gleichmässiger Taxen zu denken. Gleichwohl ist das auf der Konferenz gewonnene Material und der persönliche Meinungsaustausch
von Abgeordneten der hervorragendsten Postverwaltungen der
civilisirten Erde auf die Entwickelung des Gedankens eines internationalen postalischen Uebereinkommens nicht ohne nachhaltigen
Einfluss gewesen.

II. KAPITEL.

Der Berner Postkongress und der Allgemeine Postvereinsvertrag vom 9. Oktober 1874.

Nachdem eine allgemeine Vereinigung der Postverwaltungen
in Paris nicht hatte geschaffen werden können, wurden die Beziehungen zwischen den Nationen mit europäischer Kultur auch
weiterhin durch Specialpostverträge geregelt, welche, je nach Bedürfniss abgeschlossen, von Zeit zu Zeit durch Nachträge ergänzt
oder durch neue Verträge ersetzt wurden. Mit welchen Schwierigkeiten der Abschluss von Postverträgen oft zu kämpfen hatte,[1]

---

[1] In den jährlichen Berichten der englischen Postverwaltung aus
den 5oer Jahren liest man immer die Klage, dass die Verhandlungen
wegen Abschlusses neuer Postverträge mit fremden Ländern nicht vom
Flecke kommen. Im Bericht von 1859 heist es mit Bezug hierauf:
«Imperfect, however, as has been our success with regard to the Ger-
man Postal Union this case is much more satisfactory than that of the
United States, in the convention with which I am sorry to have again
to report that there has been no progress whatever».

welche Anstrengung und wieviel Zeit es oftmals erforderte, zwischen den verschiedenartigen Systemen der Tarifirung und Portoberechnung, den widerstreitenden Forderungen in Bezug auf das Verhältniss der Portotheilung und die Berechnung der Transitgebühren einen Ausgleich zu erzielen, wie hierbei ein genaues Abwägen der gegenseitigen Leistungen, ein Streben nach finanziellen Vortheilen zur Gewohnheit oder zur Nothwendigkeit wurde, zeigt die Geschichte dieser Verträge. Ein treffendes Beispiel hierfür bieten namentlich die Verhandlungen, welche am 14. Februar 1872 zum Abschluss des neuen deutsch-französischen Postvertrags führten. Die deutsche Postverwaltung war gleich nach dem Frankfurter Friedensschluss bestrebt, mit Frankreich einen Postvertrag abzuschliessen, wonach das Porto für den einfachen Brief 2½ Silbergroschen betragen sollte. Frankreich forderte als Antheil dieses Portos zwei Drittel, verweigerte den unentgeltlichen Transit und blieb auf der früheren Bedingung, dass für den Transit das volle Inlandporto zu zahlen wäre, stehen. Deutschland erklärte hierauf, dass es die postalischen Beziehungen zu Frankreich abbrechen würde, und dass bei Beförderung bis zur Grenze das interne Porto erhoben, und Frankozwang eingeführt werden sollte. Hiernach hätten die Franzosen in beiden Richtungen das Doppelte von dem, was das deutsche Publikum zahlte, zu entrichten gehabt; auch wären dadurch die französischen Korrespondenzen mit Oesterreich, Russland und Dänemark betroffen worden. In Anbetracht dieses Umstandes gab Frankreich schliesslich nach, und im November 1871 zeigte der diplomatische Vertreter Frankreichs in Berlin an, dass Frankreich auf die deutschen Forderungen eingehen wollte, wenn das Porto auf 40 Centimen für den einfachen Brief bis zu 10 g festgesetzt würde. Bei Erörterung der Transitfragen mussten neue Schwierigkeiten überwunden werden. Es wurde bestimmt, dass das Transitporto in Frankreich nicht höher sein sollte, als der Antheil beim Austausch der Korrespondenz zwischen Deutschland und Frankreich. Die hohen Taxen für den Transit geschlossener Briefpackete wollte Frankreich jedoch beibehalten. Erst nach nochmaligen Drohungen, Elsass-Lothringen für den Transit zu verschliessen, liess Frankreich sich darauf ein, die Gegenleistungen zu kompensiren. Die zu der-

selben Zeit wegen Abschlusses eines auf die Herabminderung der
Portosätze für Briefe, Drucksachen und Waarenproben hinzielenden Postververtrags zwischen Frankreich und den Vereinigten
Staaten von Amerika schwebenden Verhandlungen stiessen auf
ernstliche Hindernisse und konnten zu einem befriedigenden Abschluss nicht geführt werden.[1]

Mit den Fortschritten des Handels und der Erweiterung der politischen und socialen Beziehungen unter den Völkern hatte die
Zahl der Spezialpostverträge stetig zugenommen. Erst in der
neueren Zeit wurde es möglich, diese Verträge von der einseitigen Herrschaft fiskalischer Rücksichten zu befreien und den
divergirenden Interessen der gesonderten Verwaltungen eine einheitliche Richtung auf das gemeinsame und grosse Ziel zu geben,
welches das Postwesen vor Allem im Auge haben soll: ein
mächtiges Bindeglied für die geistigen und materiellen Interessen
der Menschen und der Völker zu sein.

Die Entwickelung, welche der Verkehr der Neuzeit vermöge der vermehrten und beschleunigenden Transportmittel erreicht, und welche ihren Höhepunkt noch nicht überschritten
hatte, forderte mehr und mehr Erleichterung und Vereinfachung
der postalischen Transportbedingungen, sei es durch Beseitigung
der durch die Ländergrenzen bisher gegebenen Mannigfaltigkeit
der Taxen und der Behandlungsweise der Korrespondenzen, sei
es durch Einräumung möglichst niedriger Taxsätze, denen lediglich die Deckung der Betriebskosten nebst einem mässigen, der
Staatsverwaltung zufallenden Gewinn zu Grunde liegen durften.

Als ein Hauptpunkt einer hierauf hinzielenden Reform musste
auch angesehen werden die Zurückführung der allseitigen Taxbe-
theilung auf die einfache Thatsache der Korrespondenzproduktion,
nach welcher die Bevölkerung eines Landes gewöhnlich so viele
Briefe aus anderen Staaten erhält, als sie selbst nach diesen
absendet; also Portobezug nur durch das Aufgabegebiet, eine
Massregel, welche zugleich eine weitgreifende Vereinfachung der
gegenseitigen Verrechnung bezweckte.

Der deutsch-österreichische Postverein hatte bald nach seiner

---

[1] Verwaltungsbericht des General-Postdirektors in Washington für
das Geschäftsjahr 1871/72.

Gründung, im Jahre 1852, mit der Schweiz einen Vertrag abgeschlossen, welcher die äusserst zahlreichen Briefpostsätze auf 4
zurückführte; einen weiteren Fortschritt brachte der Postvertrag
zwischen der Schweiz und dem norddeutschen Bunde vom 11.
April 1868, welcher (für den einfachen Gewichtssatz) eine sehr
mässige Einheitstaxe von 25 Centimen für Briefe und von 5 Centimen für Drucksachen und Waarenproben aufstellte. Eine ähnliche Taxregulirung erfolgte im nämlichen Jahre zwischen der
Schweiz und Oesterreich-Ungarn. Italien hatte schon seit Beginn
seiner nationalen Gestaltung der Richtung möglichster Verkehrs-
erleichterung gehuldigt und durch Vertrag vom 8. August 1861 der·
Schweiz zu einer gemeinsamen Einheitsbrieftaxe die Hand geboten

Dem neu erstandenen deutschen Reiche und im Besonderen
dem an der Spitze der deutschen Postverwaltung stehenden General-Postdirektor Stephan war es vorbehalten, die Frage einer
Postkonferenz wieder aufzunehmen und die Vereinigung der Postverwaltungen zu einem allgemeinen Postverein herbeizuführen.

Die frühere preussische Postverwaltung, wie später die nord-
deutsche Bundes- und die deutsche Reichs-Postverwaltung hatte
schon seit längerer Zeit bei Abschluss ihrer Postverträge mit dem
Auslande danach gestrebt, die mannigfaltigen Einzelbestimmungen
auf gewisse massgebende Grundsätze zurückzuführen. Dieses Bestreben hatte den Postverträgen eine Gleichförmigkeit gegeben,
welche den Gedanken nahe legte, ob sich nicht ein Normal-Post-
vertrag aufstellen liesse, durch welchen die wesentlichsten Postbeziehungen zwischen einer grösseren Anzahl von Staaten, selbst
verschiedener Welttheile, in übereinstimmender Weise geregelt
werden könnten. An dieser Möglichkeit konnte deutscherseits um
so weniger gezweifelt werden, als die postalischen Beziehungen
der deutschen Staaten und Oesterreich-Ungarns einen ähnlichen
Entwickelungsgang bereits durchgemacht hatten, und der deutsch-
österreichische Postvereinsvertrag in seinem Bestande und seiner
Wirksamkeit bewiesen hatte, bis zu welchem Grade eine Verbindung selbständiger Staaten zu gemeinsamer Pflege postalischer
Interessen erreichbar, und wie sehr dieselbe befähigt war, das
Verkehrsleben zu fördern, die Verwaltung und den technischen
Betrieb zu vereinfachen, ohne dem Postwesen die zu seiner Er-
haltung und Fortbildung nothwendige Einnahme zu schmälern.

Bereits in der vom damaligen Geheimen Ober-Postrath Stephan verfassten „Denkschrift, betreffend den allgemeinen Postverein" aus dem November 1868, welche das Postamtsblatt mit dem Bemerken veröffentlichte, dass sie die Genehmigung des Bundeskanzlers erhalten hätte, und deren Ziel in der Allerhöchsten Verordnung vom 21. Januar 1869 gutgeheissen wurde, waren die Grundzüge für die auf der Basis des mässigen Einheitsportos, der Transitfreiheit und der Portovertheilung nach dem Princip der Kompensation geplante Bildung einer Verkehrsgemeinschaft niedergelegt worden, welche vorerst aus den europäischen Staaten nebst Russisch-Asien, der asiatischen Türkei, Egypten, Algerien, den Canarischen Inseln und Madeira, sowie aus den Vereinigten Staaten von Amerika, Canada und den sonstigen britischen Besitzungen in Nordamerika und aus Grönland bestehen sollte. In der Denkschrift war ausgeführt, dass von der Mehrzahl der europäischen Postverwaltungen und derjenigen der Vereinigten Staaten von Amerika in den letzten Jahren eine Reihe von Postverträgen abgeschlossen worden wäre, deren Gesammtinhalt eine Uebereinstimmung gewisser Grundanschauungen bekundete. Das Terrain wäre so weit vorbereitet, dass mit einiger Sicherheit der Frage näher getreten werden könnte, ob sich nicht noch umfassendere Resultate in der einheitlichen Gestaltung des Postverkehrs erreichen liessen, wenn jener zur Einheit strebenden Entwickelung der Grundsätze eine feste Grundlage durch Berufung eines allgemeinen Postkongresses gegeben würde. Diesem Kongresse sollte aber nicht ein Programm theoretischer Thesen zur Erörterung vorgelegt, sondern die positive Aufgabe gestellt werden, unter den Theilnehmern womöglich einen Vertrag zu Stande zu bringen, durch welchen auf postalischem Gebiete eine lebenskräftige Ge-. meinschaft geschaffen, die internationalen Schranken nebst den daraus hervorgehenden Verschiedenheiten und Erschwerungen thunlichst hinweggeräumt, insbesondere aber die Verhältnisse entfernt würden, deren Bestehen bisher häufig zu Gegensätzen in den Interessen und zu Sonderstellungen geführt hatte. Für den aus den genannten Gebieten zu errichtenden Verein nahm die Denkschrift einen einheitlichen Portosatz für Briefe, Drucksachen und Waarenproben in Aussicht, schlug vor, dass jede Postverwaltung ungetheilt das in ihrem Gebiete zur Erhebung gelangende Porto beziehen sollte, und verlangte, dass das Transitporto jeder Art, sowohl für den Einzeltransit, als für geschlossene Briefpackete abgeschafft würde. Was die praktische Ausführbarkeit anlangte, so berief sich die Denkschrift auf die Resultate, welche der deutschösterreichische Postverein erzielt hatte.

Da die allgemeine Lage das Gelingen eines solchen Unternehmens zu begünstigen schien, so zögerte die Regierung nicht, zu Anfang des Jahres 1869 mit den diplomatischen Einleitungen zur Berufung eines Kongresses vorzugehen. Am 18. Januar 1869 erging eine Note an den Geschäftsträger des norddeutschen Bundes in Paris, worin Letzterer angewiesen wurde, sich zu vergewissern, ob die französische Regierung den Augenblick ebenfalls für gekommen hielte, um auf der durch die Versammlung zu Paris im Jahre 1863 betretenen Bahn einen entscheidenden Schritt vorwärts zu thun. Nachdem der Geschäftsträger am 27. Januar 1869 zunächst berichtet hatte, dass der Marquis de la Valette die Sache erst genau prüfen wollte, zeigte er wenige Wochen [1] später an, dass der Kaiser Napoleon die Idee sehr glücklich fände und sich für die Sache interessirte; man wäre aber nicht im Stande, sogleich auf die Angelegenheit näher einzugehen, weil dieselbe eine „perturbation" des Budgets veranlassen würde. In einer späteren Note,[2] in welcher der Abschluss der neuen französisch-italienischen Postkonvention zwischen de la Valette und Nigra angezeigt wurde, wiederholte die Botschaft, dass der Kaiser, der Marquis de la Valette und der General-Postdirektor Vandal „für die Sachen sehr eingenommen wären", der Finanzminister aber behauptete, dass die Einbusse, welche die Finanzen in Folge eines internationalen Postvertrags erleiden würden, derart wären, dass Frankreich auf die Vorschläge nicht eingehen könnte. Die französische Regierung schickte zwar einen Beamten aus dem Finanzministerium nach Berlin, aber bei den Erörterungen kam man zu keinem Resultat. Am 6. Juni 1870 wurde dem Botschafter in Paris die erneute Weisung ertheilt, auf den bereits vor Jahresfrist angeregten Vorschlag wegen Einberufung eines Postkongresses zurückzukommen. Es wurde zugleich darauf hingewiesen, dass

---

[1] Note vom 10. Februar 1869.
[2] Note vom 4. März 1869.

inzwischen das Porto mit England auf $2^1/_2$, mit den Vereinigten
Staaten im direkten Verkehr auf 3 Silbergroschen ermässigt
worden war, während das Porto mit Frankreich noch $4^1/_2$
Silbergroschen betrüge. Die Reformbedürftigkeit des bestehenden
Zustandes wäre nicht mehr zu verkennen.

Der Krieg zwischen Deutschland und Frankreich, welcher
wenige Wochen später ausbrach, hinderte vorläufig die weitere
Verfolgung des Plans der allgemeinen Postunion. Erst nach Abschluss des Postvertrags mit Frankreich vom 14. Februar 1872,
welcher nach vielen Kämpfen die neueren Grundsätze zur Geltung
brachte, hielt die deutsche Reichsregierung den Zeitpunkt für gekommen, den Kongressgedanken wieder aufzunehmen.

Im Verfolg von Konferenzen, welche auf Grund einer von
der deutschen Reichsregierung ergangenen Anregung [1] im Juni
1873 in Brüssel und im Haag zwischen dem General-Postdirektor
Stephan und den Postverwaltungen von Belgien und Niederland
stattfanden, fühlte sich Ersterer veranlasst, bei dem Fürsten Bismarck den Antrag auf Abhaltung einer Postkonferenz zu stellen.
Da der Reichskanzler der Sache geneigt war und als Versamm-
lungsort der zum 1. September 1873 einzuberufenden Konferenz
die Bundeshauptstadt der Schweiz in Folge ihrer centralen Lage
vorzugsweise geeignet erachtete, so wurde der schweizerische
Bundesrath zunächst befragt, ob er mit dem Zusammentritt des
Postkongresses in Bern zu dem erwähnten Zeitpunkte einverstanden wäre. Der Bundesrath ging auf diese Idee mit grosser
Bereitwilligkeit ein. Demzufolge wurde am 1. Juli 1873 durch die
deutschen Gesandtschaften in Athen, Brüssel, Constantinopel, Haag,
Kopenhagen, Lissabon, London, Madrid, Paris, Rom, St. Petersburg, Stockholm, Washington und Wien die erforderliche Mittheilung an die betreffenden Regierungen, unter gleichzeitiger
Uebersendung eines in deutscher, französischer und englischer
Sprache abgefassten Vertragsentwurfs, zugestellt. Derselbe lehnte
sich im Wesentlichen an die Denkschrift vom November 1868
an; nur bezüglich der Portosätze ergab sich ein bedeutender
Unterschied. Während die Denkschrift für den einfachen Brief

---

[1] Note des Fürsten Bismarck an die deutsche Gesandtschaft in
Brüssel vom 22. April 1873.

bis zum Gewicht von 15 g ein Porto von 20 cts., wenn frankirt, und von 40 cts., wenn unfrankirt, vorgesehen hatte, überliess der Vertragsentwurf die Festsetzung des einheitlichen Portos den einzelnen Verwaltungen mit der Massgabe, dass über die Beträge von 40 cts. für den einfachen frankirten Brief und von 80 cts. für den einfachen unfrankirten Brief nicht hinausgegangen werden sollte. Der schweizerische Bundesrath wurde von der Zustellung des Vertragsentwurfs an die Regierungen mit dem Ersuchen in Kenntniss gesetzt, an die betreffenden Regierungen nunmehr die förmliche Einladung zu richten, sich bei dem am 1. September in Bern zum Zwecke des Abschlusses eines allgemeinen Postvertrags zusammentretenden Postkongresse durch Bevollmächtigte vertreten zu lassen.

Die Einladungen an die Regierungen von Belgien, Dänemark, Deutschland, Frankreich, Grossbritannien, Griechenland, Italien, Niederland, Oesterreich, Portugal, Russland, Spanien, Schweden, der Türkei und den Vereinigten Staaten von Amerika wurden vom schweizerischen Bundesrath am 9. Juli 1873 abgesandt. Die Regierungen antworteten zustimmend, bis auf die französische, russische und türkische.

Von der türkischen Regierung erwartete man trotz ihres Schweigens, dass sie sich für Beschickung des Kongresses aussprechen würde. Frankreich dagegen äusserte sich dahin, dass es aus finanziellen Gründen nicht in der Lage wäre, sich an dem in Aussicht genommenen Postkongresse zu betheiligen, während Russland, indem es sich mit der Idee und den Principien der Gründung eines allgemeinen Postvereins vollständig einverstanden erklärte, eine Vertagung des Kongresses aus äusseren Gründen für wünschenswerth bezeichnete.

Die Ablehnung Frankreichs, so lebhaft sie auch im Interesse des internationalen Verkehrs zu bedauern war, würde der deutschen Regierung keinen Anlass gegeben haben, eine Aenderung des mit dem schweizerischen Bundesrath vereinbarten Programms für den Kongress anzuempfehlen, weil diese Ablehnung auf Gründen beruhte, welche vielleicht erst nach längerer Zeit ihr Gewicht verloren haben würden. Dagegen glaubte die deutsche Regierung, dass dem Wunsche Russlands im Interesse der Sache zu entsprechen sein dürfte, denn dieser Wunsch stellte das grundsätzliche Einverständniss mit den deutschen Vorschlägen an die Spitze und bezweckte nur eine Vertagung auf einen nicht entfernten Zeitpunkt, während es unverkennbar im Interesse der Sache lag, dass das dem Umfange nach grösste Postgebiet sich gleich an der Gründung des Postvereins betheiligte, denn das Resultat des Kongresses würde sonst, wenn nicht gleich Null, doch jedenfalls von geringer Bedeutung gewesen sein. Andrerseits bot die Verschiebung Gelegenheit, die in dem Entwurfe gestellten wichtigen Fragen zu klären, und ermöglichte den theilnehmenden Staaten, die Angelegenheit reiflich zu studiren und dem Kongress später ein viel rascheres Fortschreiten zu sichern, als dies möglich gewesen wäre, wenn die Staaten zur Prüfung des auf die völlige Umänderung der damaligen Postverhältnisse hinzielenden Vertragsentwurfs nur wenige Wochen Zeit gehabt hätten.

Unter diesen Umständen wurde der schweizerische Bundesrath am 24. August ersucht, diejenigen der eingeladenen Regierungen, welche sich für den Zusammentritt des Kongresses ausgesprochen hatten, von der einstweiligen Vertagung desselben in Kenntniss zu setzen.

Nachdem im Januar 1874 Russland sich zur Theilnahme an dem in Bern abzuhaltenden Kongresse bereit erklärt und als Termin des Zusammentritts den 15. September 1874 vorgeschlagen hatte, wurde mit Rücksicht auf die erforderlichen Vorarbeiten und zum Theil grossen Entfernungen noch im Januar an die obengenannten Regierungen, sowie an die Postverwaltungen von Rumänien, Serbien und Egypten von Neuem die Einladung gerichtet, sich auf dem Kongresse vertreten zu lassen. Die Einladungen wurden von allen Verwaltungen angenommen, diesmal auch von der französischen, welche die Beschickung des Kongresses vor Jahresfrist noch ablehnen zu müssen geglaubt hatte.

Es musste im allgemeinen Interesse erwünscht sein und konnte zur Förderung der voraussichtlich sich schwierig gestaltenden Verhandlungen über die Abschaffung der Transitgebühren nur beitragen, wenn jedem der Delegirten statistisches Material über den internationalen Korrespondenzverkehr seines Landes und über die aus diesem Verkehr sich ergebenden postalischen Einnahmen und Ausgaben zur Verfügung gestellt wurde. Auf Vorschlag des deutschen General-Postamts wurde deshalb die Aufstellung einer Statistik über folgende Punkte veranlasst:

1. Anzahl der gewöhnlichen und eingeschriebenen Briefe, Drucksachen und Waarenproben, welche im Jahre 1872 in den Gebieten der einzelnen Verwaltungen zur Post geliefert und nach anderen Gebieten des zu gründenden Postvereins bestimmt gewesen waren und umgekehrt, insofern die Versendung vom Ursprungslande nach dem Bestimmungslande in direkten geschlossenen Briefpacketen stattgefunden hatte;

2. Portoantheil, welcher nach den bisherigen Vertragsstipulationen für die ad 1 bezeichneten Korrespondenzen zur Kasse der einzelnen Verwaltungen geflossen war;

3. Portoantheil, welchen die einzelnen Verwaltungen für die ad 1 bezeichneten Korrespondenzen zu beziehen gehabt hätten, wenn für die Portotheilung bereits das Princip des Vertragsentwurfs, wonach jede Postverwaltung die in ihrem Gebiete erhobenen Portobeträge ungetheilt behalten sollte, massgebend gewesen wäre;

4. Einnahmen der Verwaltungen pro 1872 für alle Korrespondenzen, welche für Rechnung anderer Verwaltungen des projektirten Postvereins im Einzeltransit oder im geschlossenen Transit durch das eigene Gebiet befördert worden waren;

5. Ausgaben der Verwaltungen pro 1872 für diejenigen aus ihrem eigenen Gebiet abgesandten oder dahin bestimmten Korrespondenzen, welche durch das Gebiet einer oder mehrerer anderer Verwaltungen im Einzeltransit oder im geschlossenen Transit befördert worden waren.

Der Kongress wurde am 15. September 1874 in dem Saale des alten, geschichtlich denkwürdigen Ständehauses zu Bern eröffnet. In demselben Saale, in welchem im Jahre 1849 die postalische Union der 22 eidgenössischen Kantone beschlossen worden war, traten jetzt 22 Staaten beider Hemisphären zusammen, um eine grosse allgemeine Postunion zu gründen. Vertreten waren auf dem Kongresse: Belgien, Dänemark, Deutschland, Egypten, Frankreich, Griechenland, Grossbritannien, Italien, Luxemburg, Niederland, Norwegen, Oesterreich, Portugal, Rumänien, Russland, Schweden, die Schweiz, Serbien, Spanien, die Türkei, Ungarn und die

Vereinigten Staaten von Amerika. Als Delegirte dieser Staaten
waren überwiegend die Leiter des Postwesens oder dieser Leitung
nahestehende Beamte anwesend. Das Präsidium des Kongresses
wurde dem Chef des schweizerischen Postdepartements, Bundesrath
Borel, welcher den Kongress eröffnete, übertragen.

Der Kongress ging sogleich ans Werk. Der vom schweizerischen Postdepartement verfasste, den Delegirten bereits vorher
mitgetheilte Entwurf der Geschäftsordnung wurde ohne Diskussion
angenommen. Für die Vorbereitung der Berathungen des von
Deutschland vorgelegten Entwurfs zum allgemeinen Postvereinsvertrage wurde eine Kommission gebildet, welche sich aus den
Delegirten von Belgien, Deutschland, Egypten, Italien, Niederland,
Oesterreich, Portugal, Schweden, der Schweiz und Ungarn zusammensetzte. Zum Vorsitzenden der Kommission wurde der erste
Delegirte Deutschlands, General-Postdirektor Stephan, ernannt.

Dem Abschlusse eines Vertrages stellten sich zunächst be-
trächtliche Hindernisse entgegen. Bei der in der ersten Sitzung
vorgenommenen Prüfung der Vollmachten ergab sich, dass nur
die Delegirten von 13 Staaten zum Abschluss und zur Unterzeichnung eines allgemeinen Postvertrags, nach Massgabe ihrer
Instruktionen und unter dem Vorbehalt der späteren Ratifikation,
ermächtigt waren. Dagegen hatten 5 Staaten, darunter Frankreich
und England, ihre Delegirten mittels Beglaubigungsschreiben nur
ermächtigt, sie auf dem Kongresse zu vertreten. Die Delegirten
von Italien, Serbien und der Türkei waren weder mit einer Vollmacht zum Abschlusse eines Vertrags, noch mit einem Beglaubigungsschreiben versehen; der Delegirte der Vereinigten Staaten
war noch nicht eingetroffen. Auf Antrag des Präsidenten sprach
der Kongress den Wunsch aus, dass die mit Vollmacht zum
Vertragsabschluss nicht ausgestatteten Delegirten bei ihren Regierungen Schritte thun möchten, um diese Vollmachten zu erhalten.[1]

Dass der Kongress seine schwierigen Verhandlungen schon
am 9. Oktober durch Unterzeichnung des allgemeinen Postvereinsvertrags zum formellen Abschluss bringen und die obengenannten
Staaten zu dem „Allgemeinen Postverein" zusammenschliessen

---

[1] Documents du congrès postal de Berne. S. 19 u. 20.

konnte, ist eine in der Geschichte der Verträge, namentlich der
Postverträge, einzig dastehende Thatsache. Beweist sie einerseits
die Umsicht, mit welcher die Vorbereitungen getroffen und die
Verhandlungen geleitet worden waren, so ist sie andrerseits ein
beredtes Zeugniss für die Einmüthigkeit der Ueberzeugungen,
welche die Regierungen und ihre Delegirten beseelte.

Seinem Inhalte nach zerfällt der Berner Vertrag in zwei
Abschnitte. In dem ersten sind die Grundsätze festgestellt, nach
welchen der Austausch von Korrespondenz-Gegenständen, das
heisst Briefen, Postkarten, Drucksachen, Waarenproben und Ge-
schäftspapieren, unter den Vereinsländern erfolgen sollte; während
der zweite Abschnitt die Verfassung des Vereins, seine innere
Organisation regelt.

Als leitender Gedanke ist im Vertrage die Bestimmung vor-
angestellt, dass die vertragschliessenden Theile ein einziges Postgebiet bilden, die politischen Grenzen also für die Behandlung
der Korrespondenz-Gegenstände vollständig verschwinden. Die un-
mittelbare Folge dieses Satzes war, dass erleichternde Bestimmungen, namentlich in Betreff des Transits, der Portosätze und der
Portotheilung getroffen werden konnten.

Bezüglich des Transits ist zwischen Freiheit des Transits und
zwischen Gewährung desselben gegen Vergütung zu unterscheiden.
Die Freiheit des Transits war die erste der Anforderungen, welche
an ein auf die Förderung des Verkehrs berechnetes Gemeinwesen
gestellt werden mussten.

Durch die Vertragsbestimmungen wurde die Freiheit des
Transits vollständig erreicht. Artikel 10 bestimmt:

„Im gesammten Gebiete des Vereins ist die Transitfreiheit
gewährleistet", d. h. jedes Vereinsland war fortan berechtigt, mit
jedem andern Vereinsland, unter Benutzung sämmtlicher im Vereins-
gebiet belegenen Transitstrassen, in unmittelbaren Austausch der
Postsendungen zu treten, ohne dass es der vorherigen Verständigung mit den Verwaltungen der zwischenliegenden Länder bedurfte.

Diese Bestimmung ist eine der kostbarsten Errungenschaften
des allgemeinen Postvereins; sie beseitigte eine in der fiskalischen
Doktrin und Praxis einer überwundenen Staats- und Volkswirth-
schaftsepoche wurzelnde Abgabe. Die Wichtigkeit des Satzes wird
erst recht klar, wenn man sich die früheren Zustände ins Ge-

dächtniss zurückruft, wo jeder Staat an seiner Grenze gleichsam einen
Schlagbaum aufstellte, [1] und wo es langwieriger Verhandlungen
bedurfte, um den Durchgang durch ein fremdes Gebiet zu erlangen.
Der Vertrag legte ferner den einzelnen Staaten die Verpflichtung auf, die geschlossenen Briefpackete, sowie die im Einzeltransit beförderten Gegenstände stets auf dem billigsten und
schnellsten Wege weiter zu befördern. Damit war den Verwaltungen die Möglichkeit entzogen, die transitirenden Sendungen zu
Gunsten des inländischen Verkehrs zu vernachlässigen.

Von der Freiheit des Transits ist die Unentgeltlichkeit desselben wohl zu unterscheiden. Der erste Punkt ist der wichtigere
für den Verkehr, der zweite ist eine Geldfrage zwischen den
Postkassen der einzelnen Staaten. Für das Princip der unentgeltlichen Transitbeförderung kann geltend gemacht werden, dass die
Leistungen, welche ein Staat in der Beförderung seiner eigenen
Korrespondenz ausführt, sich mit denjenigen ausgleichen, welche
er von anderen Staaten für die Beförderung seiner eigenen
Korrespondenz empfängt. Die deutsche Postverwaltung hatte nicht
gezögert, so viel an ihr lag, die Unentgeltlichkeit des Transits
schon in ihren damaligen Beziehungen mit anderen Staaten zur
Anerkennung zu bringen, obwohl Deutschland vermöge seiner
Lage im Herzen Europas diesem Ziele nicht unerhebliche Opfer
bringen musste. Ohne Zweifel wäre die Unentgeltlichkeit des
Transits, welche auf dem Berner Kongress die überwiegende
Mehrzahl der Stimmen für sich hatte, auch im Vereinsvertrage zur
vollen Durchführung gelangt, wenn man nicht auf die Verhältnisse zweier Länder besondere Rücksicht hätte nehmen müssen.

Zunächst kam die Lage Belgiens in Betracht, welche insofern
eigenthümlich ist, als dieses Land im Kreuzungspunkte der wichtigsten Transitlinien des Kontinents sich befindet. Belgien beför-
derte nach dem Berichte der Kommission 20 Mal mehr fremde
Transitkorrespondenz, als es fremde Staaten für seine eigene
weitergehende Korrespondenz in Anspruch nahm, und bezog, ob-

[1] Bezeichnend hierfür ist die Aeusserung des Ministers eines
kleinen deutschen Staates aus den 40er Jahren: «Unsere Landesgrenzen sind nicht dazu da, um von dem Auslandsverkehr niederge-
treten zu werden.» (Rede des Staatssecretairs von Stephan bei der I.
Lesung des Wiener Weltpostvertrags.)

wohl die belgischen Transitgebühren zu den niedrigsten in Europa
gehörten, für seine Leistungen die verhältnissmässig bedeutende
Summe von 946 235 Franken. [1] Nach einer von der belgischen
Verwaltung dem Kongress vorgelegten Statistik für 1873 stellte
sich der Transit fremder Korrespondenz auf 2500 kg Briefe und
Drucksachen täglich, während Belgien selbst den Transit nur für
125 kg täglich benutzte. Wenn auch in der veränderten Portotheilung für Belgien, welches nur kurze Beförderungsstrecken zu
bedienen hat, schon ein namhafter Vortheil lag, so war dies doch
nicht genügend, Belgien für die grossartigen Transitleistungen
ausreichend zu entschädigen.

Im Weiteren war bei der Regulirung der Transitfrage auf
Frankreich besondere Rücksicht zu nehmen. Die französische
Verwaltung war bis dahin von der Anschauung geleitet worden,
dass sie den Verkehrsinteressen anderer Länder erheblich grössere
Dienste leistete, als sie solche von ihnen empfange. Während
Frankreich hieraus einerseits den Anspruch hergeleitet hatte, dass
von der aus seinem Verkehr mit anderen Ländern erwachsenden
gemeinschaftlichen Porto-Einnahme der grössere Theil ($^2/_3$, $^3/_5$
oder $^5/_8$) der französischen Verwaltung zufallen müsste, hatte
sich andrerseits aus derselben Anschauung heraus ein System fiskalischer Ausnutzung der Transitlinien entwickelt, welches den
internationalen Postverkehr zu Gunsten der französischen Post-
kasse erheblich belastete.

Durch den zwischen Deutschland und Frankreich abgeschlossenen Postvertrag vom 14. Februar 1872 war wenigstens bezüglich des Verkehrs mit Deutschland eine gerechtere Würdigung
der Verhältnisse erreicht worden. Dieser Vertrag bestimmte, dass
für das Mehrgewicht der Postsendungen, welches die eine Verwaltung im Transit durch das Gebiet der andern führen würde,
eine Entschädigung von 6 Franken für das Kilogramm Briefe
und 1 Frank für das Kilogramm Drucksachen zu leisten wäre,
und dass auch diese Entschädigung wegfallen sollte, wenn die
Differenz des Mehrgewichts im Vierteljahr weniger als 100 kg
Briefe und 500 kg Zeitungen und andere Drucksachen betragen

---

[1] Documents d. c. p. d. B. S. 37 u. 38.

würde. [1] Auf diese Weise war im Verkehr zwischen Deutschland und Frankreich die Unentgeltlichkeit des Transits thatsächlich angebahnt worden. Da aber die postalischen Beziehungen Frankreichs zu anderen Ländern meist noch auf der Grundlage der früheren Verhältnisse beruhten, so glaubte der Kongress, einerseits der französischen Verwaltung den Anschluss an den allgemeinen Postverein zu erleichtern und andrerseits Belgien für die ihm auferlegten Opfer zu entschädigen, indem er die Erhebung einer Transitgebühr von 2 Franken für das Kilogramm Briefe und 25 Centimen für das Kilogramm Geschäftspapiere, Waarenproben und Drucksachen pp. allgemein zugestand mit der weiteren Befugniss, diese Vergütungen zu verdoppeln, wenn es sich um einen Transit von mehr als 750 km auf dem Gebiete einer und derselben Verwaltung handelte. Bei den Berathungen über die Gewährung von Vergütungen für die Transitleistungen kam zunächst der Gedanke einer Kompensation zur Erörterung. Ein Versuch der Ausführung auf Grund des von der Mehrzahl der Verwaltungen gelieferten statistischen Materials ergab jedoch so erhebliche Schwierigkeiten sowohl bei denjenigen Staaten, welche Kompensationen zu empfangen hatten, als auch bei denjenigen, welche dieselbe gewähren sollten, dass von der Durchführung dieses Planes Abstand genommen wurde.

Für das Publikum war damit das Princip der unentgeltlichen Transitleistung erreicht, insofern als die Transitgebühren die Portosätze in keiner Weise berührten. Im Uebrigen wurde im Artikel 10 ausdrücklich bestimmt, dass überall, wo der Transit bisher unentgeltlich oder zu geringeren Sätzen geleistet worden wäre, die geltenden Bestimmungen aufrecht erhalten bleiben sollten.

Gleich günstige Bestimmungen konnten für die Seebeförderung nicht zugestanden werden, denn bezüglich der Seepost-Verbindungen ist eine Ausgleichung der Portobezüge durch die Lage des Transit verlangenden und gewährenden Theiles häufig geradezu ausgeschlossen. Die Forderung der unentgeltlichen Beförderung nach überseeischen Ländern würde denjenigen Staaten,

---

[1] Artikel 14 des Vertrags.

welche eigene Seepost-Verbindungen unterhalten, grosse Opfer zu Gunsten derjenigen Staaten auferlegt haben, welche derartige Verbindungen nicht besitzen. Es war selbstverständlich, dass eine solche Forderung im Kongress nicht durchgehen konnte.

Man einigte sich dahin, dass für Seebeförderungen von mehr als 300 Seemeilen besondere Vergütungen beansprucht werden könnten, welche jedoch die Sätze von 6 Fr. 50 Cts. für das Kilogramm Briefe und von 50 cts. für das Kilogramm anderer Sendungen nicht überschreiten durften. [1]

Die Vereinsätze sollen nach dem Vertrage nicht Platz greifen:

1. für diejenigen Briefpackete, welche auf dem Gebiete der Vereinigten Staaten von Amerika mit der Eisenbahn zwischen New-York und San Francisko befördert werden;

2. für die indische Ueberlandpost wegen der mit hohen Kosten verknüpften Einstellung von Expresszügen. [2]

Für diese genannten Strecken blieb die Vereinbarung besonderer Sätze vorbehalten.

---

[1] Nach einem durch die Erfahrung festgestellten Gesetze der Briefbewegung entfallen für den einzelnen Brief annähernd soviel Centimen, als Franken für das Kilogramm an Transitvergütung gezahlt werden. Man hat nämlich gefunden, dass das Durchschnittsgewicht eines Briefes etwa 10 g beträgt; in einem Kilogramm sind daher durchschnittlich 100 Briefe enthalten.

Für den einzelnen Brief würde sich also eine Transitgebühr von 6 1/2 Centimen ergeben. Diese ist bedeutend genug, um auf das Porto Einfluss auszuüben.

[2] Die »gewöhnliche« indische Ueberlandpost geht an jedem Freitag Abend von London (über Calais, Paris, Mâcon, Mont Cenis, Turin, Bologna, Brindisi) ab und endigt auf der ostindischen Halbinsel, Bombay und Ceylon berührend, in Calcutta.

An jedem zweiten Freitag wird die »grosse« Ueberlandpost befördert, die Indian and Australian Mail, welche ihren Weg bis nach Ostasien und Australien nimmt. Die Zahl der Postsäcke beträgt oft gegen 800, welche natürlich überwiegend englischen Ursprungs sind. Im Jahre 1883 umfasste die gesammte indische Ueberlandpost auf dem Wege über Brindisi 51 593 geschlossene Postsäcke; hiervon entfielen 40 329 Postsäcke auf die Richtung aus Europa nach Indien, 11 264 auf die Richtung aus Indien nach Europa. Von den ersteren rührten von England her 32 185 Stück, von den letzteren waren für England bestimmt 8732 Stück. Die Zahl der geschlossenen Säcke bz. nach Deutschland belief sich auf 775. Das Gewicht der englisch-indischen Posten betrug im Jahre 1883 842 448 kg. (Veredarius S. 361—364, Deutsche Verkehrszeitung. Jahrgang 1885 S. 79).

Artikel 10 des Vertrags enthält noch die wichtige neue Bestimmung, dass über die Transitentschädigung nicht eine fortlaufende Abrechnung stattfinden, sondern für einen gewissen Zeitraum eine statistische Ermittelung vorgenommen werden sollte, deren Ergebniss bis zu einer anderweiten Feststellung für die Bestimmung der Transitentschädigung massgebend wäre.

Die Möglichkeit des Einheitsportos für ein Postgebiet, welches sich von der östlichen Grenze Sibiriens bis zur westlichen Grenze der Vereinigten Staaten von Amerika erstreckte, beruhte auf der Voraussetzung unentgeltlichen Transits oder mindestens sehr mässig bemessener Vergütung. Nachdem diese Voraussetzung annähernd erfüllt worden war, bestand auf dem Berner Kongress darüber kein Zweifel, dass dem Grundgedanken des Vertrags und den Bedürfnissen des Verkehrs nur durch ein ohne Rücksicht auf die Entfernung bemessenes Einheitsporto entsprochen werden könnte. Erforderte dasselbe Anfangs vorübergehende Opfer, so hatte es sich im Erfolge doch überall für die Posteinnahmen als vortheilhaft erwiesen.[1]

Die Einheit der Taxe hatte schon bei Beginn der Berathungen im Principe fast allseitige Zustimmung erhalten.

Bezüglich der Beförderungsgebühren war im Entwurf vorgesehen, dass den Postverwaltungen der Vereinsländer für den Verkehr mit anderen Vereinsländern die selbständige Festsetzung eines Einheitsportos mit der Massgabe überlassen bleiben sollte, dass dasselbe für frankirte Briefe höchstens 3 Groschen, 4 Pence oder 40 Centimen, für unfrankirte höchstens 6 Groschen, 8 Pence oder 80 Centimen betragen durfte; für Drucksachen, Waarenproben und Geschäftspapiere war ein Einheitsporto bis zu 10 Centimen vorgesehen. Die Einführung eines für alle Vereinsländer gleichen Einheitsportos und die Festsetzung gleichmässiger Gewichtsstufen aber sollten einer späteren Vereinbarung vor-

---

[1] Hierzu bemerkt das Kongressprotokoll vom 16. September: Une taxe uniforme devra être modérée et l'on sait que, si la modération des taxes impose des sacrifices momentanés, elle est, en dernière analyse, profitable aux finances de l'Etat. Au reste toutes les taxes tendent à s'égaliser, et en proclamant une taxe unique, il est à prévoir, que le Congrès ne fera que devancer de quelques années le mouvement qui se produit dans ce sens. (Documents du c. p. de Berne, S. 23.)

behalten bleiben. Schon von Anfang an wurde der Grundsatz der Einheit der Taxe angenommen, und der Kongress gelangte auf dieser Grundlage schliesslich zu den Festsetzungen in den Artikeln 3 und 4 des Vertrags, wonach das Normal-Vereinsporto für frankirte Briefe 25 cts. für je 15 g, für Drucksachen u. s. w. 7 cts. für je 50 g betragen sollte. Mit Rücksicht auf die in den vertragschliessenden Ländern herrschenden Münzverschiedenheiten erwies es sich jedoch nicht thunlich, den Satz von 25 cts. schon damals als allein zulässig einzuführen. Um den Verwaltungen bei der Einführung des Einheitsportos der Abrundung wegen einen Spielraum zu lassen, enthält der Vertrag die Bestimmung, dass als Uebergangsmassregel jedem Lande vorbehalten bleiben sollte, einen höheren oder niederen Portosatz, als den bezeichneten, jedoch innerhalb der Grenzen von 20 und 32 Centimen zu erheben, unter der Voraussetzung, dass für den unfrankirten Brief das Doppelte, wie für den frankirten, zur Erhebung gelangte.

Auffallend mag erscheinen, dass der Vertrag ein Minimalporto ansetzt, und ferner, dass das Porto für unfrankirte Briefe doppelt so viel betragen soll, wie für frankirte, da der Vertrag doch andrerseits die Bestimmung enthält, dass zur Erleichterung für das Publikum besondere Abkommen getroffen werden können. Es lag aber der Normirung eines Minimalportos die Besorgniss vor den Folgen einer zu weit gehenden einseitigen Portoermässigung zu Grunde. Würde nämlich im Verkehr zweier Vereinsländer das Porto des unfrankirten Briefes in dem einen derselben niedriger tarifirt werden, als das Porto des frankirten Briefes in dem andern, so könnte in letzterem Lande die Frankirung der Briefe zur Ausnahme werden, und als Folge davon die Portoeinnahme aus der gemeinsamen Korrespondenz grösstentheils der Kasse des ersteren Landes zu Gute kommen, da nach dem Grundsatz über den Portobezug jedes Land das Porto bezieht, welches es erhebt. Setzte beispielsweise Frankreich das Porto für den unfrankirten Brief auf 20 cts., also billiger, als für den frankirten, fest, so würden alle nach Frankreich bestimmten Briefe unfrankirt abgeschickt, und es würde das Porto, welches sonst den Aufgabeverwaltungen zufiele, der französischen Post zu Gute kommen.

Das Porto für Waarenproben, Drucksachen und Geschäfts-

4

papiere ist nach ähnlichen Grundsätzen geregelt worden; es sollte
betragen für je 50 g mindestens 5 cts. und höchstens 11 cts.
Die Gewichtsstufe von 50 g ist angenommen worden, weil dieselbe zur Zeit des Berner Vertrags die einheitliche Gewichtsstufe
in fast sämmtlichen vertragschliessenden Staaten bildete. Ein
Meistgewicht für Briefe setzte der Vertrag nicht fest, weil in dem
Satze von 25 cts. für je 15 g schon eine gewisse Beschränkung
lag. Dagegen wurde für Waarenproben ein Meistgewicht von
250 g, für Drucksachen ein solches von 1000 g festgesetzt.

Für Postkarten trat durch den Berner Vertrag eine bedeu-
tende Ermässigung ein, indem unter gleichzeitiger Einführung der
Zwangsfrankatur das Porto für Postkarten auf die Hälfte des
Portos für frankirte Briefe unter entsprechender Abrundung der
Bruchtheile festgesetzt wurde. Wie erheblich diese Vergünstigung
war, geht daraus hervor, dass zur Zeit des Berner Vertrags in
den meisten internationalen Verträgen die Postkarten in gleicher
Höhe mit den Briefen tarifirt wurden.

Damit die Sendungen nicht etwa in Form von Nebengebüh-
ren mit höheren Beträgen belastet werden konnten, bestimmte
Artikel 9 des Vertrags, dass Briefe weder im Ursprungs- noch
im Bestimmungslande, sei es zu Lasten der Absender, sei es auf
Kosten der Empfänger, einem anderen Porto oder einer anderen
Postgebühr, als der im Vertrag festgesetzten, unterworfen werden
dürfen. Hiervon machen England und Frankreich eine Ausnahme.
In diesen Ländern ist der Postschluss sehr frühzeitig festgesetzt,
und es wird für Briefe, welche nach Postschluss noch zur Beförderung eingeliefert werden, eine ziemlich hohe Spätlingsgebühr
erhoben. Streng genommen, würde nach dem Vertrage die Erhebung einer solchen Gebühr nicht zulässig sein. Man hat aber
gesagt, dass in der Annahme und Beförderung der nach Schluss
der Post eingelieferten Sendungen eine besondere Leistung enthalten sei, für welche die erwähnte Gebühr erhoben werde. [1] .

---

[1] Auch bei der deutschen Reichs-Postverwaltung ist die Frage
wegen Erhebung einer derartigen Gebühr in Erwägung gezogen worden,
um dadurch der bei uns üblichen und für den Betrieb lästigen Massen-
auflieferung bz. Ansammlung der Korrespondenz gegen Schluss der
Dienststunden vorzubeugen. Theils aus praktischen Gründen, theils mit
Rücksicht auf die Bestimmung des Berner Vertrags ist jedoch davon
abgesehen worden.

Die Vorschriften für Einschreibsendungen entsprechen den in allen neueren Verträgen eingebürgerten Bestimmungen. Danach ist für alle Briefpostsendungen die Einschreibung zulässig, und es besteht Frankozwang. Das Porto ist gleich dem der gewöhnlichen Briefe. Dazu tritt die Einschreibgebühr, welche nicht höher sein soll, als im innern Verkehr des Ursprungslandes. Eine einheitliche Einschreibgebühr festzusetzen, war nicht möglich, weil die Gebühren in den einzelnen Staaten erheblich von einander abwichen. Da dieselben aber für den innern Verkehr durchweg niedriger waren, als die bisher im internationalen Verkehr erhobenen Sätze, so ist auch bezüglich der Einschreibgebühr eine nicht unbedeutende Ermässigung erzielt worden.

Als Entschädigung für den Verlust einer Einschreibsendung setzt der Vertrag die Summe von 50 Franken fest. Hierzu tritt die Ausnahmebestimmung, dass in denjenigen Ländern, in welchen die Gesetzgebung einer Ersatzleistung für Einschreibbriefe entgegensteht, eine Ersatzleistung nicht stattfinden soll. Diese Bestimmung musste mit in Kauf genommen werden, weil von derselben der Beitritt der Vereinigten Staaten abhing. Die Bestimmung über die Ersatzleistung für eingeschriebene Briefe ist die einzige Stelle des Berner Vertrags, in welcher die Garantieleistung der Post berührt wird. Dies ist insofern leicht begreiflich, als der genannte Vertrag sich nur mit den Briefpostgegenständen befasst, und für gewöhnliche Briefe pp. von keiner Postverwaltung, ausgenommen der französischen,[1] Ersatz geleistet wird.

Die Frage wegen der Portotheilung, in früherer Zeit eine Quelle fortwährender Kontroversen unter den Postverwaltungen, wurde in dem Vertrage in glücklicher Weise gelöst durch den Grundsatz, dass jede Verwaltung unverkürzt diejenigen Gebühren bezieht, welche sie erhebt. Durch diese Bestimmung wurde ein Princip anerkannt, welches bereits in einem Vertrage zur Geltung gekommen war, den die kurbrandenburgische Postverwaltung im Jahre 1695 mit dem Postmeister von Bern über die Leitung der Post zwischen Brandenburg und der Schweiz, Piemont und Südfrankreich via Frankfurt (Main) abgeschlossen

---

[1] Vergl. französisches Gesetz vom 5 nivôse an V.

hatte. Die Richtigkeit dieses Princips ist so einleuchtend, und der
Satz erscheint so einfach, dass man darüber staunen muss, welcher
langen und mühsamen Verhandlungen es bedurft hat, ihm allgemeine Geltung zu verschaffen. Seit mehr als 20 Jahren im Verkehr
Deutschlands mit Oesterreich-Ungarn bewährt, hatte dieses System
später auch im Verkehr mit anderen Staaten sich Bahn gebrochen
und, da es jede Abrechnung unter den Postverwaltungen und alle für
dieselben sonst nothwendigen Kontrolmassregeln überflüssig macht,
ausserordentlich zur Vereinfachung des technischen Betriebes beige-
tragen. Durch die Aufhebung einer jeden Abrechnung und durch
die Bezahlung der Transittaxen mittels jährlicher Entschädigungen,
auf die Statistik gestützt, wurde das bisherige ebenso kostspielige
als komplicirte Rechnungswesen vollständig beseitigt. Gerade in
der Frage der Portotheilung ist die Thatsache des Bestehens des
deutsch-österreichischen Postvereins, auf welchen wiederholt hingewiesen wurde, wenn auf dem Kongresse sich Schwierigkeiten
ergaben, von besonderem Werthe gewesen.

Was die Portofreiheiten betrifft, so fasst der Vertrag die
Vergünstigungen hierfür ziemlich eng auf, denn er lässt nur den
auf den Postdienst bezüglichen amtlichen Schriftwechsel portofrei.

Dies sind im Wesentlichen die Bestimmungen, welche sich
auf die Behandlung der Sendungen innerhalb des Vereins beziehen. Von welcher Wichtigkeit dieselben für das Publikum und
den Dienstbetrieb sind, ist bereits angedeutet. Man würde jedoch die Bedeutung des Berner Vertrags bei Weitem unterschätzen, wenn man den Schwerpunkt allein darin suchen wollte,
dass der Vertrag ermässigte Taxen und erleichternde Bestimmungen für die Behandlung der Briefpostsendungen schuf, und
dass an die Stelle der zahlreichen Einzelverträge, welche die Postverhältnisse früher geregelt hatten, nunmehr ein Kollektivvertrag
mit übereinstimmenden Normen getreten war. Die Befestigung des
Vereins als dauernde, völkerrechtliche Vereinigung war von gleich
grosser, wenn nicht grösserer Wichtigkeit; hierin lag die Sicherheit
für die günstigen Wirkungen des Vertrags. Dadurch, dass derselbe
Staaten aus 4 Welttheilen zu einem postalischen Gemeinwesen ver-
band und letzterem eine Organisation verlieh, welche Leben und
Dauer verhiess, war zu einer grossen und allgemeinen, ihrer Bestimmung nach alle civilisirten Nationen der Erde umfassenden völker-

rechtlichen Einigung der erste Grund gelegt. Ein solcher Vertrag steht in der Geschichte der Völker einzig da und hat eine Bedeutung erlangt, welche bei seinem Abschluss nicht erwartet werden konnte.

Was speciell die organisatorischen Bestimmungen betrifft, so ist Artikel 18 zu erwähnen. Hiernach sollte zur weiteren Ausbildung des Vereins, zur Einführung nothwendig befundener Verbesserungen und zur Erörterung gemeinsamer Angelegenheiten in bestimmten Zeiträumen ein Kongress von Bevollmächtigten der am Vertrage betheiligten Länder zusammentreten. Jedes Land erhielt dabei eine Stimme und konnte sich durch einen oder mehrere Bevollmächtigte eines anderen Landes vertreten lassen. Darüber bestanden von vornherein keine Zweifel, dass, wie der Verein nur durch allseitiges Einverständniss ins Leben gerufen war, so auch jede Aenderung des Vertrags selbst die Zustimmung jedes einzelnen Mitglieds voraussetzte; denn der Charakter eines völkerrechtlichen Vereins bedingt, dass in demselben jeder Staat, der kleinste wie der grösste, für seine autonome Stellung und Entschliessung die volle Bürgschaft finden muss. Zwar könnte das Princip der Einstimmigkeit die ernste Besorgniss hervorrufen, dass es in die Hand einer Minorität und selbst einer einzigen Stimme gelegt sei, durch ihr ablehnendes Votum jede weitere Entwickelung des Vereins, jede Verbesserung des internationalen Postverkehrs zu vereiteln und damit den Zweck des Vereins selbst zu zerstören. Diese Besorgniss wäre vollkommen begründet gewesen, hätte nicht der Vertrag im Artikel 14 den Vereinsstaaten ausser der Unabhängigkeit ihrer inneren Postgesetzgebung auch noch die Befugniss gewahrt, zur weiteren Erleichterung des Verkehrs Verträge unter sich bestehen zu lassen oder neu zu schliessen, sowie engere Vereine aufrecht zu erhalten oder neu zu gründen. Diese Bestimmung ist speciell für Deutschland von Wichtigkeit gewesen, weil die mit Oesterreich-Ungarn bezüglich des Briefverkehrs verabredeten niederen Portosätze bestehen bleiben konnten. Es konnten ferner die zwischen Deutschland und der Mehrzahl der Vereinsländer getroffenen Vereinbarungen insoweit in Kraft bleiben, als sie den Austausch von Werthbriefen, Postanweisungen und Packeten betrafen; überhaupt konnte die bestehende Regelung von Gegenständen, über welche der Vertrag Bestimmungen nicht enthielt, z. B. Regelung des Grenzverkehrs, beibehalten werden.

Es ist demnach anzuerkennen, dass in der Organisation des Allgemeinen Postvereins das Princip der Stabilität und das der Beweglichkeit in glücklicher Weise vereinigt worden sind.

Da nach Artikel 18 des Vertrags der Kongress nur in Zeiträumen von 3 Jahren zusammentreten sollte, und in der Zwischenzeit Differenzen entstehen konnten, welche schleunige Erledigung erheischten, wurde bestimmt, dass in Fällen von Meinungsverschiedenheiten zwischen zwei oder mehreren Vereinsländern ein Schiedsgericht berufen werden sollte, zu welchem jede der betheiligten Verwaltungen ein anderes, an der Sache nicht betheiligtes Vereinsmitglied zu wählen hätte; die Abstimmung der Gewählten sollte nach absoluter Stimmenmehrheit erfolgen.

Zur Ausführung der mit dieser Abstimmung verbundenen Geschäfte, zur Sammlung, Zusammenstellung, Veröffentlichung und Vertheilung der dienstlichen Mittheilungen, sowie zur Ertheilung von Gutachten in streitigen Fragen wurde als ständiges Organ „das internationale Büreau des allgemeinen Postvereins" in Bern eingerichtet. Es überrascht, dass in dem deutschen Vertragsentwurfe die Einrichtung des Büreaus nicht vorgesehen war, obgleich für den internationalen Telegraphenverein ein solches schon längere Zeit bestand und wohl von allen Bestimmungen des Vertrags von 1865 diejenige, welche die Einrichtung des internationalen Telegraphenbüreaus betraf, bei Abfassung des Entwurfs zum Postvereinsvertrag unstreitig am meisten sich zur Nachahmung empfohlen hätte. Diese Lücke, denn als solche kann es wohl bezeichnet werden, wurde im Laufe der Kongressverhandlungen ausgefüllt. Der belgische Delegirte Vinchent, welcher bereits auf der Pariser Telegraphenkonferenz die Idee der Schaffung eines internationalen Telegraphenbüreaus lebhaft befürwortet hatte, schlug die gleiche Einrichtung für den allgemeinen Postverein vor und stiess hierbei auch auf keinen Widerstand.

Bei Auswahl eines Landes, in welchem das Büreau seinen Sitz haben, und dessen Regierung die Beaufsichtigung des Büreaus übernehmen sollte, ging man von dem Grundsatz aus, eines der kleinsten Länder zu nehmen, um dem Vorwurf einer Beeinflussung, wie er bei einem grossen Staate leicht aufkommen kann, vorzubeugen. In Betracht kamen Belgien und die

Schweiz. Letzterem Staate wurde der Vorzug gegeben, und das Büreau in Bern eingerichtet, weil hier der erste Kongress getagt hatte.

Ergänzend zu den inneren Bestimmungen traten im Artikel 11 und 17 noch Vorschriften hinzu, welche die Beziehungen des Vereins zu den dem Vereine nicht angehörigen Ländern, sowie die Bestimmungen regeln, unter welchen der Eintritt in den Verein gestattet werden sollte.

Artikel 11 bestimmte, dass sämmtliche Vereinsverwaltungen an den Vergünstigungen theilnehmen sollten, welche durch besondere Verträge zwischen den einzelnen Vereinsverwaltungen und fremden Verwaltungen festgesetzt würden. Die Taxen, welche in diesen besonderen Verträgen vereinbart würden, sollten auf die Korrespondenzen der übrigen Vereinsländer nach dem betreffenden, dem Verein nicht angehörigen Land Anwendung finden, jedoch mit der Massgabe, dass zu den vereinbarten Taxen das Vereinsporto noch hinzuträte. In Betreff des Portobezugs bei der Korrespondenz zwischen Vereinsländern und Vereinsausland wurde der Grundsatz aufgestellt, dass das Vereinsporto für frankirte Briefe von der Verwaltung des Aufgabegebiets, für unfrankirte Briefe von der Verwaltung des Bestimmungslandes bezogen werden sollte. Hierbei betrachtet man diejenige Vereinsverwaltung, welche den Verkehr mit dem Vereinsausland vermittelt, bezüglich der nach dem Ausland gerichteten Korrespondenz als Bestimmungsland, bezüglich der aus dem Ausland kommenden Korrespondenz als Aufgabegebiet. Das Vereinsland, welches mit dem Auslande die Korrespondenz austauscht, hat, weil es an dem Portobezug theilnimmt, keinen Anspruch auf Transitentschädigung.

In Betreff des Austausches von Briefen mit Werthangabe und Postanweisungen sah Artikel 12 vor, dass zu diesem Zwecke zwischen den verschiedenen Ländern weitere Vereinbarungen getroffen werden sollten, was auch später geschehen ist.

Eine Reihe von Ausführungsbestimmungen wurde auf Grund des Artikels 13 in einem Reglement niedergelegt. Die Bestimmungen desselben sind rein technischer Natur und können hier übergangen werden.

Nach Artikel 19 sollte der Vertrag am 1. Juli 1875 in Kraft treten. Er war zunächst auf 3 Jahre abgeschlossen und sollte nach

Ablauf dieses Zeitraums als auf unbestimmte Zeit verlängert gelten. Jedem der vertragschliessenden Theile sollte jedoch das Recht zustehen, aus dem Vereine wieder auszuscheiden, wenn er diese Absicht ein Jahr vorher anzeigte.

Der Berner Vertrag führte in seinem Eingang Frankreich unter den vertragschliessenden Theilen mit auf, trug jedoch nicht die Unterschrift des französischen Bevollmächtigten. Die französische Regierung liess durch denselben erklären, dass sie unter den bestehenden Verhältnissen ihre Zustimmung zu dem Vertrage nicht sofort geben könne, weil sie sich in der Nothwendigkeit befinde, die durch die Beschlüsse des Kongresses angeregten Fragen zunächst der Entscheidung der Nationalversammlung zu unterbreiten. Sie fügte indess hinzu, „dass sie den freisinnigen Ideen des Kongresses in der Mehrzahl seiner Reformen volle Gerechtigkeit widerfahren lasse und den Gedanken, sich den Vertragsmächten enger anzuschliessen, nicht zurückweise[1].“ Die Annahme des Vertrags lehnte sie jedoch auch dann noch ab, nachdem auf dem Kongresse der Vorschlag gemacht worden war, dass der französische Bevollmächtigte den Vertrag nicht nur unter dem Vorbehalt der Ratifikation, sondern auch unter dem ausdrücklichen Vorbehalt der Genehmigung durch die Nationalversammlung unterzeichnen sollte.

In Folge dieser ablehnenden Haltung Frankreichs wurde Letzterem das Protokoll offen gehalten, daneben jedoch in dem Schlussprotokoll, welches mit dem Vertrage gleiche Wirkung hatte, die Bestimmung getroffen, dass im Falle der Beitritt Frankreichs nicht erfolgen würde, der Vertrag für die übrigen Unterzeichner gültig und verbindlich bleiben sollte.[2] Dem Vertrauen,

---

[1] Documents du c. p. de Berne. S. 126.

[2] Noch am 15. Oktober sandte der Herzog von Decazes, damaliger französischer Minister der auswärtigen Angelegenheiten, eine Note an den schweizerischen Bundesrath, in welchem er erklärte : — bien que ce document (das Schlussprotokoll) constate que nous sommes libres de tout engagement, je ne crois pas inutile de rappeler que, comme l'indique le procès-verbal de la 12ème séance, le Protocole a été laissé ouvert, non pas sur notre demande, mais sur la proposition du Président du Congrès. Nous ne saurions, dès-lors, être considérés comme étant, à aucun titre, au nombre des Etats contractants de la Convention du 9 octobre. Cette rectification a son importance, notre intention étant de soumettre à l'assemblée nationale, dans toute leur intégrité, les questions que soulèvent les résolutions du Congrès de Berne.

dass Frankreich seinen Beitritt zum Vertrage nicht versagen
würde, gab der Kongress übrigens einen bezeichnenden Ausdruck dadurch, dass er in der Sitzung vom 24. September als
Ort der Zusammenkunft des für das Jahr 1877 in Aussicht genommenen zweiten Kongresses einstimmig Paris erwählte.

Jedenfalls scheute die französische Regierung sich vor den
mit der Annahme des Vertrags verbundenen finanziellen Opfern,
denn die in Frankreich für den innern Verkehr zu jener Zeit bestehenden Portosätze gingen zum Theil schon über die Vereinssätze hinaus;[1] um wie viel mehr die im Verkehr mit dem Auslande zur Erhebung gelangenden Sätze. Mit dem Anschluss an
den allgemeinen Postverein konnte Frankreich diese hohen Portosätze nicht mehr aufrecht erhalten. Zu dem hieraus entsprin-
genden Einnahmeausfall kam noch derjenige aus der erheblichen
Ermässigung der Transitgebühren hinzu.

Ohne den Beitritt Frankreichs zum allgemeinen Postverein
wies der grosse Kreis, welchen die Gebiete der Vereinsverwaltungen bildeten, gerade an einer sehr wichtigen Stelle eine Lücke
auf, welche weder in dem Vertrage, noch in der dazu gehörigen
Ausführungs-Uebereinkunft berücksichtigt, jedoch sehr geeignet
war, zu Unzuträglichkeiten jeder Art zu führen. Diese mussten namentlich bei dem Verkehr mit Spanien und Portugal, welche dem
Vereine angehörten, hervortreten, weil die Beförderung der Korrespondenz nach diesen Gebieten auf dem Landwege nur durch
Frankreich erfolgen konnte.

Zur Beseitigung von Zweifeln, welche bei der Anwendung
des Vertrags während der Zeit der Nichtbetheiligung Frankreichs
am Verein entstehen konnten, wurden auf Vorschlag der belgischen Postverwaltung folgende Uebergangsbestimmungen vereinbart:

1. die bisherigen Taxen, Transitsätze und Abrechnungen
   sollten aufrecht erhalten bleiben;
2. als Entschädigung für die an Frankreich zu zahlenden
   · Transitsätze wurde den Verwaltungen die Ermächtigung

---

[1] Nach dem Kriege von 1870—71 hatte die französische Regierung,
wie bereits oben erwähnt, eine erhebliche Erhöhung der Posttaxen eintreten lassen.

ertheilt, für diejenige Korrespondenz, welche durch Vermittelung Frankreichs zwischen Vereinsländern ausge-
tauscht würde, ein Zuschlagporto zu erheben. [1]

Der Beitritt Frankreichs zu dem allgemeinen Postvereinsvertrage, welcher vom französischen Volke, namentlich vom
Kaufmannsstande, lebhaft gewünscht wurde, und für welchen die
französische Presse energisch eintrat, [2] erfolgte bei dem am 3.
Mai 1875 in Bern stattgehabten Austausche der Ratifikationen,
jedoch unter dem Vorbehalte, dass die Bestimmungen des Vertrags, welche für die übrigen Vereinsländer am 1. Juli 1875 in
Kraft traten, auf den Verkehr mit Frankreich erst vom 1. Januar
1876 ab in Anwendung gebracht werden sollten. Das schweizerische Postdepartement, welches bis zum 15. September 1875
die Funktionen des internationalen Postbüreaus wahrzunehmen
hatte, benachrichtigte die Vereinsverwaltungen hiervon bei Uebersendung der ratificirten Verträge. [3]

Dass der allgemeine Postvereinsvertrag zum festgesetzten
Zeitpunkte in Kraft treten konnte, ist ein grosses Verdienst der
Vereinsverwaltungen, welche die zur Ausführung des Vertrags
erforderlichen Massnahmen rechtzeitig zu treffen wussten, obwohl
der Austausch der Ratifikationen sich über Erwarten sehr verzögerte. [4] Da es unmöglich war, für alle eintretenden Fälle Massregeln vorzubereiten, wurden die Verwaltungen gezwungen,

---

[1] Circular des schweizerischen Postdepartements vom 7. Juli 1875.

[2] Interessant ist ein Artikel, welcher bald nach dem Beitritt Frankreichs im Journal des Débats (Nummer vom 4. Januar 1876) erschien
und jedenfalls aus der Feder von Léon Say stammte. In diesem Artikel heisst u. A. «Das Jahr 1875 bietet uns einen grossartigen ökono-
mischen und administrativen Fortschritt, nämlich die Gründung des
allgemeinen Postvereins als Folge des Berner Vertrags. Alle europäischen Mächte, ohne Ausnahme, sind diesem wohlthätigen Vertrage
beigetreten. Anfangs bereitete Frankreich, oder vielmehr einige Schwarz-
seher in Frankreich, dieser Reform eine missgünstige Aufnahme. Dank
dem Himmel, hat schliesslich der gesunde Menschenverstand den Sieg
über die Vorurtheile und über diese sonderbare nationale Eigenliebe
davongetragen, welche das Prestige des Landes zu erhöhen wähnt, indem sie das letztere isolirt.

[3] Circular vom 5. Mai 1875.

[4] Bis zum 20. Februar 1875 hatten nur 4 Staaten, nämlich
Deutschland, Luxemburg, Rumänien und die Schweiz den Vertrag
ratificirt.

wider ihren Willen eine abwartende Stellung einzunehmen. Erst nach dem am 3. Mai 1875 erfolgten Austausch der Ratifikationen konnten die Massnahmen, welche zur Ausführung des Vertrags nothwendig waren, erwogen werden.

Berücksichtigt man, dass bei den zahlreichen und wichtigen Neuerungen, welche der Vertrag enthielt, es sich um nichts weniger, als um eine vollständige Umgestaltung des internationalen Postdienstes handelte, so wird man zugeben müssen, dass die Zeit vom 3. Mai bis 1. Juli hierzu sehr knapp bemessen war, und dass diejenigen, welche eine solche Reform mit Erfolg durchführen sollten, vor einer wichtigen Aufgabe standen. Jeder Fachmann war auch gespannt darauf zu sehen, wie die Ausführung der neuen Vorschriften sich in der Praxis gestalten würde. Ungeachtet der zu überwindenden Schwierigkeiten befand sich keine Verwaltung mit ihren Vorbereitungen im Rückstande, so dass am 1. Juli die Ausführung der neuen Vorschriften für den internationalen Postverkehr sich ohne die geringsten Zweifel oder Unzuträglichkeiten, vielmehr mit der Regelmässigkeit und Sicherheit bewerkstelligte, als ob der Dienst bereits seit Jahren gehandhabt worden wäre. Durch den Berner Vertrag war somit auf dem Gebiete des Postwesens eine völkerrechtliche Einigung geschaffen, wie sie bis auf den heutigen Tag auf keinem anderen Gebiete des internationalen Verkehrs in dem Masse erreicht worden ist.

Ein unter solchen Verhältnissen erlangtes, so bemerkenswerthes Resultat ist in der That ein Triumph der Verwaltungen und der Männer, welche den Vertrag geschaffen haben: und da gebührt wohl der deutschen Postverwaltung und ihrem Chef, dem General-Postdirektor Stephan, die hohe Anerkennung, dass sie bei dem ganzen grossen Werke die Initiative, die Förderung und die Leitung übernommen hatten. Auf diesen gewaltigen Erfolg konnte Deuschland stolz sein. Während es noch 30 Jahre vorher, wie oben ausgeführt worden ist, in Postangelegenheiten am weitesten zurück war und mehr, als irgend ein anderes Land, in den Banden der partikularistischen Vielköpfigkeit, der Fiskalität, der Monopol- und Privilegienwirthschaft verstrickt lag, hatte es jetzt nicht nur sich selbst befreit, sondern auch den anderen Völkern die Freiheit auf postalischem Gebiete gebracht.

III. KAPITEL.

Die Berner Konferenz von 1876. Weitere Ausdehnung des allgemeinen Postvereins durch den Beitritt überseeischer Länder.

Nachdem am 1. Januar 1876 Frankreich die Reihe der europäischen Staaten geschlossen hatte, konnte eine weitere Ausdehnung des allgemeinen Postvereins nur noch durch den Beitritt überseeischer Länder erfolgen. Dem Bestreben, diese Länder zu gewinnen, stellten sich jedoch grosse Schwierigkeiten finanzieller Art entgegen. Denn zur Herstellung von Verbindungen mit überseeischen Ländern dienten Postdampfschiffslinien, welche zwar von Privatgesellschaften betrieben wurden, zu deren Unterhaltung aber die einzelnen Staaten erhebliche Subventionen zahlen mussten, da die Einnahmen aus dem Post-, Personen- und Güterverkehr bei langen Dampferlinien nicht von solcher Bedeutung sind, dass es Privatgesellschaften gelingen könnte, für eigene Rechnung solche Verbindungen herzustellen, welche den an Postdampferlinien zu stellenden Anforderungen der Regelmässigkeit und Schnelligkeit Rechnung zu tragen vermöchten.

Mit Rücksicht auf diese Kosten wurde von den Staaten für die mit Dampferlinien zu befördernde Korrespondenz ein nicht unbedeutendes Seeporto erhoben. Doch konnte hierdurch immerhin nur ein geringer Theil der Subvention gedeckt werden. Im Jahr 1874 zahlte die britische Postverwaltung für die Beförderung der überseeischen Posten $17\,^3/_4$ Millionen Mark; die Einnahme an Seeporto belief sich auf $7\,^1/_4$ Millionen, so dass dem Staate $10\,^1/_2$ Millionen Mark zur Last fielen. Der Peninsular and Oriental Steam Navigation Company, welche die Verbindung zwischen England einerseits und Ostindien, China andrerseits herstellt, zahlte England jährlich allein 370 000 £, mithin fast $7\,^1/_2$ Millionen Mark als Subvention, welcher Summe eine Einnahme an Seeporto von nur etwa 2 Millionen Mark gegenüberstand. Dazu kam noch, dass zur Beschleunigung der Beförderung der indischen Ueberlandposten, welche die Dampfer der genannten Gesellschaft erst in Brindisi aufnehmen, die englische Verwaltung die zwischen Calais und Brindisi via Mont Cenis verkehrenden Expresszüge benutzt und dafür an Frankreich eine Transitgebühr von 16 Fr. 50 cts. pro Kilogramm Briefe zu zahlen hatte. Wenn schon bei dem hohen Seeporto die Einnahmen die an die Dampfer-linien zu zahlenden Subventionen bei Weitem nicht zu decken vermochten, so musste dieses Missverhältniss sich noch ungünstiger gestalten, sobald statt des damals zur Erhebung kommenden See-portos geringere Sätze normirt wurden, was bei einer Aufnahme der überseeischen Länder in den allgemeinen Postverein die un-mittelbare Folge sein musste.

Die Erkenntniss der Vortheile, welche der Anschluss der überseeischen Länder gewähren würde, sowie die Erwägung, dass die zu unterhaltenden Dampferlinien nicht allein als Postverbin-dungen anzusehen sind, sondern dass hierbei auch sonstige Ver-kehrs-, Handels- und politische Interessen in Betracht kommen, fassten immer mehr Wurzel, so dass bald nach dem Abschluss des Berner Vertrags Verhandlungen über den Beitritt überseeischer Länder eingeleitet werden konnten.

Zuerst suchte das indo-britische Reich den Beitritt zum all-gemeinen Postverein nach. Den Anlass hierzu gab die Anwesen-heit des indischen Generals-Postmeisters Monteath in Berlin behufs Abschliessung eines Specialabkommens mit der deutschen Reichs-Postverwaltung. Auf Betreiben der letzteren nahm der Genannte bei seinem darauf folgenden Aufenthalte in London die Ange-legenheit in die Hand, um das englische Schatzamt, welches die Entscheidung zu treffen hatte, für die Sache des Beitritts Indiens zum allgemeinen Postverein zu gewinnen. Schon am 2. April 1875 theilte Monteath dem Reichs-Postamt das Ergebniss seiner Bemühungen mit. Diesem Schreiben sind folgende Angaben entnommen.

Für die Korrespondenz von Indien nach Europa wurde da-mals das Seeporto nach 3 Stufen abgemessen:

1. für die Strecke Bombay-Brindisi 40 cts. für je 15 g,

2. für die Strecke Bombay-Triest 60 cts. für je 15 g,

3. für die Strecke Bombay-Brindisi-Dover 70 cts. für je 15 g.

Im Falle des Beitritts Indiens sollte ein allgemeiner Satz, und zwar von den genannten der niedrigste, eingeführt werden. Der hierdurch erwachsende Ausfall von 40000 £ sollte halb von England, halb von Indien getragen werden. Neben dieser Seegebühr sollte eine besondere Gebühr für die zwischen Calais und Brindisi bestehenden Expressverbindungen berechnet werden.

Die Vorschläge des indischen General-Postmeisters fanden die Zustimmung des Staatssecretairs des englischen Schatzamtes; derselbe erklärte sich bereit, Abgeordnete der englischen und indischen Postverwaltung an einer Konferenz theilnehmen zu lassen.

Gemäss Artikel 17 des Berner Vertrags stellte das India Office am 15. November 1875 bei dem schweizerischen Postdepartement in Bern den Antrag wegen Eintritts von Britisch-Indien in den allgemeinen Postverein und brachte die Abhaltung einer Konferenz von Abgeordneten der Staaten Egypten, Frankreich, Grossbritannien, Italien, Oesterreich-Ungarn und Britisch-Indien in Vorschlag. Das schweizerische Postdepartement gab den Mitgliedern des Vereins hiervon Nachricht und stellte an die Postverwaltungen der genannten Staaten das Ersuchen, zur Erzielung einer Verständigung mit der um Aufnahme nachsuchenden Postverwaltung Abgesandte zu einer auf den 17. Januar 1876 festgesetzten Konferenz nach Bern zu entsenden.

Während hiernach die Zusammenberufung der Konferenz zunächst nur den Zweck hatte, die Bedingungen des Eintritts eines einzelnen Landes in den allgemeinen Postverein zu vereinbaren, hegte die deutsche Postverwaltung den Wunsch, dass die Konferenz die Bedingungen für den Beitritt aller überseeischen Länder fixiren möchte, und stellte einen bezüglichen Entwurf auf, welcher die überseeischen Länder in 4 Gruppen eintheilte:

1. Gruppe: Britisch Nordamerika und die zugehörigen Länder;
2. Gruppe: Ostindien, Hinterindien und Australien;
3. Gruppe: Westindien, Venezuela, Vereinigte Staaten von Columbien, Central-Amerika, Mexico, Guyana, Brasilien, Argentinische Republik, Paraguay, Uruguay, China, Japan, Capland und Natal;
4. Gruppe: Peru, Chile, Bolivien und Ecuador.

Für die erste Gruppe sollten beim etwaigen Eintritt in den allgemeinen Postverein lediglich die Bestimmungen des Berner

Vertrages Platz greifen, für die zweite, dritte und vierte Gruppe waren Seetransit-Gebührensätze von 20 bz. 40 und 60 Franken für das Kilogramm Briefe und Postkarten, und 1 bz. 2 Franken für das Kilogramm Drucksachen pp. vorgesehen. Den Seetransit-Gebührensätzen für Briefe würden die Seeportosätze von 25 bz. 50 und 75 Centimen entsprochen haben, so dass unter Hinzurechnung des Vereinsportos von 25 Centimen die Gesammt-Portosätze für die überseeische Korrespondenz 50, 75 Centimen und 1 Frank, bz. 40, 60 und 80 Pfennig für den einfachen frankirten Brief betragen haben würden. Der Vorschlag Deutschlands bezweckte also, für die gesammte überseeische Korrespondenz die grosse Anzahl verschiedenartiger Portosätze auf drei Sätze von 40, 60 und 80 Pfennigen, d. i. das Zwei-, Drei- und Vierfache der Vereinstaxe, zurückzuführen.

Ein viel weitergehender Antrag auf Ausdehnung der allgemeinen Vereinstaxe auf alle überseeischen Länder wurde fast gleichzeitig von französischer. Seite gestellt. Dieser Antrag betraf in erster Linie die Aufnahme der sämmtlichen französischen Kolonien in den allgemeinen Postverein unter denselben Bedingungen, unter welchen die Vereinigten Staaten von Amerika beigetreten waren. Frankreich erklärte sich jedoch gleichzeitig bereit, allen überseeischen Ländern den Beitritt unter diesen Bedingungen für den Fall zu gestatten, dass die übrigen bei der Unterhaltung von überseeischen Postdampferlinien betheiligten Postverwaltungen diesem Vorschlage zustimmen würden.

Die Seetransitvergütung für die Beförderung der Korrespondenzen nach und aus den Vereinigten Staaten war im Berner Vertrag auf $6^1/_2$ Franken für das Kilogramm Briefe und auf 50 Centimen für das Kilogramm Drucksachen pp. festgesetzt. Die Annahme des Anerbietens Frankreichs würde zur Folge gehabt haben, dass Briefpackete nach China, Japan, Central- und Südamerika und umgekehrt mit den damals sehr hoch subventionirten französischen Postdampfschiffen zu dem geringfügigen Satze von $6^1/_2$ Franken für das Kilogramm Briefe Beförderung erhalten hätten, während von Frankreich damals Seetransitsätze von 20 bis 40 Franken für das Kilogramm Briefe, also bis zum mehr als sechsfachen Betrage, in Anspruch genommen wurden. Allerdings würden nach dem französischen Vorschlage die Briefpackete Frankreichs wie der übrigen Vereinsländer nach allen überseeischen Ländern und umgekehrt mit englischen Postdampfschiffslinien, welche immerhin eine erheblich grössere Ausdehnung hatten, als die französischen Linien, gleichfalls zu dem Seetransitsatze von $6^1/_2$ Franken für das Kilogramm Briefe Beförderung erhalten haben, während Grossbritannien damals noch Seetransitsätze von 20 bis etwa 104 Franken bezog.

Die deutsche Postverwaltung würde ihrerseits nicht gezögert haben, dem Vorschlage Frankreichs zuzustimmen, welcher ohne Zweifel in kürzester Frist zur Anwendung der Vereinstaxe auf die Briefe nach und aus allen überseeischen Ländern geführt haben würde; sie erachtete indess den Zeitpunkt für einen so weitgehenden Vorschlag bei den damaligen Verhältnissen noch nicht für gekommen und hielt es für unmöglich, zu dem französischen Vorschlage die Zustimmung der sämmtlichen Vereinsmitglieder, namentlich aber diejenige Grossbritanniens, zu erlangen. Als erreichbar mochte wohl erscheinen, für die Seepostrouten auf allen Meeren einen mässig bemessenen, einheitlichen Seeportovergütungssatz, wie es für die Landtransitrouten bereits geschehen war, herzustellen und somit die Aufnahme aller Länder der Erde in den allgemeinen Postverein unter gleichförmigen Bedingungen zu ermöglichen.

Mit Rücksicht hierauf und um einen Uebergang zu einer einheitlichen Weltposttaxe zu schaffen, brachte die deutsche Postverwaltung einen zweiten Antrag ein wegen Regelung des Eintritts aller überseeischen Länder in den allgemeinen Postverein. In diesem stellte sie als einheitliche Seetransit-Gebühren den Satz von 25 Franken für das Kilogramm Briefe und Postkarten und von 1 Frank für das Kilogramm Drucksachen pp. auf.

Unmittelbar vor Eröffnung der Konferenz bz. während der Konferenzsitzungen gingen noch Anträge ein:

1. von Seiten Niederlands wegen Aufnahme der niederländischen Kolonien,

2. von Seiten Spaniens wegen Aufnahme der spanischen Kolonien,

3. von Seiten Brasiliens wegen Aufnahme des brasilianischen Kaiserreichs in den Verein.

Diese Anträge machten eine Erweiterung der Konferenz durch Zuziehung von Delegirten der ebengenannten Staaten erforderlich.

Die Eröffnung der Konferenz fand am 17. Januar 1876 in Bern statt. Vertreten waren: Belgien, Britisch-Indien, Deutschland, Egypten, Frankreich, Grossbritannien, Italien, Niederland, Norwegen, Oesterreich-Ungarn, Schweden und Spanien.

Die Verhandlungen waren sehr schwierig. Merkwürdigerweise war es Frankreich, welches durch seine zu weit gehenden, wenn auch von wirklich freisinnigem Geiste getragenen Vorschläge die Streitfragen verschärfte. Wenn Frankreich damals auch den höchsten Betrag für Unterhaltung der Dampferlinien zahlte, so kam doch in Betracht, dass England viel ausgedehntere Linien unterhielt, auf welchen Sätze bis 104 Franken als Seetransitgebühr erhoben wurden. England hätte also einen weit erheblicheren Ausfall erfahren und weigerte sich, dem Vorschlage Frankreichs auf Herabsetzung der Seetransitgebühren zuzustimmen. Schwer verständlich ist es jedoch, dass England sich weigerte, den französischen Kolonien den Beitritt unter denselben Bedingungen, wie für die Vereinigten Staaten von Amerika, ja zunächst sogar unter denjenigen, wie für Britisch-Indien, zuzugestehen. Erst am Schlusse der Konferenz erklärte England sich damit einverstanden, dass die französischen Kolonien unter den gleichen Bedingungen wie Britisch-Indien aufgenommen würden.

Die niederländischen und spanischen Kolonien blieben vorläufig von der Aufnahme in den allgemeinen Postverein ausgeschlossen, weil England sich weigerte, eine Ermässigung der Seetransitgebühren für die Beförderung von Korrespondenzen nach diesen Besitzungen eintreten zu lassen. Als Grund führte es an, dass es den genannten Kolonien nicht weitergehende Zugeständnisse machen könnte, wie den eigenen, vor Allem aber, dass der Ertheilung derartiger Zugeständnisse eine Verständigung mit den eigenen Kolonien voraufgehen müsste. Aus dem gleichen Grunde nahm England Abstand, für Brasilien eine Ermässigung der Seetransitgebühr einzuräumen.

Das Ergebniss der Konferenz war der Beitritt von Britisch-Indien und den französischen Kolonien. Das Protokoll wurde am

5

27. Januar 1876 unterzeichnet. Als Zeitpunkt für das Inkraft-
treten des getroffenen Uebereinkommens war der 1. Juli 1876
bestimmt. Die wesentlichen Bestimmungen des Uebereinkommens
waren folgende.

Britisch-Indien und die französischen Kolonien traten dem
Berner Vertrage bei. Die Portobeträge für Korrespondenzgegenstände nach den betreffenden Ländern sollten so hoch bemessen
sein, wie diejenigen des Vereins; ausserdem sollte jeder Verwaltung das Recht zustehen, einen Zuschlag als Seeporto zu erheben,
welcher jedoch die höchsten Vereinsportosätze nicht übersteigen
durfte. Das Seeporto konnte nur einmal erhoben werden und
sollte, sofern mehrere Verwaltungen an der Seebeförderung betheiligt waren, unter dieselben nach Massgabe der Beförderungsstrecken getheilt werden. Die Transitgebühren sollten 25 Franken
für das Kilogramm Briefe und einen Frank für das Kilogramm
Drucksachen 'pp. betragen, diese Sätze aber auf die indische
Ueberlandpost und für die Beförderung auf der Strecke von New-
York nach San Francisco keine Anwendung finden.

Der Beitritt Britisch-Indiens und der französischen Kolonien
brachte dem allgemeinen Postverein, welcher bereits 738 000 geographische Quadratmeilen mit 375 000 000 Seelen umfasste, eine
Erweiterung von 89 623 geographischen Quadratmeilen mit nicht
weniger als 245 000 000 Einwohnern, so dass das gesammte Gebiet des Vereins nunmehr eine Ausdehnung von 827 623 Quadratmeilen mit 620 000 000 Menschen erreicht hatte. In Indien gewann der Verein den weitaus wichtigsten und grössten der
dem Weltverkehr erschlossenen Staaten Asiens; die französischen Kolonien schlugen die erste Brücke zu dem einzigen bis
dahin noch ausserhalb des Vereins stehenden Erdtheile Australien.

Das Uebereinkommen gewann an Bedeutung durch den
mittelbaren Erfolg, dass damit eine Grundlage für den Beitritt
weiterer überseeischer Länder geschaffen war, denn im Laufe der
Verhandlungen hatten sämmtliche Delegirte die Ueberzeugung gewonnen, dass, nachdem dieser Grundstein gelegt war, der Zeitpunkt nicht mehr fern wäre, an welchem ein einziger Tarif für
die Korrespondenz nach und aus allen überseeischen Gebieten
eingeführt werden könnte.

Bald nach Schluss der Konferenz stellte England bei dem

schweizerischen Postdepartement den Antrag wegen Aufnahme
von Canada und Newfoundland in den Verein und zwar unter
den Bedingungen des Berner Vertrags, d. h. unter Berechnung
der für die Vereinigten Staaten von Amerika geltenden Sätze.
Für diese Forderung sprach der Umstand, dass für den Verkehr
zwischen England und Canada die Seetransitgebühr bis dahin nicht
mehr betragen hatte, als der Vertrag sie festsetzte. Die Vereinigten Staaten von Amerika, welche mit Canada und Newfoundland
in unmittelbarem Verkehr standen, und mit welchen daher zunächst
eine Verständigung herbeigeführt werden musste, stellten hierbei
die Bedingung, dass die zwischen ihnen und Canada bestehenden
Portosätze, welche niedriger waren, als die Vereinssätze, aufrecht
erhalten bleiben sollten, eine Forderung, zu welcher die Vereinigten
Staaten nach Artikel 14 des Berner Vertrags berechtigt waren.

Das schweizerische Postdepartement gab den Vereinsmitgliedern von dem Antrage Englands Kenntniss mit dem Ersuchen,
sich bezüglich der Aufnahme der genannten Länder einfach schrift-
lich mit ja oder nein zu äussern. Die Einberufung einer Konferenz war nicht nothwendig, weil zwischen den betheiligten Verwaltungen eine Uebereinstimmung bereits erzielt war. Es herrschte
hiernach völlige Klarheit über die Form des Eintritts ; gleichwohl
erhob Frankreich gegen die Aufnahme Canadas Einspruch und
stützte diesen darauf, dass nach Abschluss des Uebereinkommens
vom 27. Januar 1876 überseeische Länder in den Verein nicht
unter günstigeren Bedingungen aufgenommen werden könnten,
als sie den französischen Kolonien und Britisch-Indien zugestanden
worden wären.

Nach den Vertragsbestimmungen konnte die Aufnahme eines
Landes nur dann als vollzogen angesehen werden, wenn innerhalb 6 Wochen nach erfolgter Mittheilung des vorliegenden Antrags keine Einsprache erhoben wurde. Frankreichs Widerspruch
genügte daher, die Aufnahme von Canada zu verhindern. Für
die Haltung Frankreichs war wohl vorwiegend der Umstand
massgebend, dass England auf der Berner Konferenz den Beitritt
der französischen Kolonien erschwert hatte, und es liess sich unter
solchen Verhältnissen nicht annehmen, dass Frankreich von seinem
Standpunkte abgehen würde. In Folge dessen machte die deutsche
Postverwaltung den Vorschlag, England möge seinen Antrag da-

hin abändern, dass Canada und Newfoundland unter gleichen Bedingungen, wie Britisch-Indien und die französischen Kolonien, aufgenommen werden sollten. England hätte ja immer noch das Recht, seine Portosätze für den Verkehr nach den genannten Ländern zu ermässigen. Die ablehnende Haltung Frankreichs wurde jedoch auch hierdurch nicht geändert; Canada und Newfoundland konnten deshalb noch nicht in den allgemeinen Postverein aufgenommen werden.

Um zu beweisen, dass es berechtigten Wünschen nachzukommen bereit wäre, meldete England Ceylon, Straits Settlements, Guyana und Trinidad an; gleichzeitig erklärte es, dass die Schwierigkeiten, welche es s. Z. der Aufnahme der spanischen und niederländischen Kolonien entgegengesetzt hätte, durch die englischerseits getroffenen Massregeln beseitigt worden wären. Von der Einberufung einer Konferenz sah man ab und schloss sich vielmehr dem Vorschlage des schweizerischen Postdepartements, die Angelegenheit auf schriftlichem Wege zu erledigen, an.

Inzwischen gingen neue Anträge ein wegen des Beitritts von Hongkong, Jamaica und Japan, von letzterem auf Anregung des japanischen Gesandten in Berlin. In ähnlicher Weise wurde der Beitritt der portugiesischen und dänischen Kolonien gefördert. Schliesslich stellte Deutschland bei dem schweizerischen Postdepartement die Anfrage, ob nun nicht auch der Schriftwechsel mit Brasilien zu Ende geführt werden könnte. Von England würden, nachdem Guyana aufgenommen, keine Schwierigkeiten mehr gemacht werden können. Die Schwierigkeit für die Aufnahme Brasiliens lag nur darin, dass dieses Land keine Dampferlinien unterhielt, sondern auf deutsche, englische und französische Verbindungen angewiesen war.

Bis zum Juli 1877 waren die Verhandlungen über die Aufnahme sämmtlicher angemeldeten Länder beendet. Es traten also zum Verein hinzu:

1. die britischen Kolonien Ceylon, Straits Settlements, Labuan, Hongkong, Trinidad, Britisch-Guyana, Bermuda-Inseln, Jamaica und Mauritius nebst Zubehör (Rodriguez),

2. sämmtliche niederländischen Besitzungen,

3. das japanische Reich,

4. sämmtliche portugiesischen Kolonien,

5. das Kaiserreich Brasilien und

6. die spanischen Kolonien.

Als Einheitstaxen für den Verkehr mit diesen Ländern wurden von Deutschland für den frankirten Brief 40 Pf. für je 15 g, unfrankirt 60 Pf., für Drucksachen 10 Pf. für je 50 g festgesetzt.

Die Aufnahme der bezeichneten Gebiete in den allgemeinen Postverein bedeutete einen Zuwachs von 234 000 Quadratmeilen mit 85 000 000 Einwohnern.

Das Gesammtgebiet des Vereins umfasste am 1. Juli 1877 ungefähr 1 100 000 Quadratmeilen mit über 700 000 000 Einwohnern, etwa der Hälfte der Bewohner der Erde.

Unter den Staaten, welche dem Verein noch nicht angehörten, waren die La Plata Staaten, namentlich Argentinien, die wichtigsten. Deutschlands Augenmerk war schon früh darauf gerichtet, diesen für den deutschen Handel wichtigen Staat in den Verein hineinzuziehen. Der Chef der dortigen Postverwaltung, Olivera, hatte sich in seinem der Regierung über die Verwaltungsergebnisse des Jahres 1875 erstatteten Berichte für den Beitritt ausgesprochen, gleichzeitig aber finanzielle Bedenken geltend gemacht. Der deutsche General-Postmeister beeilte sich, mit der argentinischen Verwaltung in Verbindung zu treten, um diese Bedenken zu beseitigen. Schon im Mai 1877 wurde der Beitritt von Seiten Argentiniens nachgesucht. Die Aufnahme verzögerte sich in Folge politischer Zwischenfälle bis zum 1. April 1878.

Am 1. Oktober 1877 waren inzwischen dem Verein noch Persien, Grönland und die dänischen Antillen beigetreten; für den Verkehr mit Persien wurden, weil nur Landtransport in Frage kam, die einfachen Vereinssätze normirt.

Der Umfang des allgemeinen Postvereins Anfang 1878 betrug 1 114 000 Quadratmeilen mit mehr als 740 000 000 Einwohnern.

IV. KAPITEL.

Der Pariser Postkongress.

Der Berner Vertrag enthielt im Artikel 18 die Bestimmung, dass zur weiteren Ausbildung des Vereins, zur Einführung nothwendiger Verbesserungen, sowie zur Erörterung gemeinsamer Angelegenheiten alle 3 Jahre ein Kongress von Bevollmächtigten der am Vertrage theilnehmenden Länder zusammentreten, und dass der nächste Kongress im Jahre 1877 zu Paris stattfinden sollte. Die französische Regierung legte indess grossen Werth darauf, dass der Zusammentritt des Kongresses erst im Frühjahr 1878 erfolgte, da auf diesen Zeitpunkt die Eröffnung der Pariser Weltausstellung festgesetzt war. Sie richtete [1] deshalb durch Vermittelung der schweizerischen Verwaltung an sämmtliche Vereinsmitglieder ein bezügliches Ersuchen, welches allseitige Zustimmung fand. Der Kongress wurde daher auf Mai 1878 nach Paris einberufen.

Mit welchen Arbeiten der Kongress sich befassen sollte, war bereits in dem oben angeführten Artikel 18 des Berner Vertrags ausgesprochen. Wie aus den Bestimmungen dieses Artikels hervorgeht, hatte der Kongress von Bern einerseits eine so feste Ueberzeugung von der Lebensfähigkeit seines Werkes, dass er nur eine Aenderung im fortschrittlichen Sinne für möglich hielt, indem er lediglich von einer weiteren Ausbildung und von Verbesserungen der Vertragsbestimmungen sprach; andrerseits beweist der Inhalt des Artikels 18, dass der Berner Kongress wohl erkannt hatte, wie sein Werk, gleich jeder epochemachenden Neuerung, Modifikationen unterworfen sein würde.

Die Stellen des Vertrags, in welchen bestimmte Angaben über Verbesserungen niedergelegt waren, sind da zu finden, wo Uebergangsmassregeln festgesetzt waren, wo im Artikel 12 in Aussicht genommen war, den Austausch von Briefen mit Werthangabe und Postanweisungen zwischen den verschiedenen Ländern oder Ländergruppen als Gegenstand weiterer Vereinbarungen zu machen, und

---

[1] Schreiben der Direction générale des Postes vom 21. April 1876.

wo in der Transitgebührenfrage die thunlichste Ermässigung der vorläufig vereinbarten Sätze als Ziel hingestellt worden war.

In Betreff der Beseitigung von Uebergangsmassregeln handelte es sich vor allen Dingen darum, die Bestimmung, wonach den Verwaltungen bei Festsetzung des Briefportos ein Spielraum zwischen 20 und 32 Centimen gelassen war, aufzuheben und zur Annahme eines festen Vereinsportos zu schreiten. Die Verschiedenheit der Portosätze hatte sich namentlich im Verkehr zwischen Ländern mit gleicher Währung in unangenehmer Weise fühlbar gemacht. Weiter bedurfte es der Festsetzung einer bestimmten Einschreibgebühr. Bisher hatte die Bestimmung gegolten, dass diese Gebühr nicht höher sein sollte, als die, welche im innern Verkehr eines Landes zur Anwendung kam.

Ausser diesen Aenderungen, auf welche der Berner Vertrag selbst hindeutete, hatten sich noch als verbesserungsbedürftig erwiesen die Bestimmungen über die Behandlung unzureichend frankirter Sendungen, über das Abrechnungsverfahren und über den Beitritt fremder Länder zum Verein, sowie über das Stimmrecht bz. das Stimmverhältniss der einzelnen Mitglieder.

Artikel 27 der Ausführungsbestimmungen zum Berner Vertrag setzte fest, dass die Verwaltung desjenigen Landes, in welchem der nächste Postkongress stattfinden würde, die Vorarbeiten zu demselben unter Mitwirkung des internationalen Büreaus besorgen sollte. Auf Grund dieser Bestimmung hatte nunmehr die französische Verwaltung je einen Entwurf zu dem neuen Postvereinsvertrag, zu der hierzu gehörigen Ausführungs-Uebereinkunft, zu einem Uebereinkommen über den Austausch von Briefen mit Werthangabe und zu einem Uebereinkommen über den Austausch von Postanweisungen ausgearbeitet.

Diese 4 Entwürfe wurden, mit je einem Band Motiven versehen, im Juni 1877 [1] von dem internationalen Büreau allen Vereinsmitgliedern mit dem Ersuchen übersandt, die Vorlagen einer Durchsicht zu unterziehen und etwaige Bemerkungen dem Büreau mitzutheilen. Das Ziel, welches hierbei verfolgt wurde, war, über die verschiedenen Materien, welche durch den Kongress berathen werden

---

[1] Cirkular des internationalen Postbüreaus vom 7. Juni 1877.

sollten, schon vorher einen Ideenaustausch hervorzurufen, welcher es gestattete, den von den einzelnen Verwaltungen zum Ausdruck gebrachten Meinungen und Wünschen schon bei der Ausarbeitung der definitiven Entwürfe Rechnung zu tragen.

Schon damals entstand eine bedeutende Schwierigkeit. Der erste Entwurf enthielt die Bestimmung, dass bei einer Seebeförderung von mehr als 300 Seemeilen die Transitgebühr nur 6 Fr. 50 cts. für das Kilogramm Briefe und 50 cts. für das Kilogramm anderer Sendungen betragen, und dass es gestattet sein sollte, bei Sendungen, welche dieser Transitgebühr unterliegen, ein Zuschlagporto von 10 cts. für Briefe und 5 cts. für andere Sendungen zu erheben.

In der Berner Uebereinkunft war die Seetransitgebühr auf 25 Franken für das Kilogramm Briefe und 1 Frank für das Kilogramm anderer Sendungen, die zulässige Zuschlagtaxe in Höhe des einfachen Briefportos festgesetzt worden. Der neue Entwurf brachte daher eine sehr bedeutende Abweichung dieser Sätze, und es war vorauszusehen, dass England hiergegen Einspruch erheben würde. Letzteres beantragte in der That, dass im Entwurfe diejenigen Tarifsätze vorgesehen werden sollten, welche in der Berner Uebereinkunft festgesetzt worden wären. Ausserdem erklärte der englische General - Postmeister in einem besonderen Schreiben an die französische Verwaltung sich mit aller Entschiedenheit gegen die Annahme der niedrigen Porto- und Transitsätze und wies darauf hin, dass von seiner Verwaltung enorme Summen für die Unterhaltung von Dampferlinien aufgewendet würden, und dass es daher nicht möglich wäre, den vorgeschlagenen Sätzen zuzustimmen. Namentlich sei es nicht möglich, für solch niedrige Sätze die überseeische Korrespondenz solcher Länder zu befördern, welche keine Dampferlinien unterhielten. Wenn die französische Verwaltung Opfer bringen wolle, so sei das ihre Sache, aber für England könne kein Grund hergeleitet werden, sich gleiche Opfer aufzuerlegen.

Eine Abschrift dieses Schreibens war der deutschen Postverwaltung zugegangen, welche sofort erkannte, dass ein ungünstiger Verlauf des Kongresses zu befürchten wäre, wenn diese schroffen· Gegensätze erst in Paris zum Austrag kämen. Sie richtete daher an den Finanzminister und damaligen Chef des französischen

Postwesens, Léon Say, ein vertrauliches Schreiben, um die französi-
sische Verwaltung zur Aufgabe ihres radikalen Standpunktes zu
bewegen. In dem Schreiben war ausgeführt, wie die Aufrechter-
haltung der allerdings von liberalem Geiste getragenen Vorschläge
Frankreichs zu ernsten Erörterungen Anlass geben könnte, und
ob nicht ein Ausweg in der Weise zu suchen wäre, dass Frank-.
reich sich mit einer Ermässigung der Sätze des Berner Uebereinkommens einverstanden erklärte, welche aber nicht unter 20,
höchstens 15 Franken pro Kilogramm Briefe heruntergehen dürfte.

Frankreich erklärte sich bereit, hierüber mit England zu ver-.
handeln. In seinem Erwiderungsschreiben führte Léon Say aus,
dass es sich bei dem Vertrage vor allen Dingen darum handelte,
ein einheitliches Postgebiet herzustellen. Dazu wäre unbedingt
nothwendig, dass sowohl auf dem Meere, als auch auf dem Lande
die verschiedenen Sätze für grössere oder kleinere Transitbeför-
derungen vollständig verschwinden müssten, denn nur auf diesem
Wege könnte man zu dem weiteren Ziele des Vereins, der Einführung einer einheitlichen Taxe für sämmtliche Länder, gelangen.
Den Standpunkt, dass die Unterhaltungskosten der Dampferlinien
durch Erhebung hoher Seeportobeträge eingebracht werden müssten, halte er, — Say — für nicht zutreffend. Schliesslich gestand
Say doch zu, dass ein Mittelweg würde eingeschlagen werden
müssen, und nahm die deutscherseits angebotene Vermittlung an.
Ohne Zögern wandte der deutsche General-Postmeister sich nun
an den Chef der englischen Postverwaltung und erörterte die
Gründe für die Herabsetzung der Seeportobezüge. Schon Rowland Hill, der englische Postreformator, habe im Jahre 1862 in
einer Denkschrift nachgewiesen, dass das Seeporto von der Höhe
der vom Staate an die Dampfschiffslinien zu zahlenden Subventionen nicht abhängig gemacht werden könnte. Mit Rücksicht auf
diese Erwägung empfahl Stephan die Annahme der Transitgebühr
von 15 Franken für das Kilogramm Briefe mit der Massgabe,
dass ein Zuschlagporto von 25 Centimen für den Brief eingeführt
würde. England ging auf diesen Vorschlag ein, trotzdem es sich
ein Geldopfer von 50 000 ₤ auferlegte.

Die Hauptschwierigkeit, welche den günstigen Verlauf des
Kongresses bedrohte, war beseitigt; hoffnungsvoll durfte man
jetzt dem Ausgange entgegensehen.

Bald nach Eröffnung der Pariser Weltausstellung, am 2. Mai 1878, trat der zweite internationale Postkongress zu Paris im Palais du Corps Législatif zusammen; die Eröffnung des Kongresses erfolgte durch Léon Say, welcher in seiner Rede die Aufgaben desselben besprach.

Vertreten waren auf demselben, ausser sämmtlichen dem Verein angehörenden Verwaltungen, Canada, Chile, Haïti, Hawai, Liberia, Mexico, Peru, Salvador, Uruguay und Venezuela.

Auf Antrag des Bevollmächtigten der Schweiz wurde der erste Delegirte der französischen Republik, Cochery, mit dem Präsidium betraut. Erster Gegenstand der Tagesordnung war der Entwurf der Geschäftsordnung,[1] welche in einfacher, dem üblichen Geschäftsgange der Kongresse entsprechender Weise das Stimmverhältniss, die Art der Diskussionen, die Sprache der Verhandlungen, für welche auch diesmal wieder die französische gewählt wurde, regelte. Demnächst schritt man zur Bildung zweier Kommissionen, von denen die eine den Hauptvertrag und die Ausführungs-Uebereinkunft, die andere die Nebenabkommen über den Austausch von Werthbriefen und Postanweisungen nebst den dazu gehörigen Ausführungsverträgen zu berathen hatte.

Nach Verlauf von $4^1/_2$ Wochen, nach 9 Plenarsitzungen und einer grossen Zahl von Kommissions- und Subkommissionssitzungen, sah der Postkongress sich am Ziele seiner Arbeiten. Man konnte zur Zeichnung eines neuen Vertrags schreiten, welcher demnächst — vorbehaltlich des weiteren Ausbaues — die einheitliche Norm für den gesammten Korrespondenzverkehr der civilisirten Länder der Erde darstellte. An demselben Tage, am 1. Juni, wurde das Uebereinkommen über den Austausch von Werthbriefen, am 4. Juni das Uebereinkommen über den Austausch von Postanweisungen unterzeichnet.

Mit Rücksicht auf die Ausdehnung des Vereins auf alle Theile der Erde wurde auf den Vorschlag des spanischen Delegirten Navasques im Artikel 1 des Vertrags der Name des Vereinsgebiets aus „Allgemeiner Postverein" in „Weltpostverein" umgeändert.[2] Während der Berner Vertrag von 22 Staaten unter-

---

[1] Documents du c. p. de Paris S. 370 u. 371.
[2] Documents du c. p. de Paris S. 486/87.

zeichnet worden war, und das Gebiet des allgemeinen Postvereins bei dessen Gründung 716 000 Quadratmeilen mit 345 000 000 Einwohnern umfasst hatte, wurde der Pariser Weltpostvertrag von 32 Staaten[1] vollzogen, welche insgesammt einen Flächenraum von 1 316 763 Quadratmeilen mit einer Einwohnerzahl von 750 000 000 darstellten.

In formeller Beziehung enthält der Pariser Vertrag eine andere Anordnung des Stoffes, als der Berner Vertrag. Die Bestimmungen über den Transit, welche der Berner Vertrag erst im Artikel 10 enthielt, während die Vereinstaxen in den Artikeln 4 und 5 festgesetzt waren, bilden im Weltpostvertrag die Artikel 3 und 4. Dieser Aenderung hat die Erwägung zu Grunde gelegen, dass logischer Weise erst die Bedingungen, unter welchen die Korrespondenz befördert werden soll, festgestellt werden müssen, ehe man die hiervon abhängigen Taxen bemisst.

· Sachlich verdienen zunächst die einleitenden Worte des Weltpostvertrags hervorgehoben zu werden:

„Nachdem die unterzeichneten Bevollmächtigten der Regierungen der vorstehend aufgeführten Länder, in Gemässheit des Artikels 18 des am 9. Oktober 1874 in Bern abgeschlossenen Grundvertrages des allgemeinen Postvereins, in Paris zu einem Kongresse zusammengetreten sind, haben dieselben, im gemeinsamen Einverständniss und unter Vorbehalt der Ratifikation, den gedachten Vertrag nach Massgabe der folgenden Festsetzungen einer Revision unterzogen.“

Diese Worte sind von grösserer Tragweite, als es den Anschein hat, und haben nicht den Zweck einer blossen Einleitung.

Von Frankreich war nämlich der Versuch gemacht worden, die auf dem Pariser Kongresse zu treffenden Vereinbarungen als einen neuen Vertrag hinzustellen. Dabei waltete offenbar die Absicht ob, dem Pariser Vertrage eine erhöhte Bedeutung beizulegen, wodurch die Thätigkeit Frankreichs bei Regelung der internationalen Postbeziehungen einen besonderen Glanz erhalten hätte, und das Hauptverdienst Deutschlands möglichst bei

---

[1] Unter diesen Staaten befand sich auch Canada.

Seite geschoben worden wäre.[1] Der Versuch scheiterte jedoch
an dem Widerstande Deutschlands. Man sagte sich auch, dass es
zu grossen Unsicherheiten führen würde, wollte man auf jedem
Kongress einen neuen Weltpostvertrag abschliessen.

Die Hauptgesichtspunkte, nach welchen man die Bestimmungen des Weltpostvertrags, sowie der beiden Uebereinkommen
über den Austausch von Werthbriefen und Postanweisungen ein-
theilen kann, sind folgende :

1. die Bestimmungen über die Transitsätze, sowie über die
   zwischen den Vereinsverwaltungen bestehenden Abrech-
   nungsverhältnisse;

2. die Bestimmungen über die Gebühren der Vereinspost-
   sendungen, sowie über die Arten und die Beschaffenheit
   der letzteren ;

3. die Bestimmungen betreffend die Haftpflicht der Postverwaltungen ;

4. die Bestimmungen über die gemeinsamen Verwaltungsgrundsätze zur Ausführung des Vertrags und der beiden
   Uebereinkommen;

5. die Bestimmungen über die Stellung des Vereins zu den
   einzelnen Vereinsverwaltungen und über die gemeinsamen
   Organe.

Die Frage der Regelung der Transitverhältnisse gab sowohl
in den Kommissionsberathungen,[2] als auch in der betreffenden
Plenarsitzung[3] zu lebhaften Erörterungen Anlass. In der letzteren
wurde von Neuem die Frage über die Unentgeltlichkeit des
Transits angeregt, welche ebenso, wie auf dem Berner Kongresse,

---

[1] Am 29. Juni 1876 schrieb der deutsche General-Postmeister an den
Chef der russischen Postverwaltung, Baron Velho: «Wie Sie aus mei-
nem aus Bordeaux Ihnen gesandten Telegramm ersehen haben werden,
theilte ich ganz Ihre Auffassung, oder richtiger Ihren Verdacht, dass
Frankreich in Paris einen neuen Vereinsvertrag machen und den
Postverein auch unter toutes les gloires de la France rangiren möchte.
Den Tag darauf war ich in Paris und sprach mich mit Deutlichkeit im
Sinne Ihrer Auffassung aus.»

[2] Documents du c. p. de Paris II. S. 66—70.

[3] Documents II S. 372—374, 378 u. 379.

von dem belgischen Delegirten bekämpft wurde, während die
Delegirten von Russland, Portugal und Rumänien sie befürworteten.

Die Bestimmungen über den Transit sind, wie bereits oben
bemerkt, in den Artikeln 3 und 4 des Weltpostvertrags enthalten. Der Artikel 3 bestimmt, in welchen Fällen eine Transitleistung überhaupt eintritt. Sie tritt selbstverständlich nicht ein bei
dem Austausch zwischen angrenzenden oder solchen Ländern,
welche zwar nicht an einander angrenzen, aber doch ohne Vermittelung einer dritten Verwaltung einen unmittelbaren Austausch
von Postsendungen unterhalten. Die Bestimmungen des Vertrags
finden erst Anwendung, wenn die Leistung einer dritten Verwaltung hinzutritt. Als Leistungen dritter Verwaltungen sollten indessen auch angesehen werden:

a) diejenigen Seetransporte, welche unmittelbar zwischen
zwei Ländern mittels der von einem derselben abhängigen Postdampfer oder anderer Schiffe ausgeführt werden. [1]

b) diejenigen Transporte, welche zwischen zwei Postanstalten eines und desselben Landes durch Vermittelung der von
einem andern Lande abhängigen See- oder Landpostverbindungen
ausgeführt werden. [2]

Der Artikel 4 des Weltpostvertrags, welcher zunächst die
Bestimmungen über die Freiheit des Transits aufrecht erhielt,
bestimmte die Höhe der Transitentschädigung. Hier wurde
eine erhebliche Ermässigung und Vereinfachung der Sätze
erzielt. Der Berner Vertrag hatte für den Land- und Seetransit je 2 Sätze festgesetzt; beim Landtransit 2 fr. bz. 25 cts.
bei einer Entfernung bis 750 km und das Doppelte dieser Sätze
bei einer grösseren Entfernung; beim Seetransit 6 fr. 50 cts. bz.
50 cts. bei Entfernungen von mehr als 300 Seemeilen. Allein
diese letzteren Sätze galten nur für die dem Berner Vertrage beigetretenen Länder, während für andere, erst später zugetretene

---

[1] Beispiel: Seetransport zwischen Frederikshavn und Christiansund,
wofür die Kosten in beiden Richtungen von der norwegischen Verwaltung getragen werden. Norwegen gilt daher als die dritte Verwaltung,
an welche die dänische die im Vertrage vorgesehene Transitentschädigung zu zahlen hat.

[2] Beispiel: Der Verkehr zwischen Konstantinopel und Trapezunt,
welcher zum grössten Theil von österreichischen Dampfern wahrgenommen wird.

Länder durch die Berner Uebereinkunft 25 fr. bz. 1 fr. als See-transitentschädigung festgesetzt worden waren.

Diese 4 Sätze wurden im Weltpostvertrage auf 2 zurück-geführt:

1. 2 fr. bz. 25 cts. für den Landtransit,
2. 15 fr. bz. 1 fr. für den Seetransit.

Mit Rücksicht darauf, dass die strikte Anwendung des unter 2 aufgeführten Einheitssatzes für alle Entfernungen unter Umstän-den eine Erhöhung der bisher gezahlten Vergütungen dargestellt haben würde, war es nothwendig, folgende einschränkende Be-stimmungen zu treffen:

a) überall, wo der Transit zur Zeit der Unterzeichnung des Weltpostvertrags unentgeltlich oder unter vortheilhafteren Beding-ungen stattfand, sollten die desfallsigen Bestimmungen aufrecht erhalten bleiben;

b) die zu dieser Zeit bestehenden Sätze von 6 fr. 50 cts. wurden auf 5 fr. ermässigt;

c) jede Seebeförderung von nicht mehr als 300 Seemeilen sollte unentgeltlich stattfinden, wenn die die Seebeförderung ausfüh-rende Verwaltung für dieselben Korespondenz-Gegenstände be-reits die Vergütung für den Landtransit zu beanspruchen hatte; sobald kein Landtransit in Betracht kam, war eine Seetransitge-bühr von 2 fr. bz. 25 cts. zu erheben.[1]

d) sofern die Seebeförderung durch mehrere Verwaltungen bewirkt wurde, sollten die Seetransitgebühren für die ganze Be-förderungsstrecke die Sätze von 15 fr. bez. 1 fr. nicht über-steigen und zwischen den betheiligten Verwaltungen getheilt werden.[2]

---

[1] Beispiel: Belgien erhält bei dem Seetransport Ostende-Dover für die aus Deutschland herrührenden Korrespondenz-Gegenstände, für welche es eine Landtransitgebühr erhebt, keine Seetransitgebühr. Der zweite Fall tritt ein bei der Beförderung zwischen Frederikshavn und Christiansand, bei welcher die norwegische Verwaltung eine See-transitgebühr von 2 fr. bz. 25 cts. zu beziehen hat.

[2] Beispiel: Briefe von Deutschland nach Yokuhama werden von Southampton nach New-York mit englischen Dampfern, von New-York nach San Francisco auf den amerikanischen Eisenbahnen und von San Francisco nach Yokuhama mit amerikanischen Dampfern befördert. In diesem Falle werden die Gebühren halbscheidlich zwi-schen der englischen Verwaltung und der Verwaltung der Vereinigten Staaten getheilt.

e) die schon im Berner Vertrage vorgesehene Beschränkung für diejenigen Transporte, bei welchen aussergewöhnliche Kosten aufzuwenden waren, blieb aufrecht erhalten.

In den Taxen zeigte der Weltpostvertrag eine bedeutende Vervollkommnung des Berner Vertrags, da im Grunde erst durch ihn Einheitsportosätze erreicht wurden. Der Berner Vertrag hatte bekanntlich bei der Festsetzung des Portos für den einfachen Brief auf 25 cts. einen Spielraum zwischen 20 und 32 cts. gelassen und bildete somit nur einen Uebergang; durch den Weltpostvertrag wurde diese Uebergangsmassregel beseitigt, und es wurde jedem Lande nur noch erlaubt, die festgestellten Sätze in seiner Währung (nach Massgabe der in der Ausführungs-Uebereinkunft gegebenen Bestimmungen) abzurunden. Die Portosätze, welche in den 32 Staaten des Weltpostvereins an Stelle von etwa 1264 verschiedenen[1] traten, waren: 25 cts. für den einfachen frankirten Brief, 50 cts. für den einfachen unfrankirten Brief, unter Beibehaltung der bisherigen Gewichtsstufen, und 10 cts. für die Postkarte. Der Berner Vertrag hatte für letztere die Hälfte des Satzes für einen einfachen Brief vorgesehen, unter Abrundung der Bruchtheile; in dem Kommissionsentwurfe war an dieser Bestimmung auch festgehalten worden, bei den späteren Berathungen zog man jedoch vor, mit Rücksicht auf die Schwierigkeiten und Verschiedenheiten, welche sich in Ländern, die keine Frankenwährung hatten, ergaben, einen bestimmten Portobetrag für die Postkarte festzusetzen.

Für Drucksachen und Zeitungen, Waarenproben und Geschäftspapiere wurde eine Gebühr von 5 cts. für je 50 g festgesetzt, jedoch mit der Massgabe, dass für Geschäftspapiere mindestens 25 cts. und für Waarenproben mindestens 10 cts. erhoben werden sollten.

Ausser den angegebenen Taxen sollte für Gegenstände, welche der Transittaxe von 15 bz. 1 Franken unterlagen, oder für deren Beförderung aussergewöhnliche Kosten aufgewendet werden mussten, ein Zuschlagporto erhoben werden dürfen. Durch

---

[1] Nach einer Schätzung des in internationalen Postangelegenheiten sehr erfahrenen Geheimen Ober-Postraths Günther. Vor der Gründung des Allgemeinen Postvereins bestanden in Deutschland für Briefe nach denjenigen Ländern, welche den Pariser Vertrag unterzeichneten, 55 verschiedene Portosätze.

die Festsetzung desselben wurde zwar das Princip eines einheitlichen Weltportos durchbrochen; indess musste England und einzelnen überseeischen Ländern dieses Zugeständniss gemacht werden.
Es ist jedoch zu betonen, dass nach dem Wortlaut des Weltpost-
vertrages die Zuschlagsätze erhoben werden dürfen, aber nicht
erhoben werden müssen. Mit Rücksicht hierauf haben einige Verwaltungen Zuschlagtaxen nicht eingeführt, so dass für diese Staaten
das Einheitsporto zur Wahrheit geworden ist.[1]

Der Artikel 5 enthielt noch die wichtige Bestimmung, dass
unzureichend frankirte Briefpostgegenstände mit dem doppelten
Betrage des fehlenden Portotheils austaxirt werden sollten. Dies
bedeutete namentlich hinsichtlich der Zeitungen eine erhebliche
Ermässigung, da nach dem Berner Vertrage unzureichend frankirte Zeitungen nur für die Brieftaxe befördert werden sollten.
Wie erheblich dieser Unterschied war, mag aus folgendem Beispiel ersehen werden. Nach dem Berner Vertrag war für eine
51 g schwere, mit nur 5 cts. frankirte Drucksache ein Porto von
$4 \times 50 = 200 - 5 = 195$ cts. zu zahlen, während nach dem
Weltpostvertrage nur ein Nachschussporto von $2 \times 5 = 10$ cts.
erhoben werden durfte.

Eine wichtige Bestimmung wurde durch die Erhöhung des
Meistgewichts der Drucksachen von 1 kg auf 2 kg getroffen;
diese Aenderung war namentlich wichtig für Länder, welche keine
Packetpost besassen. Der Antrag war vom italienischen Bevollmächtigten mit der Begründung gestellt worden, dass die in
Italien sehr häufigen Musikaliensendungen (Partituren) allgemein
1,100 kg bis 1,400 wögen, und dass die Gewichtsgrenze von
1 kg einem Verbot gleichkäme.[2]

Für Waarenproben wurden beschränkende Bestimmungen getroffen (250 g Meistgewicht, Ausdehnung von 10 cm Breite, 20

---

[1] Von der Berechtigung zur Erhebung des Zuschlagportos machten
u. a. Gebrauch: Argentinien, Brasilien, Chile, Columbien, Costarica,
Ecuador, Britisch-Guyana, Ceylon, Cypern, Hongkong, Straits Settlements, Guatemala, Honduras, Mexico, Paraguay, Peru und Uruguay.

[2] Das Meistgewicht für Drucksachen auf 2 kg festzusetzen, war
übrigens bereits auf dem Berner Kongress durch den General-Postdirektor Stephan vorgeschlagen worden. Der Antrag hatte indess nicht
die erforderliche Unterstützung gefunden. (Documents du c. p. de Berne,
S. 25.)

cm Länge und 5 cm Höhe), weil die Zahl derartiger Sendungen sich zum Nachtheil für die pünktliche Erledigung des Briefverkehrs erheblich gemehrt hatte.

Im Artikel 5 sind auch die von der Beförderung ausgeschlossenen Gegenstände bezeichnet. Hierher gehörten nach dem Weltpostvertrage mit Ausnahme der Briefe alle Sendungen, welche nicht mindestens theilweise frankirt waren. In dieser Bestimmung war für die Briefpostgegenstände, die Briefe selbst ausgenommen, der Frankozwang implicite ausgesprochen. Ferner sollten von der Beförderung ausgeschlossen sein Sendungen, welche geeignet sind, die anderen Korrespondenzgegenstände zu beschädigen oder zu beschmutzen. Ausserdem sollten nach Artickel 11 des Vertrags solche Briefe nicht befördert werden, welche Geldstücke, zollpflichtige Gegenstände, Gold- und Silbersachen, Juwelen, Edelsteine und ähnliche werthvolle Gegenstände enthalten.

Bezüglich der Einschreibgebühr hatte der Berner Vertrag die Uebergangsbestimmung enthalten, dass diese Gebühr nicht höher sein sollte, als im inneren Verkehr der einzelnen Staaten. Nachdem bei den Portosätzen eine Uebereinstimmung erreicht war, musste dies auch bezüglich der Einschreibgebühr geschehen. Die Sätze, welche bis dahin erhoben worden waren, schwankten zwischen 20 und 125 cts. Die Gebühr wurde auf zwei Beträge, 25 cts. für europäische und 50 cts. für aussereuropäische Länder festgesetzt.

Der Artikel 8 schreibt die Frankirung der Privatkorrespondenz durch Postwerthzeichen vor und lässt nur die zwischen den Vereinsverwaltungen gewechselten Briefe postalischen Inhalts portofrei. Der Zusatz, dass die Frankirung nur mittels solcher Postwerthzeichen bewirkt werden darf, welche im Ursprungslande für die Privatkorrespondenz gültig sind, erscheint zunächst überflüssig, hat jedoch eine grosse Tragweite. Von einzelnen Staaten wurde grosser Werth darauf gelegt, den im Inlande für die Korrespondenz der Staatsverwaltungen gültigen Portofreiheiten auch im Weltpostverein Eingang zu verschaffen, und zwar in der Weise, dass zur Frankirung solcher Sendungen besondere, eigens zu dem Zwecke hergestellte Marken verwendet werden sollten. Man war damit auf einen Vorschlag zurückgekommen, welchen die Luxemburgische Postverwaltung bereits im Jahre 1875 erfolglos

6

gemacht hatte.[1] An und für sich würde gegen diese Frankirungs-
art nichts einzuwenden sein, da ja die Aufgabe-Verwaltung das
Franko selbst bezieht; das Verfahren stellte indess nichts weiter
dar, als eine Umgehung des Grundsatzes der Portobezahlung. Be-
rufungen wären, namentlich in Deutschland, wo man froh war,
die vielfachen Portofreiheiten beseitigt zu haben,[2] nicht ausge-
blieben. Aber auch bei vielen anderen Staaten hatte der Vorschlag keine Gegenliebe gefunden, so bei England und den Vereinigten Staaten von Amerika, in deren Gebiet das Privilegium
der Portofreiheiten früher von den bevorrechteten Personen und
Körperschaften in der rücksichtslosesten Weise ausgebeutet worden
war.[3]

Der Artikel 12 des Vertrags regelte die Behandlung der
Sendungen nach und aus Ländern, welche dem Weltpostverein
nicht angehörten. Hiernach sollten die Bestimmungen der Separat-
verträge, welche Vereinsländer und mit ihnen in unmittelbarem

---

[1] Cirkulare des internationalen Postbüreaus vom 14. Oktober 1875,
sowie vom 7. Dezember 1875 und 13. Juli 1876.

[2] Vergl. Gesetz über die Portofreiheiten im Gebiete des norddeutschen Bundes, vom 5. Juni 1869.

[3] Hinsichtlich des Missbrauchs, welcher mit der Portofreiheit in
England getrieben worden war, heisst es im First Report of the Postmaster General, 1855 (S. 14 und 15):
«In 1784 the privilege of franking was greatly restricted. Up to
that time Members of both Houses of Parliament had probably en-
joyed the privilege of sending and receiving letters through the Post
without payment, from the first establishment of the Post Office, or
at least from its adoption by the Long Parliament. This privilege was
much abused. Before 1764, Members were able to frank by merely
writing their names upon the cover of the letter. Parcels of such franks
were obtained from Members by their friends and put aside for use,
like the stamped covers sold by the Post Office at the present day;
and there was even a trade carried on in them by the servants of
Members, whose practice it was to ask their masters to sign them in
great numbers at a time. There was reason, too, to believe that franks
were forged to a large extent; and it was estimated that had postage
been paid on the franked correspondence, the revenue would have been
increased by 170 000 £.»
«In 1763 it was enacted that the whole superscription of the letter
must be in the hand-writing of the Member; this, however, was not
found a sufficient check to the evil, and in 1784 and 1795 further
restrictions were imposed. Finally, at the establishment of Penny
Postage in 1840, the privilege of both Parliamentary and Official
franking was abolished.»

Verkehr stehende, dem Verein nicht angehörende Länder abgeschlossen haben, für alle übrigen Vereinsländer Gültigkeit besitzen. Das Porto setzt sich dann zusammen aus dem Vereinsporto und dem in jenem Vertrage besonders festgesetzten Porto.
Bei frankirten Briefen muss natürlich das Weiterfranko an diejenige Verwaltung vergütet werden, welche die Briefe pp. im unmittelbaren Verkehr austauscht; umgekehrt rechnet die ausländische Verwaltung bei unfrankirten Briefen das Weiterfranko der
die Sendungen zuerst in Empfang nehmenden Vereinsverwaltung an.

Die Beträge an Weiterfranko wurden früher behufs besonderer Abrechnung in den Karten vermerkt. Durch den Weltpostvertrag ist dieses Verfahren weggefallen. Der Ausgleich erfolgte
von nun an auf Grund statistischer Ermittelungen, welche alle 3
Jahre für einen Zeitraum von 28 Tagen vorgenommen werden
sollten.

Während die bisher erörterten Bestimmungen nur den Berner Vertrag weiter ausbauten, wurde durch die beiden Uebereinkommen über den Austausch von Werthbriefen und Postanweisungen etwas vollkommen Neues geschaffen.

Die Zweckmässigkeit der Einführung der Werthbriefe und
Postanweisungen in die Reihe der einer einheitlichen Behandlung
unterliegenden Korrespondenzgegenstände war schon früher aner-
kannt worden. Bereits in der zweiten Sitzung des Berner Kon-
gresses war von deutscher Seite an die Delegirten der übrigen
Länder die Anfrage gerichtet worden, ob sie in der Lage wären,
Vertragsfestsetzungen zum Zwecke eines internationalen Austausches von Briefen mit Werthangabe zu treffen. Der grössere
Theil der Staaten hatte sich zwar hierfür entschieden, die mit der
Prüfung des Antrags betraute Kommission hatte jedoch, da eine
Verständigung über den Meistbetrag und über die Gewährleistung
nicht zu erzielen gewesen, nur dahin aussprechen können, dass
sie die künftige Einführung übereinstimmender Grundsätze be-
züglich des Werthbrief-Beförderungsdienstes als wünschenswerth bezeichnete. Zur Regelung eines internationalen Austausches von
Postanweisungen war der Berner Kongress ebensowenig in der
Lage gewesen. Deutscherseits wurde die Angelegenheit unausge-
setzt im Auge behalten. Den grösseren Nachbarstaaten wurde im

Jahre 1876 von der deutschen Postverwaltung ein vorläufiger Entwurf zu zwei entsprechenden Uebereinkommen mitgetheilt, und soweit sich Gelegenheit bot, wurde der Entwurf mit den Chefs der betreffenden Postverwaltungen mündlich erörtert. Nachdem der Gegenstand in dieser Weise vorbereitet war, arbeitete die französische Verwaltung, welche die Vorlagen für den Kongress von 1878 unter Mitwirkung des internationalen Büreaus festzustellen hatte, zwei Entwürfe aus. Auf dem Pariser Kongress gelang es, die erheblichen Schwierigkeiten, welche besonders in der verschiedenartigen Organisation des Postdienstes in den einzelnen Ländern und in den abweichenden Währungsverhältnissen beruhten, zu beseitigen und den Geldverkehr durch Vermittelung der Post einheitlich zu regeln. Das Nebenabkommen vom 1. Juni 1878, betreffend den Austausch von Werthbriefen, ist von 18 [1], das am 4. Juni vollzogene Nebenabkommen über den Austausch von Postanweisungen von 16 [2] Verwaltungen unterzeichnet worden.

Bezüglich der Werthbriefe und Postanweisungen bedurfte es zunächst der Festsetzung eines Meistbetrags, welcher versendet werden durfte. Für Werthbriefe schlug Deutschland vor, die Höhe des zu versendenden Betrags einer Beschränkung nicht zu unterwerfen, falls dies nicht durchführbar, die obere Grenze auf 10000 Franken festzusetzen. Dieser Vorschlag stiess auf Bedenken; namentlich glaubte Italien, nicht über 5000 Franken hinausgehen zu können. Schliesslich einigte man sich dahin, dass der zulässige Meistbetrag einer Werthangabe nicht unter 5000 Franken festgesetzt werden sollte. Anders war es bei den Postanweisungen. Die Festsetzung eines gleichmässig gültigen Meistbetrags ist eine von dem Postanweisungsverfahren unzertrennliche Massnahme. Hier wurde der Betrag von 500 Franken als Meistbetrag angenommen.

---

[1] Belgien, Dänemark und seine Kolonien, Deutschland, Frankreich und seine Kolonien, Italien. Luxemburg, Norwegen, Oesterreich, Portugal und seine Kolonien, Rumänien, Russland, die Schweiz, Serbien, Ungarn und Egypten.

[2] Belgien, Dänemark, Deutschland, Egypten, Frankreich und seine Kolonien, Italien, Luxemburg, Niederland, Norwegen, Oesterreich, Portugal, Rumänien, Schweden, die Schweiz und Ungarn.

Schwierigkeiten bot bei den Werthbriefen die Regelung der
Taxen, weil hier auch Transitverhältnisse in Betracht kamen,
welche bei Werthbriefen viel komplicirter sind, als bei gewöhnlichen Briefen, insofern als es sich bei den Werthbriefen nicht
nur um die Beförderung, sondern auch um die Haftpflicht handelt. Für diese Leistungen kann das Transitland getrennte Vergütungen beanspruchen. Für die Beförderung wurden dieselben
Sätze, wie · für Einschreibbriefe vereinbart ; es galten also hier die
Bestimmungen des Weltpostvertrags. Bezüglich der Versicherungsgebühr wurde bestimmt, dass die Verwaltung des Aufgabegebiets
an diejenige des Bestimmungslandes und eintretenden Falles an
jede weitere, bei der Beförderung betheiligte Verwaltung eine
gewisse Versicherungsgebühr zu entrichten habe. Ursprünglich
hatte man die Sätze von 5 cts. für den Land- und 10 cts. für
den Seetransit vorgeschlagen ; und zwar bestimmte der erste
Entwurf, dass diese Sätze so viel mal erhoben werden sollten, als
— einschliesslich des Ursprungs- und Bestimmungslandes —
Länder an der Beförderung betheiligt wären. Die Taxen würden
nach dieser Regel bald sehr hoch, bald sehr niedrig gewesen sein.
Andrerseits war aber ein Einheitstarif schwierig, weil die Versicherungsgebühr ausreichend sein musste, um alle bei der Beförderung betheiligten Verwaltungen zu befriedigen. Man griff daher
zu dem Auskunftsmittel, zwei Sätze zu bestimmen, einen für die
Beförderung von Werthbriefen nach angrenzenden und einen für die
Beförderung nach nicht angrenzenden Ländern, nämlich 10 bz.
25 cts. für je 200 Franken. Jedes Transitland und das Bestimmungsland sollten davon 5 cts., das Aufgabeland den Rest erhalten. Es kann freilich der Fall vorkommen, dass der Satz von
25 cts. nicht ausreicht. Beispielsweise erhalten bei Briefen von
Schweden nach Portugal die Staaten Dänemark, Deutschland,
Frankreich, Spanien und Portugal Entschädigung ; das Aufgabeland Schweden verliert also jegliche Versicherungsgebühr. Diese
Fälle werden jedoch, was auch auf dem Kongress in Erwägung
gezogen worden ist, sich nicht oft ereignen.

Als Uebergangsmassregel wurde jedem der vertragschliessenden Theile das Recht zugestanden, mit Rücksicht auf seine Münzver-
hältnisse eine andere, als die oben bezeichnete Versicherungsgebühr
zu erheben, sofern dieselbe nicht $^1/_2$ $^0/_0$ der Werthangabe überschritt.

Für die Vereinbarung der Postanweisungsgebühr lagen die Verhältnisse einfacher. In Uebereinstimmung mit den über den Austausch von Postanweisungen zwischen einzelnen Ländern bereits bestehenden Verträgen wurde bestimmt, dass die Gebühr zwischen Aufgabe- und Bestimmungsland halbscheidlich getheilt werden sollte. Deutscherseits wurde danach gestrebt, die Gebühr auf 50 cts. für je 100 Franken, also auf ein $^1/_2\,^0/_0$ des Betrages festzusetzen; sie wurde indess auf $1^0/_0$ festgesetzt, d. h. auf 25 cts. für je 25 Franken, mit der Massgabe, dass sie jedoch mindestens 50 cts. für jede Postanweisung betragen sollte.

Schwierig war bei den Postanweisungen die Feststellung des Umwandlungs-Verhältnisses, weil der Werth des Geldes nach den Schwankungen des Geldmarktes bedeutenden Veränderungen unterworfen ist. Unter den hieraus entstehenden Unzuträglichkeiten hat namentlich die Verwaltung des Aufgabegebiets zu leiden, denn sie muss den eingezahlten Betrag der Verwaltung des Bestimmunglandes erstatten; und zwar erfolgt diese Zahlung nicht unmittelbar, sondern erst nach Schluss der Abrechnung, also nach längerer Zeit, in welcher der Kurs sich wesentlich geändert haben kann. Zur möglichen Verhütung von Nachtheilen wurde bestimmt, dass die Verwaltung des Aufgabegebiets das Umwandlungsverhältniss festsetzen soll;[1] aber trotzdem ist es bisweilen nicht zu vermeiden, dass eine Verwaltung benachtheiligt wird. Will beispielsweise in Deutschland Jemand Mitte April einen Betrag von 80 Mark an einen Empfänger in Frankreich senden, und ist das Umwandlungsverhältniss auf 80 Mark = 100 fr. 50 cts. festgesetzt worden, so wird die Postanweisung auf den Betrag von 100 fr. 50 cts. ausgestellt. Nach Aufstellung der Abrechnung werden die auf Postanweisungen eingezahlten Summen zwischen den Verwaltungen zum Tageskurs ausgeglichen. Beträgt nun im

---

[1] Um jederzeit beurtheilen zu können ob das Umwandlungsverhältniss für Beträge auf Postanweisungen aus Deutschland nach fremden Ländern richtig bemessen ist, wird seit dem 1. April 1879 der Kurs für Wechsel auf Frankreich, England, Niederland, Dänemark, Schweden, Norwegen, Portugal und die Vereinigten Staaten von Amerika im Reichs-Postamt zu Berlin fortlaufend notirt. Wenn nach dem Wechselkurs der für Postanweisungen aus Deutschland nach fremden Ländern in der Markwährung festgesetzte Umwandlungsbetrag überschritten wird, wird eine anderweite Festsetzung vorgenommen.

vorliegenden Falle der Tageskurs der 80 Mark bei Aufstellung der Abrechnung nur 100 Franken, so verliert die deutsche Verwaltung an der Postanweisung 50 cts.

Die Frage der Garantie führte auf dem Pariser Kongresse zu lebhaften Erörterungen. Bezüglich der eingeschriebenen Sendungen hatte der Vertragsentwurf eine allgemeine Haftpflicht für dieselben einführen wollen, da eine solche noch nicht in allen Ländern bestand. Es gelang jedoch nicht, mit diesem Grundsatz durchzudringen. Allerdings wurde eine obligatorische Gewährleistung durch Stimmenmehrheit angenommen; die Haftpflicht erlitt jedoch in Folge des lebhaften Widerspruchs der Vertreter der Vereinigten Staaten, welche eine derartige Bestimmung als mit ihren Gesetzen im Widerspruch stehend erklärten,[1] eine erhebliche Abschwächung. Ausser den Vereinigten Staaten von Amerika lehnten noch Argentinien, Canada, Ecuador, Guatemala, Honduras, Mexico, Paraguay, Peru, San Domingo und Uruguay eine Gewährleistung für eingeschriebene Briefe ab. Mit Rücksicht auf diese Länder setzte Artikel 6 des Weltpostvertrags fest: „Als Uebergangsmassregel ist denjenigen Verwaltungen der aussereuropäischen Länder, deren Gesetzgebung gegenwärtig dem Grundsatze der Gewährleistung entgegensteht, gestattet, die Anwendung der vorhergehenden Bestimmung so lange auszusetzen, bis dieselben von ihrer gesetzgebenden Gewalt die Ermächtigung zur Annahme dieses Grundsatzes erhalten haben. Bis zu diesem Zeitpunkte sind die anderen Vereinsverwaltungen zur Zahlung einer Entschädigung für die auf ihrem Gebiete verloren gegangenen Einschreibsendungen nach und aus den betreffenden Ländern nicht verbunden."

Zu bemerken ist, dass der Artikel 6 des Weltpostvertrags nur von einem Verluste, nicht aber von einer Beschädigung eingeschriebener Sendungen spricht. Dies findet seine Erklärung darin, dass bei den Einschreibsendungen die Postverwaltung dem Absender nur eine besondere Sorgfalt in Bezug auf die Aushändigung zusichert, wie sich schon daraus ergiebt, dass bei diesen Sendungen keine besondere Verpackung vorgeschrieben ist, und auch keine Gewichtsermittelung stattfindet. Die Entschädigungs-

---

1 Documents du c. p. de Paris S. 388.

summe stellt den fixirten Werthbetrag dar für das Interesse, welches der Absender an der richtigen Aushändigung der Sendung hat. Sie ist daher von dem Werthe der Sendung an sich vollständig unabhängig. Es kann weder vom Absender ein Nachweis verlangt werden, dass sein Interesse an der richtigen Aushändigung der Sendung so hoch zu schätzen sei, noch steht den Postverwaltungen das Recht zu, zu behaupten, dass das Interesse des Absenders niedriger sei, als die Entschädigungssumme.

Für eine in Verlust gerathene Einschreibsendung wird ein Ersatz von 50 Franken gewährt.[1]   Dieser Anspruch auf Ersatz geht verloren

1. durch höhere Gewalt,

2. durch Uebernahme der Sendung und Ertheilung der Quittung,

3. durch Verjährung nach einem Jahre.

Weitere, die Gewährleistung der Postverwaltungen betreffende Fragen erhoben sich bei der Berathung des Entwurfs über den Austausch von Werthbriefen. Auch dieser Entwurf hatte eine Gewährleistung für den Fall höherer Gewalt ausgeschlossen. Der Vertreter Niederlands plaidirte zwar für die Beseitigung dieser Bestimmung; mit Rücksicht auf Frankreich und einige andere Länder, in welchen ein Ersatz bei den in Folge höherer Gewalt eingetretenen Verlusten und Beschädigungen nicht geleistet wird, nahm man die im Entwurfe vorgesehene Bestimmung an, da andernfalls das Zustandekommen des ganzen Uebereinkommens in Frage gestellt worden wäre.

Wenn ein Brief mit Werthangabe verloren geht oder beschädigt wird, so sollte, den Fall höherer Gewalt ausgenommen, der Absender, oder auf Verlangen desselben der Empfänger, Anspruch auf eine Entschädigung in Höhe des angegebenen Werth-

---

[1] Der Betrag von 50 Franken entspricht ungefähr den in den meisten Ländern für den internationalen Verkehr festgesetzten Entschädigungssummen. In Deutschland wird nach § 10 des Postgesetzes für einen in Verlust gerathenen Einschreibbrief ein Ersatz von 42 Mark, in England ein solcher von 2 £ geleistet. Auch in Deutschland wird im Falle der Beschädigung eines Einschreibbriefes kein Ersatz geleistet, selbst dann nicht, wenn der Empfänger nur den leeren Briefumschlag ausgehändigt bekommt, auf welchem mehr, als die blosse Adresse steht.

betrags haben; die Ersatzverbindlichkeit der Postverwaltungen sollte
aufhören, sobald der Empfangsberechtigte Quittung ertheilt und die
Sendung übernommen hätte. Die in früheren Zeiten bestehende
Verpflichtung, bei Werthbriefen den Inhalt richtig zu deklariren,
wurde nicht in das Uebereinkommen aufgenommen. Die Post hat
kein Mittel, eine falsche Deklaration zu verhindern; nur gegen
Betrügereien sucht sie sich zu schützen. Das Uebereinkommen verbietet jede betrügerische Angabe eines höheren, als des wirklichen
Werthes des Briefinhalts; welche Folgen jedoch eine betrügerische
Angabe nach sich ziehen sollte, ob in einem solchen Falle überhaupt für Verlust gehaftet werden sollte, ist nicht zum Ausdruck
gebracht worden.

Ueber die Haftpflicht der Postverwaltungen bezüglich der Postanweisungen enthält das betreffende Uebereinkommen nur die kurze
Bestimmung: „Die auf Postanweisungen eingezahlten Beträge werden
den Absendern bis zum Augenblick der richtig erfolgten Auszahlung
an die Empfänger oder an die Bevollmächtigten der Letzteren gewährleistet."

Der Beförderungsvertrag bezüglich der Postanweisungen unterscheidet sich von den anderen Postbeförderungsverträgen dadurch,
dass hier die Post die ihr übergebene Sache nicht in Natur befördert, sondern sich nur verpflichtet, dem Adressaten eine ebenso
grosse Summe Geldes auszuzahlen, wie bei Annahme der Postanweisung eingezahlt worden ist, und ihm den Abschnitt der Postanweisung auszuhändigen. Da das auf Postanweisungen eingezahlte
Geld kassenmässig gebucht wird, und die Postverwaltung das Eigenthum an den eingezahlten Geldstücken erwirbt,[1] so kann weder
ein Verlust, noch eine Beschädigung eintreten. Es kann sich mithin
auch nicht um einen eigentlichen Schadenersatz, sondern nur um
eine Vertragserfüllung handeln.

Ueber eine Haftpflicht bei dem Transporte von gewöhnlichen
Briefen, Postkarten, Drucksachen und Waarenproben enthält der
Weltpostvertrag keine Vorschriften. Während einzelne Postgesetze
die Haftpflicht für derartige Sendungen ausdrücklich ablehnen, muss
man den Ausschluss der Haftpflicht im Gebiete des Weltpostvereins

---

[1] Vergl. Laband: Das Staatsrecht des Deutschen Reiches Bd. II S. 93.

nur aus dem Stillschweigen in Verbindung mit Artikel 6 des Vertrags schliessen. Die Ablehnung der Haftpflicht für die gewöhnlichen Briefpostsendungen ist der Standpunkt fast aller Postgesetzgebungen. Dafür sind zwei Gesichtspunkte massgebend:

1. die Post muss sich bei ihrem Betriebe einer grossen Anzahl von Kräften bedienen, deren Thätigkeit sie nicht überall überwachen kann;

2. sie kann die Grösse des Interesses, welches der Absender an der pünktlichen Erfüllung des Beförderungsvertrags hat, nicht vorher übersehen, da sie den Inhalt der Sendungen nicht kennt und auch nicht kennen darf.

Eine Ausnahme von diesem Grundsatze findet sich in der französischen Postgesetzgebung. Das Gesetz vom 5 nivôse an V bestimmt im Artikel 14:

„les lettres affranchies et non chargées pour lesquelles il n'est point délivré de bulletin ni payé double port et leur délivrance ayant lieu sans en exiger de reçu, ne sont pas susceptibles d'aucune indemnité en cas de perte."[1]

Aus dieser Negation heraus hat die französische Rechtsprechung eine Haftpflicht der Postverwaltung für den Fall gefolgert, dass Briefe von den Postbeamten absichtlich oder auf rechtswidrige Weise beseitigt worden sind.

Die gemeinsamen Verwaltungsgrundsätze zur Ausführung des Weltpostvertrags und der Nebenabkommen wurden in Ausführungsübereinkommen niedergelegt, die insofern von Bedeutung sind, als durch sie der Gang des Postbetriebes geregelt und die gleichmässige Handhabung der im Vertrage bz. in den beiden Nebenabkommen enthaltenen Vorschriften gesichert wird. Die Bestimmungen der Ausführungsübereinkunft zum Weltpostvertrage sind sehr mannigfaltiger Art. Sie betreffen die Leitung der Korrespondenzen auf dem schnellsten Wege, die Art der Stempelung, den Austausch der Sendungen zwischen den einzelnen Verwaltungen, die Nachsendung von Korrespondenz-Gegenständen, die Behandlung der unbestellbaren Sendungen u. a. m. In ähnlicher Weise wurden in den Ausführungsbestimmungen zu den beiden Nebenabkommen

---

[1] Vergl. Meili: «Die internationalen Unionen», Leipzig 1889. S. 25.

die Eintragung der Werthsendungen in die Geldkarten, die Verpackung und Bezeichnung der Geldbriefpackete bz. die Behandlung der Postanweisungen am Aufgabe- und am Bestimmungsorte u. a. m. geregelt.

Auch im Weltpostvertrage wurde der Grundsatz festgehalten, dass die Entwickelung der postalischen Verhältnisse in den einzelnen Staaten nicht gehemmt werden sollte. Es ist wiederholt ausgesprochen, dass weder die innere Postgesetzgebung eines Landes, noch die Vertragsfreiheit der einzelnen Staaten berührt wird. Auch beschränkte der Weltpostvertrag nicht die Befugniss der vertragschliessenden Theile, Verträge unter sich bestehen zu lassen oder neu zu schliessen, sowie engere Vereine zur weiteren Erleichterung des Verkehrs aufrecht zu erhalten und neu zu gründen.

Die Organisation des Weltpostvereins blieb im Grunde dieselbe, wie sie der Berner Vertrag geschaffen hatte; nur wurden die die Organisation betreffenden Artikel des Weltpostvertrags genauer gefasst und im Einzelnen ausgeführt. Das Stimmverhältniss wurde neu geregelt, indem Britisch-Indien, Canada, den gesammten dänischen, spanischen, französischen, niederländischen und portugiesischen Kolonien je eine selbständige Stimme übertragen wurde.

Neben den alle 5 Jahre einzuberufenden ordentlichen Kongressen sollten auf Verlangen oder mit Zustimmung von mindestens zwei Drittel der Verwaltungen ausserordentliche Kongresse, bei weniger wichtigen Angelegenheiten einfache Konferenzen zusammentreten.

Jeder Kongress sollte befugt sein, die Vereinsbestimmungen durch einfache Majorität abzuändern. Sofern in der Zwischenzeit die Nothwendigkeit einer schriftlichen Abstimmung hervorträte, sollten die durch Vermittelung des internationalen Büreaus unterbreiteten Vorschläge als angenommen gelten, wenn

1. bei Anträgen auf Abänderung der grundlegenden Bestimmungen in den Artikeln 2 bis 6 und 9 des Vertrags, überhaupt bei allen Fragen über Transitverhältnisse, Portosätze und Gebührenantheile Einstimmigkeit vorhanden wäre,

2. bei den übrigen Bestimmungen des Vertrags und der Nebenabkommen zwei Drittel der Stimmen sich für die Aenderung entschieden hätten.

Bezüglich der Auslegung von Vertragsbestimmungen sollte einfache Stimmenmehrheit, bei Meinungsverschiedenheiten zwischen zwei oder mehreren Mitgliedern des Vereins ein Schiedsgericht entscheiden, zu welchem jede der betheiligten Verwaltungen ein unparteiisches Mitglied zu wählen hatte.

Besondere Erleichterungen wurden durch den Weltpostvertrag für den Beitritt fremder Länder zum Verein geschaffen. Während Artikel 17 des Berner Vertrags zeitraubende und umständliche Verständigungen beanspruchte, genügte jetzt die auf diplomatischem Wege erfolgende Anzeige an die schweizerische Regierung. Dieselbe verhandelte mit dem betreffenden Lande über die Taxen und den zur Unterhaltung des internationalen Postbüreaus zu zahlenden Beitrag und gab sodann den Vereinsverwaltungen von dem Gesuche Nachricht.

Das internationale Büreau in Bern hatte in den vier Jahren seines Bestehens ein so förderliches Wirken entfaltet, dass sein Weiterbestehen unter dem Namen „Internationales Büreau des Weltpostvereins" beschlossen wurde. Seine Funktionen bestanden nach dem Pariser Weltpostvertrag darin,

1. die den internationalen Postverkehr betreffenden dienstlichen Mittheilungen zu sammeln, zusammenzustellen und zu vertheilen,

2. in streitigen Fragen Gutachten abzugeben,

3. Anträgen auf Abänderung der Kongressurkunden geschäftliche Folge zu geben, überhaupt sich mit denjenigen Aufgaben zu befassen, welche ihm im Interesse des Vereins übertragen würden.

Die Hindernisse hinwegzuräumen, welche der Fortentwickelung des Briefverkehrs in Folge der grossen Verschiedenheit und der Höhe der Taxen entgegenstanden, das hergebrachte Geschäftsgeleise zu verlassen, die fiskalische Ausnutzung der Post durch die Einzelstaaten zu beseitigen und nur das allgemeine Interesse in des Wortes weitester Bedeutung in den Vordergrund zu stellen, ein einziges Postgebiet zu gründen, welches mit der Zeit den ganzen Erdkreis umfassen sollte — das war der grosse Gedanke, welcher durch den Berner Kongress verwirklicht worden war. Wenn auch die Aufgabe des Pariser Kongresses naturgemäss

keine so bedeutungsvolle war, so war sie doch immerhin eine
grosse: Der Ausbau und die Befestigung der im Berner Vertrag
getroffenen Bestimmungen wurden bewirkt, die Transitverhältnisse
und die Abrechnung der Vergütungssätze wurden vereinfacht, die
Bestimmungen über die Gebühren vereinheitlicht, und diejenigen
über die Beschaffenheit der Postsendungen und über die zur
Postbeförderung zugelassenen Korrespondenz-Gegenstände erweitert; für eine Reihe von Staaten wurde der Austausch von Werthbriefen und Postanweisungen ermöglicht. Durch den Weltpostvertrag war es gelungen, einen fest organisirten völkerrechtlich
lebenskräftigen Verein zu schaffen, welcher die Selbständigkeit
der Einzelstaaten und deren innere Gesetzgebung in keiner Weise
beschränkte.

V. KAPITEL.

Die Pariser Postkonferenz vom Jahre 1880 und ihre Ergebnisse.

Je grössere Erleichterungen seit dem Jahre 1874 auf dem
Gebiete des internationalen Briefverkehrs geschaffen worden waren,
um so fühlbarer machten sich in den Kreisen des Publikums die
Schwierigkeiten, welche nicht selten mit der Versendung von
Packeten nach dem Auslande verbunden waren. Es herrschte allgemeine Klage, dass die Postanstalten trotz der reichhaltigsten Tarif-
sammlungen sehr oft nicht im Stande waren, das Porto für Packete
nach ausländischen Bestimmungsorten im Voraus zu berechnen,
und dass, wenn der Absender sich erboten hatte, das für die Beförderung seines Packets auflaufende Porto nachträglich zu entrichten, ihm schliesslich unerwartet hohe Taxen angerechnet wurden.
Wie enorme Schwierigkeiten sich jedoch einer einheitlichen
Regelung entgegenstellten, wird man erkennen, wenn man einen
kurzen Blick auf die Entwickelung der deutschen Verhältnisse im
Laufe dieses Jahrhunderts wirft.

Wie umständlich der Packetverkehr im Anfang des Jahrhunderts war, darüber belehrt uns eine Stelle aus dem bereits oben citirten Werke des Staatsraths Klüber „Das Postwesen in Deutschland, wie es war, ist und sein könnte", worin es heisst: „Für ein Packet, das mit dem Postwagen von Berlin nach Frankfurt am Main gesendet wird, muss jetzt neunfach verschiedenes Porto gezahlt werden: königlich preussisches, königlich sächsisches, kaiserlich französisches (in Erfurt), sachsen-weimarisches (in Weimar), sachsen-gothaisches, sachsen-weimarisches (in Eisenach), königlich westphälisches, grossherzoglich hessisches und frankfurtisches."

Nachdem man in Preussen bei Bemessung der der Portoberechnung zu Grunde zu legenden Entfernung bis zum Jahre 1821 die Länge der Landstrassen angenommen hatte, erfolgte in diesem Jahre eine entscheidende Aenderung des Systems, indem die Entfernung zwischen den einzelnen Postanstalten nach der Luftlinie gemessen wurde. Gleichzeitig wurden die bisherigen, je nach dem Inhalte der Packete sehr verschiedenen Taxen im Wesentlichen abgeschafft, und der Tarif für alle Gegenstände ohne Unterschied nur nach dem Gewichte bemessen. In ein neues Stadium trat die Entwickelung des Posttarifs für Packetsendungen mit dem Bau der Eisenbahnen. Der bisherige Tarif, welcher 3 Pfennige für die Meile und das Pfund festsetzte, schien bei der Schnelligkeit der Beförderung mittels der Eisenbahnen zu hoch; man liess daher damals einen um die Hälfte ermässigten Tarif eintreten für den Weg, welcher auf der Eisenbahn zurückgelegt wurde. Hiermit wurde indessen eines der alten, längst verworfenen Taxprincipien, nämlich der Unterschied zwischen langsamer und schneller Beförderung, wieder eingeführt. Es ergaben sich aber bald Schwierigkeiten, da die Packete in vielen Fällen theilweise auf den Eisenbahnen, theilweise auf den Postwagen befördert wurden. In Folge dessen wurde dieser Unterschied wieder aufgehoben, und das Porto allgemein auf 1 1/2 Pfennige für das Pfund und die Meile festgesetzt.

Die höchst komplicirten Verhältnisse, welche bisher hinsichtlich des Austausches von Packeten zwischen den einzelnen deutschen Staaten herrschten, wurden im Jahre 1857 durch eine Vereinbarung der deutschen Postverwaltungen beseitigt. Man führte den Grundsatz, welcher im Jahre 1824 in Preussen zur Geltung gelangt war, auch im deutschen Postverein durch und bemass den Tarif ohne Rücksicht auf die Spedition lediglich nach der direkten Entfernung. Die zwischen den einzelnen Postverwaltungen nothwendigen Abrechnungen wurden durch Kommissionen bewirkt, welche alle 2 bis 3 Jahre zusammentraten und· die nöthigen speciellen Berechnungen aufstellten, so dass das Publikum von der Last der Berechnung des Portos, wie es sich beim Durchgange durch die einzelnen Staaten zusammensetzte, ganz befreit blieb.

Als nach Gründung des norddeutschen Bundes die selbständigen Postverwaltungen der einzelnen Bundesstaaten zu einer einheitlichen Staatsverkehrsanstalt verschmolzen worden waren, wurde im Posttaxgesetz vom 4. November 1867 ein Tarif aufgestellt, welcher in Folge nothwendigen Kompromisses aus einer Verschmelznng der in den verschiedenen Postgebieten bis dahin gültigen Fahrposttarife entstand und ungeachtet unvermeidlicher Mängel unverändert in das Reichsgesetz über das Posttaxwesen vom 28. Oktober 1871 übernommen wurde. Dieser Tarif war ein äusserst komplicirter Stufentarif; er ergab für die Packete bis zum zulässigen Meistgewicht von 100 Pfund die stattliche Zahl von 1705 verschiedenen Portosätzen und war für das Publikum ebenso lästig, wie für die Postbeamten, denn das erstere war nicht in der Lage, die Versendungskosten im Voraus zu berechnen, und die letzteren mussten sich bei der Berechnung grosser Tabellen bedienen. Eine Abänderung des Tarifs lag daher im allgemeinen Interesse.

Nach den statistischen Ermittelungen für das Jahr 1871 betrug die Zahl der Packetsendungen im Gewichte bis 10 Pfund 77 Procent aller durch die Reichspost beförderten Packete. Es lag deshalb nahe, bei Abänderung des Posttaxgesetzes zur Feststellung einer einheitlichen Taxe für die drei Viertel des gesammten Packetverkehrs ausmachenden Packete im Gewichte bis zu 10 Pfund zu schreiten und die bestehenden Entfernungs- und Gewichtsstufen für die schweren Packete einzuschränken.

Das Posttaxgesetz wurde nach lebhaften Debatten im Reichstage durch Gesetz vom 17. April 1873 dahin abgeändert, dass für Packete bis 10 Pfund ein Einheitsporto von 25 Pfennig für Entfernungen bis 10 Meilen, und von 50 Pfennig für alle übrigen

Entfernungen eingeführt wurde. Dieser neue Tarif, welcher den Einfluss des Gewichts und der Transportstrecke auf den Tarif hinsichtlich der bis 10 Pfund schweren Packete auf ein Minimum reducirt hat, weist zwar immerhin noch 272 verschiedene Portosätze auf, ist jedoch in Anbetracht des starken Procentsatzes der unter das Einheitsporto fallenden Packetsendungen dem Tarif vom Jahre 1867 bz. 1871 gegenüber wesentlich vereinfacht.

Die neue Massnahme schuf eine grosse Erleichterung im Versendungsverkehr und führte naturgemäss eine erhebliche Steigerung desselben herbei. Denn nur die sichere Vorausberechnung der entstehenden Kosten gestattet den Producenten, neue Verbindungen zur Erweiterung ihres Absatzes anzuknüpfen, und nur einheitliche mässige Taxen ermöglichen dem Kaufmann, durch Vermittelung der Post den augenblicklichen Bedarf bei unvorhergesehener Nachfrage leicht und billig zu decken, oder erlauben dem Konsumenten, unmittelbar mit den vortheilhaftesten Bezugsquellen in Verbindung zu treten. Beispielsweise ist die Ausdehnung der Butterwirthschaft und der Butterverwendung auf unseren ärmsten und entlegensten Gütern und die Erweiterung des Absatzgebietes unserer städtischen Geschäfte weit in das Land hinein ausschliesslich dem billigen Packetporto zu verdanken.

Einmal in Deutschland erprobt, wurde der feste Portosatz für die Packete bis 5 kg auch im Verkehr mit der Schweiz,[1] Dänemark,[2] Oesterreich-Ungarn,[3] Belgien[4] und Niederland[5] eingeführt. Der deutschen Postverwaltung musste daher der Wunsch nahe liegen, dieser Reform auch im Verkehr der Weltpostvereinsstaaten unter einander Eingang zu verschaffen. Die Schwierigkeiten, welche hierbei zu überwinden waren, durften freilich nicht

---

[1] Vom 1. Februar 1877 ab.

[2] Vom 1. April 1877 ab.

[3] Zufolge des Fahrpost-Uebereinkommens vom 3. April 1878 wurde der innere deutsche Tarif vom 1. November 1878 ab auf den Wechselverkehr zwischen Deutschland und Oesterreich-Ungarn ausgedehnt. Beide Länder bilden somit seit dem 1. November 1878 hinsichtlich der Portorechnung für Packete ein einziges Gebiet.

[4] Vom 1. November 1878 ab.

[5] Vom 1. Mai 1879 ab auf Grund eines Uebereinkommens mit der Allgemeinen Postwagen-Unternehmung van Gend & Loos in Rotterdam vom 22. März 1879.

unterschätzt werden. Eine Packetpost, wie Deutschland sie besass, war in den meisten Vereinsstaaten, vor allem in Frankreich, England, Niederland, Spanien und Italien, nicht vorhanden; der Packetverkehr wurde meist unabhängig von der Staatspost durch Eisenbahnen, Messagerien oder Privatunternehmer wahrgenommen. Der Nachtheil dieser Einrichtung bestand darin, dass viele Gegenden, welche von der Eisenbahn nicht berührt wurden, hinsichtlich des Güteraustausches und Waarenbezugs in hohem Grade vernachlässigt waren, da der Austausch von Packeten in der Regel auf diejenigen Orte beschränkt blieb, auf welche der Dienst der Eisenbahnen bz. Messagerien sich erstreckte. Ueberdies ist die Versendung von Packeten mit der Eisenbahn weitläufig und kostspielig, sobald der Bestimmungsort nicht unmittelbar an der Eisenbahn gelegen ist. Wenn auch die Fracht bis zu der betreffenden Eisenbahnstation eine geringe ist, so muss das Packet von der Bahn nach dem Bestimmungsorte befördert werden; es erwachsen Kosten für die Benachrichtigung, die Sendung muss von der Bahn abgeholt werden, und auf dieser Beförderungsstrecke ist oft niemand, der für das Packet garantirt.

In der Sitzung vom 28. Mai 1878 hatte der Pariser Kongress sich mit dem Plane eines Austausches von Packeten beschäftigt, welcher von der deutschen Delegation unterbreitet worden war.[1] Die Frage, welche dem Kongresse vorgelegt worden war: „Betrachtet der Kongress im Princip und vorbehaltlich späterer Erörterungen den Abschluss eines Uebereinkommens, betreffend den Austausch von Packeten durch die Post, als einen Fortschritt?" wurde damals von 15 Postverwaltungen[2] bejaht; mehrere Staaten, in welchen die Packetbeförderung in der Hand von Privat-Transportunternehmungen lag, enthielten sich der Abstimmung. Es leuchtet ein, dass es in diesen Staaten im Allgemeinen schwieriger sein musste, zu einfachen, stabilen und niedrigen Tarifen zu gelangen, als in denjenigen Staaten, in welchen der Packetverkehr

---

[1] Projet d'arrangement, concernant l'échange des menus-objets sans déclaration de valeur.

[2] Britisch-Indien, Dänemark, Deutschland, Egypten, Luxemburg, Norwegen, Oesterreich, Portugal, Rumänien, Schweden, die Schweiz, Serbien, Spanien, Ungarn und die Vereinigten Staaten von Amerika.

durch die Staatspost abgewickelt wurde. Der deutsche Vorschlag
wurde damals dem internationalen Büreau zur Prüfung überwiesen und sollte auf einer späteren Konferenz zum Gegenstand
gemeinsamer Berathungen gemacht werden.

Im Mai 1879[1] übermittelte das internationale Büreau den
Vereinsverwaltungen die von ihm unter Anlehnung an den
deutschen Plan ausgearbeiteten Entwürfe eines Uebereinkommens
und einer Ausführungs-Uebereinkunft mit dem Ersuchen, dieselben
einer Prüfung zu unterziehen und etwaige Bemerkungen dem
Büreau mitzutheilen. Die Vorschläge, welche von den einzelnen
Verwaltungen gemacht wurden, gingen indess so weit auseinander, dass es nicht möglich war, unter Berücksichtigung dieser
Vorschläge einen neuen Entwurf auszuarbeiten. Den Berathungen
der zum Zwecke des Abschlusses eines internationalen Abkommens über den Austausch von Packeten am 9. Oktober 1880 in
Paris zusammentretenden Konferenz wurde deshalb der vom
internationalen Büreau unter Benutzung des deutschen Vorschlags
aufgestellte Entwurf zu Grunde gelegt.

Die Verhandlungen dieser Konferenz führten am 3. November
zum Abschluss eines Uebereinkommens nebst einer Ausführungs-
Uebereinkunft, worin die Bestimmungen über die postmässige Beförderung von kleinen Packeten gegen einheitliche Gebührensätze,
sowie über die einheitliche Behandlung der Packete, welche die
Bezeichnung „Postpackete" erhielten, niedergelegt wurden. Durch
diese Uebereinkunft wurde eine Erleichterung des Weltpostver-
kehrs geschaffen, welche für den Handel und die Wissenschaft,
wie für die Familienbeziehungen von grossem Werthe war.

Als obere Gewichtsgrenze der Packete wurde das Gewicht
von 3 kg vereinbart, so lebhaft auch mehrere Verwaltungen für
die Festsetzung der Grenze auf 5 kg eingetreten waren. Obgleich
dem deutschen Delegirten die Festsetzung des Maximalgewichts
auf 5 kg ebenso sympathisch war, wie die Zulassung der
Werthangabe, welche gleichzeitig zur Sprache kam, so rieth er
dennoch entschieden davon ab, da bei Annahme dieser beiden
Punkte vielen Staaten der Beitritt zu dem Uebereinkommen unmöglich gemacht worden wäre. Neben der Beschränkung des Ge-

---

[1] Cirkular vom 6. Mai 1879.

wichts wurde eine weitere beschränkende Vorschrift hinsichtlich
des Rauminhalts der Packete getroffen; dieselben sollten in keiner
Ausdehnung 60 cm, im Rauminhalt 20 Kubikdecimeter nicht
übersteigen, eine Beschränkung, welche mit Rücksicht auf die
Seebeförderung mit in Kauf genommen werden musste.

Die Freiheit des Transits wurde gewährleistet. An Gebühren
sollte jedes an der Beförderung betheiligte Land den Einheitssatz
von 50 cts. beziehen; ausserdem sollte die Verwaltung des Ursprungslandes, sofern es sich um die Beförderung auf einer oder
mehreren Seepostlinien handelte, an jede Verwaltung, deren See-
postverbindungen an der Beförderung theilnähmen, für jedes Packet
eine Gebühr entrichten, deren Höhe je nach der in Betracht kommenden Entfernung zwischen 25 cts. und 3 fr. schwankte.

Die Taxe für die Postpackete setzte sich mithin aus einer Gebühr
zusammen, welche für jedes Packet sovielmal 50 cts. betrug, als
Verwaltungen an der Landbeförderung betheiligt waren; hierzu
traten unter Umständen noch die Gebühren für die Seebeförderung.

Als Uebergangsmassregel wurde jeder Verwaltung die Befugniss ertheilt, für die bei ihren Anstalten zur Einlieferung gelangenden oder daselbst ankommenden Postpackete eine Zuschlaggebühr von 20 cts. zu erheben; dieselbe wurde für Grossbritannien
und Irland auf 50 cts., für Britisch-Indien und Persien auf 75 cts.
und für Schweden auf 1 fr. erhöht. Der deutsche Delegirte hatte
sich zunächst energisch gegen die Einführung der Zuschlaggebühr,
welche zum Vortheil einzelner Staaten das Princip des einheitlichen Portos durchbrach, ausgesprochen und später, nachdem
die erwähnte Gebühr dennoch angenommen worden war, im
Verein mit dem niederländischen Delegirten den Antrag gestellt,
dass die Erhebung des Zuschlags auf Gegenseitigkeit beruhen
sollte. Dieser Antrag, welcher offenbar nur in der Absicht eingebracht worden war, die Zuschlaggebühr wieder zu Fall zu bringen, wurde mit einer Stimme Majorität abgelehnt.

Hinsichtlich der Haftpflicht wurde bestimmt, dass im Falle des
Verlustes oder der Beschädigung eines Postpackets dem Absender, oder auf Verlangen desselben, dem Empfänger Anspruch
auf einen dem wirklich entstandenen Schaden entsprechenden
Ersatz, welcher indess den Betrag von 15 Franken nicht übersteigen durfte, zustehen sollte.

. Die Verbindlichkeit der Verwaltungen zur Ersatzleistung sollte ausgeschlossen bleiben,

1. wenn der Verlust oder die Beschädigung durch höhere Gewalt eingetreten war,
2. wenn der Absender seinen Ersatzanspruch nicht innerhalb eines Jahres, vom Tage der Einlieferung des Postpackets ab gerechnet, geltend gemacht, und
3. sobald der Empfangsberechtigte die Sendung übernommen hatte.

Die Verpflichtung zur Zahlung des Ersatzbetrags wurde derjenigen Verwaltung auferlegt, welcher die Aufgabeanstalt angehört; dieser Verwaltung blieb überlassen, ihren Anspruch gegen die verantwortliche Verwaltung, d. h. gegen diejenige, in deren Gebiet oder in deren Betrieb der Verlust oder die Beschädigung stattgefunden, geltend zu machen. Sofern eine Sendung auf der Beförderungsstrecke zwischen den Auswechselungsanstalten zweier angrenzender Länder verloren gegangen oder beschädigt worden wäre, ohne dass festgestellt werden könnte, auf welchem der beiden Gebiete es vorgekommen, sollte der Schaden von den betreffenden beiden Verwaltungen zu gleichen Theilen getragen werden.

Auch in dem Uebereinkommen über den Austausch von Postpacketen wurde der Grundsatz festgehalten, dass durch die Festsetzungen des Vertrags die Befugniss der vertragschliessenden Theile, behufs Verbesserung des Austausches von Postpacketen besondere Verträge unter sich bestehen zu lassen oder neu zu schliessen, sowie engere Vereine aufrecht zu erhalten oder neu zu gründen, in keiner Weise beschränkt werden sollte. Auf Grund dieser Bestimmung war es beispielsweise möglich, das zwischen Deutschland und Oesterreich-Ungarn bestehende Fahrpostübereinkommen aufrecht zu erhalten.

Das Uebereinkommen, an welchem 22 Staaten[1] theil-

---

[1] Belgien, Bulgarien, Dänemark, Deutschland, Egypten, Frankreich, Grossbritannien und Irland, Italien, Luxemburg, Montenegro, Niederland, Norwegen, Portugal, Rumänien, Serbien, Schweden, die Schweiz, Spanien, Oesterreich-Ungarn, Britisch-Indien, Persien und die Türkei. England trat, obgleich in den dortigen Kaufmannskreisen eine leb-

nahmen, wurde am 3. November 1880 unterzeichnet und sollte am 1. Oktober 1881 in Kraft treten. Gleichzeitig mit dem Uebereinkommen wurde ein Schlussprotokoll unterzeichnet, welches den Zweck hatte, denjenigen Staaten, in welchen bis dahin die Post sich mit der Beförderung von Packeten nicht befasst hatte, zu gestatten, die im Uebereinkommen getroffenen Festsetzungen durch die Eisenbahnen und Schifffahrts-Unternehmungen ausführen zu lassen. In solchen Fällen sollte der Austausch von Packeten auf diejenigen Orte beschränkt bleiben dürfen, auf welche der Dienst jener Unternehmungen sich erstreckte. Jedoch sollten die Postverwaltungen den auf den Postpacketverkehr bezüglichen Schriftwechsel führen und das Verhältniss mit den Eisenbahnen regeln.

In mancher Beziehung wurde durch das Uebereinkommen zwar noch nicht erreicht, was die deutsche Postverwaltung mit ihrem ursprünglichen Entwurfe beabsichtigt hatte; insbesondere erschien die Begrenzung des Meistgewichts auf 3 kg und des Rauminhalts als eine unerwünschte Fessel für das thatsächlich vorhandene Verkehrsbedürfniss. Erwägt man indess die Schwierigkeiten, welche in denjenigen Staaten zu überwinden waren, in deren Bereich eine staatliche Fahrpost damals noch nicht bestand, und deren Beförderungsdienst überwiegend auf Privateisenbahnen angewiesen war, so ist doch der Erfolg hoch anzuschlagen, dass im internationalen Verkehr eine Grundlage gewonnen wurde für eine postmässige Beförderung von Packeten nach übereinstimmenden Normen und billigen, einheitlich bemessenen Gebührensätzen.

Beim Schlusse der Konferenz hielt der französische General-Postdirektor die Abschiedsrede und sprach darin neben dem Danke für die Thätigkeit der Vertreter der auswärtigen Staaten zugleich seine Ansichten über die sachlichen Folgen der gefassten Beschlüsse aus. Auffallend war in der Rede die Stellung Cocherys

---

hafte Bewegung zu Gunsten einer Reform des Packetposttarifs vorhanden war und in einer Adresse an die Regierung ihren Ausdruck gefunden hatte, dem Uebereinkommen schliesslich nicht bei. Mit Bezug hierauf heisst es im Report of the Postmaster General vom Jahre 1880: «It was however, obviously impossible for Great Britain to sign the Treaty which embodied these conclusions without having previously established for herself an Inland Parcel Post, and although strenuous efforts have been made to effect this object, I regret to say I am still unable to announce that the desired result has been achieved.»

zu Deutschland. Der Genannte schrieb dem Vorsteher des internationalen Büreaus die Initiative für das Gelingen der Reform zu,
obwohl den Theilnehmern an der Konferenz, auch Cochery, wohl
bekannt war, dass der deutsche General-Postmeister alles aufge-
boten hatte, um die grosse Massregel vorzubereiten und durchzuführen. Der General-Postmeister der Niederlande, Hofstede, dankte
hierauf im Namen der Mitglieder der Konferenz für die in Paris
genossene Gastfreundschaft und betonte, dass Frankreich besondere Hindernisse hätte überwinden müssen, um sich für die Reform des Packetverkehrs zu erwärmen, verbesserte aber dann
die Rede Cocherys dahin, dass Deutschland und der Person des
General-Postmeisters Stephan die Initiative für die neue Vereinbarung gebühre.

VI. KAPITEL.

Weiterer Ausbau des Weltpostvereins durch die Kongresse von Lissabon und Wien.

Nachdem die den Weltbriefverkehr regelnden Bestimmungen
im Weltpostvertrage vom 1. Juni 1878 ihre Befestigung gefunden
hatten, auch über den Austausch von Geldern, sei es im Wege
des Geldbriefverkehrs, sei es mittels des Postanweisungsverfahrens,
einheitliche Vorschriften zwischen einer Reihe von Vereinsstaaten
erzielt worden, und auf der Konferenz vom Jahre 1880 der Zu-
sammenschluss einer grösseren Anzahl von Verwaltungen zum
Zwecke der einheitlichen Regelung des Packetverkehrs erfolgt
war, konnte es sich auf den weiteren Kongressen nur darum
handeln, einerseits die Gemeinsamkeit der Einrichtungen im Weltpostverein im Sinne des Grundgedankens mehr und mehr zu be-
festigen und die Leistungen für das Publikum durch weitere Ausdehnung der Verkehrseinrichtungen zu erhöhen, andrerseits die
wenigen noch ausserhalb des Vereins stehenden Länder zum
Anschluss an denselben zu bewegen.

Die Beschlüsse des dritten Postkongresses, welcher am 4. Februar 1885 in Lissabon zusammentrat[1] und am 21. März geschlossen wurde, waren nach beiden Richtungen hin von grosser Bedeutung. Sie wurden mit Rücksicht darauf, dass die Grundbestimmungen der in Paris abgeschlossenen Verträge unberührt blieben, in Zusatzabkommen (actes additionnels) zusammengestellt.

Die wichtigsten Bestimmungen des Zusatzabkommens zum Weltpostvertrage, welche auf die weitere Ausdehnung und Erleichterung des Verkehrs hinzielten, betrafen die Einbeziehung neuer Briefpostgegenstände, wie Postkarten mit Antwort, Bücherzettel zum Angebot und zur Bestellung von Büchern, sowie von Eilsendungen in den Versendungsverkehr, neue Erleichterungen in den Versendungsbedingungen, wie Zulassung von Angaben in der Aufschrift der Postkarten, Beschränkung des Verbots, Gold- und Silbersachen mit der Briefpost zu versenden, auf solche Länder, in welchen die Gesetzgebung die Versendung derartiger Gegenstände ausdrücklich verbot, und vor allem die Festsetzung der Befugnisse des Absenders, über die Sendungen während der Beförderung anderweit zu verfügen.

Diese Frage war bereits in der Sitzung des Pariser Kongresses vom 20. Mai 1878 aufgeworfen worden. Bei den Erörterungen über die Ersatzleistung für verloren gegangene Einschreibsendungen wurde in der genannten Sitzung vom ägyptischen Delegirten eine Präcisirung der Frage verlangt, wer eigentlich der Eigenthümer einer Postsendung vom Augenblicke der Auflieferung bis zum Zeitpunkte der Aushändigung an den Empfänger sei. Da man einer Beantwortung der Frage zunächst auswich, wiederholte derselbe Delegirte seine Anfrage bei den Erörterungen über die Haftpflicht für Werthbriefe. Der niederländische Delegirte, Generaldirektor Hofstede, unterstützte diesmal den Antrag mit der Begründung, dass es für die Vereinsverwaltungen unbedingt von Werth sei, dem Publikum auf Ersuchen darüber Aufschluss geben zu können, ob eine Postsendung in der Beförderung aufgehalten werden könnte oder nicht. Da die Delegirten nicht im Stande

---

[1] Die Eröffnung des Kongresses war in Folge der während des Jahres 1884 in Italien, Frankreich und Spanien ausgebrochenen Cholera verschoben worden.

waren, eine genaue Antwort darüber zu geben, in welcher Weise dieser Punkt durch die innere Gesetzgebung der Vereinsstaaten geregelt war, so wurde durch das internationale Büreau mittels Rundschreibens vom 19. Juli 1878 eine Umfrage veranstaltet. Aus der im Cirkular vom 10. April 1879 enthaltenen Zusammenstellung der dem Büreau zugegangenen Antwortschreiben geht hervor, dass über den fraglichen Punkt damals im Allgemeinen zwei ganz entgegengesetzte Meinungen herrschten. In der Mehrzahl der Länder, deren Gesetzgebung auf dem römischen Recht beruht, galt der Empfänger als Eigenthümer, dagegen in Ländern, wo die Gesetze auf dem Gewohnheitsrecht beruhen, der Absender. Im Besonderen gingen indess die Meinungen der einzelnen Verwaltungen erheblich auseinander.

In Frankreich wird jeder der Post anvertraute Brief grundsätzlich als Eigenthum des Empfängers angesehen und kann in der Beförderung nur auf gerichtliches Verlangen angehalten werden. Das Reglement gestattet jedoch die Zurückziehung eines Briefes durch den Absender bei der Aufgabepostanstalt vor Schluss des Briefpackets, in welches der Brief verpackt werden soll, oder bei dem Bahnpostbüreau spätestens eine halbe Stunde vor dem Abgange vom Bahnhofe des Aufgabeorts, in beiden Fällen nach Erfüllung der Förmlichkeiten, welche die Feststellung der Identität des Absenders und die Verpflichtung desselben, für alle Folgen einer Unterdrückung oder Verzögerung des Briefes zu haften, zum Gegenstand haben.

In Italien hört jeder gewöhnliche Brief auf, Eigenthum des Absenders zu sein, in dem Augenblicke, in welchen er der Post übergeben wird, während jeder eingeschriebene oder mit Werthangabe versehene Brief, so lange er dem Empfänger noch nicht ausgehändigt ist, Eigenthum des Absenders bleibt. Die italienische Postverwaltung darf daher gewöhnliche Briefe auf dem Beförderungswege nicht aufhalten, wohl aber gestattet sie, eingeschriebene Briefe und Werthbriefe des internationalen Verkehrs zurückzuschicken, wenn ein derartiges Verlangen seitens der Verwaltung des Ursprungslandes rechtzeitig zum Ausdruck gebracht worden ist.

In Deutschland bestimmt weder das Gesetz über das Postwesen des deutschen Reichs, noch die Postordnung, wer als Eigenthümer einer Postsendung, während der Zeit von der Auflieferung bis

zur Aushändigung an den Empfänger anzusehen ist. Von der
Aufnahme einer hierauf bezüglichen Bestimmung in das Postgesetz
ist aus folgenden Erwägungen abgesehen worden.

Bei der Beförderung von Briefen, Packeten u. a. m. durch
die Post müssen zwei Arten von Rechtsverhältnissen genau auseinander gehalten werden :

    a) das Verhältniss zwischen dem Absender und der Postver-
        waltung, durch welches diese sich verpflichtet, gegen
        Zahlung des Portos die Beförderung der Sendungen aus-
        zuführen ;

    b) das Verhältniss zwischen dem Absender und dem Adressaten.

Bei dem ersten Verhältniss ist es völlig gleichgültig, wer der
Eigenthümer der beförderten Gegenstände ist; die Post über-
nimmt die Beförderung, ohne sich um das civilrechtliche Verhältniss zwischen Absender und Empfänger zu bekümmern. Aus
dem Vertragsverhältniss zwischen der Post und dem Absender
wird gefolgert, dass nicht allein dieser — ob er Eigenthümer des
Gegenstandes ist oder nicht — über die Sendung bis zu dem
Augenblicke verfügen kann, wo dieselbe dem Adressaten ausgehändigt wird, sondern auch, dass die Post bis zu diesem Augenblicke nur dem Absender gegenüber für die Sendung bürgt,
sofern dieser seine Rechte nicht ausdrücklich an den Empfänger
übertragen hat.

Was das Verhältniss zwischen Absender und Empfänger,
namentlich die Frage anlangt, wer von beiden der Eigenthümer
einer Sendung während der Postbeförderung ist, so entscheidet
die Civilgesetzgebung der einzelnen deutschen Staaten. Beispielsweise geht nach dem preussischen allgemeinen Landrecht (Th. 1
Tit. II § 128) bei Kaufgeschäften unter Abwesenden das Eigenthum an der verkauften Sache auf den Käufer über, sobald der
Verkäufer die Waare der Post übergeben hat.

Ueber die Frage der Rückforderung von Postsendungen durch
den Absender enthält die Postordnung die für den inneren, wie
auch für den internationalen Verkehr gültige Bestimmung, dass
die zur Post gegebenen Sendungen vom Absender vor der Zustellung an den Empfänger zurückgenommen werden können, sowohl am Orte der Aufgabe, als auch am Bestimmungsorte oder
an einem Orte unterwegs.

Die englische Gesetzgebung spricht sich nicht bestimmt darüber aus, wer der Eigenthümer eines Briefes während der Postbeförderung ist. Der Absender hat ein gewisses Eigenthumsrecht an dem Briefe, während dem Empfänger nur ein bedingtes zusteht. Sobald es sich jedoch um strafrechtliche Untersuchungen handelt, gilt der General-Postmeister als Eigenthümer der der Post anvertrauten Briefe.

Ausser in Deutschland gilt der Absender als Eigenthümer in der Argentinischen Republik, Oesterreich-Ungarn, Belgien, Brasilien, Bulgarien, Chile, Dänemark, Grönland, Dänisch-Westindien, Haïti, Honduras, Britisch-Indien, Luxemburg, Mexico, Montenegro, Norwegen, Paraguay, Niederland, in den niederländischen Kolonien, Peru, Portugal und den portugiesischen Kolonien, Rumänien, Russland, Serbien, Schweden, der Schweiz und Uruguay.

Der Empfänger gilt als Eigenthümer ausser in Frankreich auch in Canada, Egypten, Spanien und den spanischen Kolonien, den Vereinigten Staaten von Amerika, den französischen Kolonien, Griechenland, der Türkei, Japan, San Salvador und Venezuela.

In Italien und Persien gilt für eingeschriebene oder mit Werthangabe versehene Briefe der Absender als Eigenthümer, für gewöhnliche Briefe dagegen der Empfänger.

Durch den Lissabonner Vertrag wurde dem Absender das Recht zugesprochen, eine in der Beförderung befindliche Postsendung aufhalten zu lassen und nachträglich die Adresse zu ändern. Diese Bestimmung sollte nicht obligatorisch für Länder sein, deren Gesetzgebung die Ausführung dieser Vertragsbestimmung nicht zulässt.

Für Briefe mit angegebenem Werthe wurde durch den Lissabonner Kongress insofern eine Aenderung geschaffen, als die Grenze, unter welche der Meistbetrag der Werthangabe nicht zurückgehen darf, von 5000 auf 10 000 Franken erhöht wurde und die einschränkende Bestimmung, dass Werthbriefe nur nach bestimmten Orten Italiens, Spaniens und Bulgariens angenommen wurden, in Wegfall kam.

Hinsichtlich des Postanweisungs-Uebereinkommens wurde durch die Einführung des telegraphischen Postanweisungsverkehrs eine wichtige Aenderung geschaffen. Von geringer Bedeutung war die Erlaubniss, den an der Postanweisung befindlichen Abschnitt zu Mittheilungen an den Empfänger zu benutzen.

Wesentliche Erleichterungen wurden für den Austausch von Postpacketen geschaffen. Das Meistgewicht der Sendungen wurde, unter Beibehaltung der bisherigen Taxen, von 3 auf 5 kg erhöht, und die Versendung der Postpackete unter Werthangabe und gegen Nachnahme zugelassen. Die Versicherungsgebühr sollte bei den Packeten mit Werthangabe dieselbe sein, wie bei den Werthbriefen, die Nachnahmegebühr 2 Procent des Nachnahmebetrags nicht übersteigen und mindestens 20 Centimen betragen.

Von den vorgelegten Entwürfen zu Uebereinkommen wegen Einführung eines internationalen Zeitungs- und Annoncen-, sowie Postauftragsdienstes gelangte nur der letzte zur Annahme.

Die Zweckmässigkeit, den bereits zwischen einzelnen Verwaltungen bestehenden Postauftragsdienst,[1] d. i. die Einziehung von Geldbeträgen durch die Post, auf den internationalen Verkehr auszudehnen, hatte zuerst die luxemburgische Verwaltung betont.[2] Dem Kongresse in Lissabon wurden 3 Entwürfe vorgelegt, von denen der durch die belgische, deutsche und luxemburgische Verwaltung gemeinsam ausgearbeitete[3] bei den Berathungen zu Grunde gelegt und schliesslich auch mit wenigen Aenderungen angenommen wurde.

Die hauptsächlichsten Bestimmungen des zwischen Belgien, Deutschland, Egypten, Frankreich, Italien, Luxemburg, Oesterreich, Portugal, den portugiesischen Kolonien, der Schweiz, Ungarn und der Republik Liberia abgeschlossenen Uebereinkommens, betreffend den Postauftragsdienst, waren folgende.

Die Einziehung von Geldern im Wege des Postauftragsdienstes erfolgt auf Grund von Quittungen, Rechnungen, Anweisungen, Wechseln und sonstigen Werthpapieren, welche ohne Abzug

---

[1] Deutschland hatte entsprechende Abkommen geschlossen 1. mit der Schweiz im Jahre 1876, 2. mit Frankreich am 24. März 1880, mit England am 5./7. Juni 1873. Ausserdem hatte Frankreich im Jahre 1880 Uebereinkommen abgeschlossen mit Belgien, Luxemburg, Niederland, Portugal, Rumänien, Schweden und der Schweiz. Das Postauftragsverfahren hatte also im internationalen Verkehr noch recht wenig Eingang gefunden.

[2] Schreiben des Directeur général des finances an das Internationale Büreau (Luxemburg, 23. August 1880).

[3] Die beiden anderen Entwürfe waren von der französischen und portugiesischen Verwaltung vorgelegt worden.

zahlbar sind und für jede einzelne Sendung den Betrag von 1000
Franken bz. einer gleichen Summe in der Währung eines jeden
Landes nicht übersteigen dürfen. Die Uebersendung des Postauftrags erfolgt mittels Einschreibbriefs und gegen die Taxe eines
solchen. Der Brief ist vom Absender unmittelbar an die Postanstalt zu richten, welche die Einziehung der Geldbeträge bewirken
soll. Ein Postauftrag kann mehrere Anlagen enthalten, deren Einziehung durch eine und dieselbe Postanstalt bei einem oder mehreren Schuldnern zu Gunsten eines und desselben Absenders zu
erfolgen hat. Jede Anlage muss vollständig und auf einmal ein-
gelöst werden, andernfalls wird sie als verweigert angesehen.
Der eingezogene Betrag, abzüglich einer Gebühr von 10 Centimen
für jede eingelöste Quittung pp., der gewöhnlichen Postanweisungsgebühr und nöthigenfalls der für die Handelspapiere in Anwendung zu bringenden Stempelgebühren, wird dem Auftraggeber
von der einziehenden Postanstalt mittels Postanweisung übermit-
telt. Die nicht eingelösten Anlagen eines Postauftrags werden ohne
Anrechnung von Gebühren an die Aufgabepostanstalt zurück-
gesandt.

Bei Erörterung der Garantieleistung für Postaufträge müssen
die 3 verschiedenen Theile des Rechtsgeschäfts auseinander gehalten werden:

1. die Absendung des Postauftrags und seiner Anlagen an
   die Bestimmungs-Postanstalt;
2. der Auftrag zur Einziehung des Geldbetrags und
3. die Uebersendung des eingezogenen Geldes bz. die Rück-
   sendung des nicht ausführbaren Auftrags.

Die Beförderung geschieht mittels eingeschriebenen Briefes
und bietet rechtlich nichts Besonderes. Ist der Brief bei der Be-
stimmungspostanstalt eingegangen, so ist damit der Auftrag ertheilt. Der Postauftrag dient zur Legitimation des bestellenden
Boten gegenüber dem Adressaten. Wird von demselben das Geld
gezahlt, so ist die eingezogene Summe an den Absender zu
senden. Hier liegt das Rechtsverhältniss so, dass der Adressat
einen Anspruch auf Aushändigung hat. Wird die Zahlung der
Summe verweigert, so ist, falls der Absender nichts Anderes bestimmt hat, der Postauftrag mit den Anlagen mittels eingeschriebenen Briefes zurückzusenden. Geht eine Postauftragssendung auf

dem Hin- oder Rückwege verloren, so wird dem Absender — den Fall höherer Gewalt ausgenommen — eine Entschädigung von 50 Franken, unter den durch den Weltpostvertrag festgesetzten Bedingungen, gewährt; für eine Beschädigung eines Postauftrags, beispielsweise für abhanden gekommene Anlagen, wird Ersatz nicht geleistet. Eben so wenig findet eine Ersatzleistung statt für Schaden, welcher aus einer nicht rechtzeitig erfolgten Vorzeigung oder aus einer Verzögerung in der Versendung des Postauftrags oder in der Uebermittelung der Postanweisung entsteht.

Durch die Einführung des Postauftragsdienstes haben die Postverwaltungen einem öfters geäusserten Wunsche des Handelsstandes entsprochen und eine ebenso einfache wie billige Gelegenheit zur Einziehung kleinerer Geldbeträge dargeboten, die bis dahin in der Regel mit mehr Umständen und erheblicheren Kosten verknüpft war.

Schwierigkeiten entstanden, als es sich um die nähere Feststellung der Förmlichkeiten handelte, welche bei der Ausführung des Abkommens beobachtet werden sollten. Die italienische Postverwaltung ging nämlich bei Aufstellung der Förmlichkeiten, deren Erfüllung sie zur Ausführung des internationalen Postauftragsdienstes nach den Vorschriften der italienischen Handelsgesetzgebung für erforderlich erachtete, von der Auffassung aus, dass die die Einziehung der Gelder vermittelnden Postanstalten in ein handels- bz. wechselrechtliches Verhältniss treten, während der Postauftragsdienst, wie er sich im innern Dienst der einzelnen Länder und in den Beziehungen dieser Länder unter einander bisher entwickelt hatte, überall auf der Voraussetzung beruhte, dass die Postanstalten bei der Einziehung der Gelder nur die Dienste eines Boten versehen, dagegen frei bleiben sollten von handels- und wechselrechtlichen Geschäften und Verpflichtungen. Für die am Lissabonner Uebereinkommen theilnehmenden Postverwaltungen musste es von grosser Wichtigkeit sein, diesen Standpunkt nicht zu verlassen, denn das Verfahren musste sehr verwickelt werden, sobald ein Indossament der den Postaufträgen beigefügten Werthtitel auf die mit der Einziehung der Gelder beauftragten Postanstalten eingeführt würde. Es hätten hierbei die vielfach von einander abweichenden Vorschriften des Handels- und Wechselrechts der verschiedenen Länder allen Postanstalten zur

Beachtung mitgetheilt werden müssen. Die Anwendung der Vorschriften wäre schon wegen deren grosser Mannigfaltigkeit und Verschiedenartigkeit schwierig gewesen. Ausserdem hätten aber die Einlieferungs-Postanstalten nicht einmal für die Erfüllung der Vorschriften einstehen können, da die Postaufträge nach den Bestimmungen des Uebereinkommens in verschlossenen Briefen unmittelbar an die einziehenden Postanstalten eingeliefert werden sollten. Durch das Indossament wäre ferner den einziehenden Postanstalten eine grosse Verantwortlichkeit für die Beobachtung der handels- und wechselrechtlichen Bestimmungen auferlegt worden, welche um so bedenklicher erscheinen musste, je weniger Handels- und Wechselrecht eigentlich in die Dienstgeschäfte der Postanstalten fallen. Die deutsche Postverwaltung hatte es deshalb von Anfang an als sehr wesentlich erachtet, ihre Postanstalten im Postauftragsdienste von allen handels- und wechselrechtlichen Verpflichtungen frei zu halten, und sie trug demgemäss auch jetzt Bedenken, die deutschen Postanstalten mit derartigen Obliegenheiten zu befassen. Sie vertrat in einem an das internationale Büreau gerichteten Schreiben die Ansicht, dass ein einheitliches internationales Postauftragsverfahren sich kaum aufrecht erhalten liesse, wenn es in seinen Formen allen Besonderheiten der Handelsgesetzgebung der verschiedenen Länder angepasst werden sollte. Dafür dürfte übrigens eine Nothwendigkeit keineswegs vorliegen, da das Lissabonner Abkommen für das Publikum einfach gewisse Bedingungen feststelle, unter welchen die Postverwaltungen die Einziehung von Geldern für Werthtitel übernehmen. Dem Publikum bleibe überlassen, von diesen Bedingungen Gebrauch zu machen oder nicht. Wenn die italienische Postverwaltung anführe, dass ein Schuldner die Zahlung für ein Postauftragspapier der Postanstalt mangels eines rechtsgültigen Indossaments auf letztere verweigern könne, weil der materielle Besitz des Papiers nicht das Recht beweise, den Geldbetrag zu erheben und Quittung darüber zu ertheilen, so müsse die deutsche Postverwaltung, ohne die Richtigkeit dieser Auffassung zu prüfen, doch darauf aufmerksam machen, dass der Schuldner, wenn er überhaupt Zahlung leisten wolle, dies auch ohne das Indossament könne und thun werde. Dadurch, dass dem Schuldner das betreffende Papier gegen Zahlung des Betrags seitens der Postanstalt im geordneten Dienstwege ausgehändigt werde, sei er durch den Besitz des Papiers, wie durch die Berufung auf die der Postanstalt geleistete Zahlung gegen weitere Ansprüche gedeckt. Einer Quittungsleistung seitens der Postanstalt werde es kaum bedürfen, denn solche werde in Deutschland nicht geleistet, doch sei dies eine Angelegenheit, welche von den einzelnen Postverwaltungen zu regeln wäre. Die Postanstalten ihrerseits besitzen in dem von dem Auftraggeber vollzogenen Verzeichniss (bordereau) der einzuziehenden Werthtitel das Mittel, sich über ihre Berechtigung zur Einziehung der Gelder, sei es dem Schuldner, sei es den späteren Ansprüchen des Gläubigers gegenüber, auszuweisen.

Der Grundsatz, die Postanstalten im Postauftragsdienste lediglich mit der Verrichtung eines einkassirenden Boten zu befassen, dagegen nicht in ein handels- und wechselrechtliches Verhältniss zu dem Schuldner bz. Gläubiger treten zu lassen, hatte sich in Deutschland bei jahrelanger Ausübung nach jeder Richtung bewährt. Auch in dem mit einer Anzahl anderer Länder eingerichteten Postauftragsdienst war bisher ausnahmlos nach demselben Grundsatze mit gleich gutem Erfolge verfahren worden. Keines dieser Länder hatte die Beobachtung ähnlicher Förmlichkeiten, wie die italienische Postverwaltung sie in Aussicht genommen, für nothwendig erachtet, insbesondere war dies nicht von Frankreich und den anderen Ländern geschehen, deren Handelsgesetzgebung, ebenso wie die des Königreichs Italien, auf dem französischen Code beruht. [1]

Unter Berufung auf diese Thatsachen bezeichnete die deutsche Postverwaltung es als dringend wünschenswerth, dass die italienische Postverwaltung von den beabsichtigten besonderen Förmlichkeiten Abstand nehme. Im Falle dies geschehe, dürfe sich auch die von der italienischen Verwaltung gestellte Frage der Entrichtung der Stempelgebühren von selbst erledigen. Wenn die Postanstalten nicht selbst handels- und wechselrechtliche In-

---

[1] In der am 3. Oktober 1885 abgehaltenen Schlusssitzung des Kongresses für Handelsrecht in Antwerpen theilte der Staatsminister Pirmez mit, dass die Abtheilung für Wechselrecht u. a. folgenden Beschluss gefasst habe: »Es ist zu wünschen, dass die Einziehung der Wechsel durch die Postverwaltung, welche in einigen Ländern sich ausserordentlich bewährt hat, auch im internationalen Verkehr verallgemeinert werde.«

haber der Werthtitel werden, brauchen sie auch keine Verantwortlichkeit für die Entrichtung der Stempelgebühren zu übernehmen, unbeschadet der ihnen etwa zu übertragenden Mitwirkung
zur Ueberwachung der Stempelverwendung innerhalb der durch
den Dienst gezogenen Grenzen.

Auf Grund dieser eingehend begründeten Ausführung der
deutschen Postverwaltung wurde der Versuch der italienischen
Verwaltung, den ganzen Apparat der handels- und wechselrechtlichen Gesetzgebung auf den Postauftragsdienst anzuwenden, abgelehnt.

Ausser dem Postauftrags-Uebereinkommen, welches die grössten Verwaltungen unterzeichneten, wurde auf dem Lissabonner
Kongresse noch ein Abkommen getroffen, welches eine Vereinfachung der bei der Aushändigung von Postsendungen zu beob-
achtenden Förmlichkeiten bezweckte. An diesem Abkommen nahm
nur eine geringe Anzahl meist kleiner Verwaltungen theil. [1]

Es ist bekannt, mit welcher Genauigkeit die Post bei der
Feststellung der Identität der Personen vorgeht, an welche Postsendungen, namentlich solche, für welche sie Garantie leistet, an
anderer Stelle als in der Wohnung ausgehändigt werden sollen.
In solchem Falle muss ein amtliches Beweisstück beigebracht
werden, welches für die Postanstalt bz. den aushändigenden Beamten jeden Zweifel über die Person des Empfängers ausschliesst.
Da jedoch nicht jedermann derartige Papiere stets bei sich führt,
so ist es besonders für Reisende, welche keinen Legitimations-
schein besitzen, oft mit grossen Schwierigkeiten und Weitläufig-
keiten verbunden, in den Besitz der für sie bei einer Postanstalt
vorliegenden Werthsendungen, Postanweisungen oder Packete zu
gelangen.

Um derartige Schwierigkeiten thunlichst zu beseitigen, vereinbarten zwölf Postverwaltungen die Einführung von Identitätsbüchern.
Die hauptsächlichsten Bestimmungen dieses Uebereinkommens sind
folgende.

Abgesehen von den sonstigen Beweisstücken, welche nach
den reglementarischen oder gesetzlichen Vorschriften der einzelnen

---

[1] Argentinien, Bulgarien, Egypten, Italien, Luxemburg, Mexico,
Paraguay, Portugal, Rumänien, die Schweiz, Uruguay und Venezuela.

Länder zum Nachweise der Identität der empfangsberechtigten Person erforderlich sind, kann das Publikum sich auch sogenannter Identitätsbücher bedienen, welche auf Antrag verabfolgt werden. Die Bücher, für welche ein einheitliches Muster vorgeschrieben ist, haben einen grünen Umschlag und bestehen aus einem Blatte, welches die persönlichen Angaben des Inhabers trägt, sowie aus fünf Quittungsblättern. Der Umschlag trägt auf der Vorderseite die Worte

WELTPOSTVEREIN

IDENTITÄTSBUCH

Nummer....

Auf der Rückseite des Umschlags ist die mit der Unterschrift des Inhabers versehene Photographie befestigt. Das die persönlichen Notizen des Inhabers enthaltende Blatt trägt auf der Vorderseite die von einem Postbeamten ausgestellte Bescheinigung, dass die unter dem Wortlaut derselben, sowie unter der Photographie befindliche Unterschrift eigenhändig von dem nach Vor- und Zunamen, Alter, Stand und Wohnung zu bezeichnenden Inhaber, dessen Identität gehörig festgestellt worden ist, herrührt. Die Rückseite des Blattes enthält das Signalement des Inhabers. Sendungen, für welche die Post nicht haftet, werden gegen Vorzeigung des Buches verabfolgt, ebenso Packete; Sendungen gegen Empfangschein und Postanweisungsbeträge werden nur gegen Abgabe einer dem Buche entnommenen, gehörig vollzogenen Quittung, bei welcher der Namenszug mit der Unterschrift der Bescheinigung genau übereinstimmen muss, verabfolgt. Die Postverwaltungen sind jeder Verantwortlichkeit überhoben, wenn die Aushändigung des Postanweisungsbetrags bz. der Werthsendung gegen eine dem Identitätsbuche entnommene und vom Inhaber vollzogene Quittung stattgefunden hat.

Ausser den zum Weltpostverein gehörenden Staaten hatten auch die australischen Kolonien, sowie Bolivien und Siam Bevollmächtigte zum Lissabonner Kongresse gesandt. Während die beiden letzten Staaten den Weltpostvertrag unterzeichneten, scheiterte der Versuch, die australischen Kolonien in den Weltpostverein aufzunehmen. Mit dem Beitritt derselben hatte sich die zur Revi-

8

sion des Hauptvertrags eingesetzte Kommission gleich in ihrer ersten Sitzung zu beschäftigen. Der englische Delegirte Blackwood führte dabei aus, die Hauptbedingungen für den Beitritt der Kolonien seien,

1. dass jeder einzelnen der 5 Kolonien 1 Stimme zugestanden würde, und

2. dass die zur Zeit bestehenden Seetransittaxen aufrecht erhalten bleiben.

Bei allem guten Willen, die australischen Kolonien für den Weltpostverein zu gewinnen, bekämpfte die Mehrzahl der Delegirten diesen Vorschlag mit der Begründung, dass man auf dem Pariser Kongresse bereits Britisch-Indien und Canada je eine Stimme bewilligt habe, und dass, wenn jetzt noch die 5 australischen Kolonien je eine Stimme erhielten, England einen Einfluss erlangen würde, welcher das Gleichgewicht des Weltpostvereins leicht in unliebsamer Weise stören könnte.

Nachdem die Kommission vergeblich eine für beide Theile annehmbare Lösung versucht hatte, wurde zur Untersuchung der Angelegenheit eine besondere Subkommission eingesetzt, welche aus den Delegirten von Deutschland, Oesterreich, Ungarn, Frankreich, den französischen Kolonien, den Vereinigten Staaten, Grossbritannien, Italien und Russland bestand. Auch die Subkommission erkannte die kommerzielle, territoriale und politische Bedeutung der australischen Kolonien, welche der englische Delegirte Forman in seiner Rede zur Begründung der englischen Forderung von Neuem hervorhob, sehr wohl an, aber sie bewilligte diese Forderung nicht. Die erste Frage: „Soll jeder australischen Kolonie eine Stimme im Weltpostverein zugestanden werden?" wurde mit 6 gegen eine Stimme verneint, während das Zugeständniss von einer Stimme an die Gesammtheit der Kolonien mit derselben Stimmenmehrheit angenommen wurde.

Der vierte und letzte Postkongress tagte während der Zeit vom 20. Mai bis 4. Juli 1891 in Wien. Die Aufgabe desselben war die Kodifikation des gesammten Materials, welches auf den Kongressen von Bern, Paris und Lissabon verarbeitet worden war. Die von der österreichischen Verwaltung beantragte Vereinigung des Hauptvertrags und der Nebenabkommen zu einem einzigen Grundvertrage wurde nicht angenommen, dagegen wurden die drei grossen Grundsätze des billigen Einheitsportos, der allgemeinen Transit- und Verkehrsfreiheit und der grösstmöglichen Vereinfachung des Mechanismus, sowie der Betriebs- und Rechnungsform durch eine Reihe von Verbesserungen der Bestimmungen des Hauptvertrags und der Nebenabkommen durchgeführt. In dieser Hinsicht sind folgende Abänderungen hervorzuheben.

Im Vereinsverkehr wurden unfrankirte Postkarten zur Beförderung zugelassen,[1] die Versendungsbedingungen für die Drucksachen vereinfacht, Nachnahmen auf Einschreibbriefen bis zum Betrage von 500 Franken gestattet, geschlossene Marinebriefposten im Austausch zwischen dem Heimathlande und den in fremden Gewässern weilenden Geschwadern oder einzelnen Kriegsschiffen eingeführt, und gemeinsame Massregeln zum Schutze der Vereinsverwaltungen gegen betrügerische Verwendung von gefälschten oder schon gebrauchten Postwerthzeichen vereinbart.

Das Uebereinkommen über den Austausch von Geldbriefen wurde dahin erweitert, dass auch kleine Kästchen mit Schmucksachen oder sonstigen kostbaren Gegenständen zugelassen sind.

Hinsichtlich des Postanweisungsverkehrs sind die Bestimmungen des Hauptvertrags über die Zurücknahme, die Adressänderung und die Eilbestellung von Briefen auch auf die Postanweisungen ausgedehnt worden. Ferner wurde die Einführung telegraphischer Postanweisungen für den Verkehr zwischen denjenigen am Postanweisungs-Uebereinkommen theilnehmenden Ländern verbindlich gemacht, welche durch Staatstelegraphen mit einander verbunden sind oder die Privattelegraphen zu diesen Zwecken benutzen wollen.

Für den Austausch von Postpacketen wurde zunächst die Beschränkung der Raumgrösse derjenigen Packete aufgehoben,

---

[1] Den Werth der Zulassung unfrankirter Postkarten zur Beförderung wird man ermessen können, wenn man bedenkt, dass noch zu Anfang der 80er Jahre innerhalb des deutschen Reiches jährlich Hunderttausende von Postkarten lautlos zum Orkus hinabstiegen, weil sie nicht mit dem richtigen Werthzeichen — deutschen bz. bayerischen oder württembergischen — versehen waren und somit als unanbringlich behandelt wurden, wenn sie dem Absender nicht zurückgegeben werden konnten. Erst dem Eingreifen des Fürsten Bismarck war es zu danken, dass dieses innerhalb des deutschen Reiches bestehende Verhältniss, welches naturgemäss grosse wirthschaftliche Nachtheile zur Folge haben musste, geändert wurde.

welche nicht mit Seeverbindungen befördert werden ; weiter wurde
die Nachnahmegebühr von 2 auf 1 Prozent des Nachnahmebetrags ermässigt und die Zulassung der Eilbestellung von Postpacketen gegen Vorausbezahlung einer besondern Gebühr von 50
Centimen beschlossen.

Unter den Berathungsgegenständen, welche den Wiener
Kongress beschäftigten, hatten zwei Vorschläge hervorragende
Bedeutung, nämlich :

1. die Gründung einer Central-Rechnungs- und Ausgleichungsstelle bei dem internationalen Büreau des Weltpostvereins für
die Abrechnungen der Vereinsverwaltungen über den Postanweisungsverkehr und die Transitentschädigungen, — eines clearing
house —

2. die Einführung eines internationalen Postzeitungsdienstes.
Der von der deutschen Postverwaltung vorgelegte Entwurf,[1] betreffend die Einrichtung einer Centralrechnungs- und Ausgleichungsstelle für die Abrechnungen zwischen den Vereinsverwaltungen
wurde als Artikel 36 in die Ausführungsübereinkunft zum Weltpostvertrage übernommen. Neu war diese Idee nicht, denn das
internationale Büreau hatte bereits im November 1876 in der
von ihm herausgegebenen Zeitschrift „Union postale" einen bezüglichen Entwurf unter dem Titel „Projet concernant la cré-
ation d'un office central de comptabilité destiné à opérer la ba-
lance et la liquidation des décomptes entre toutes les administrations
de l'Union générale des Postes" veröffentlicht. Der Entwurf war
den Vereinsverwaltungen mittels Rundschreibens unterbreitet
worden, hatte aber einen positiven Erfolg nicht gehabt.

Der Geschäftsgang bei der Centralrechnungs- und Ausgleichungsstelle ist folgendermassen geregelt. Nach Prüfung und Feststellung der Rechnungen übersenden die Verwaltungen sich gegen-
seitig ein auf Franken und Centimen lautendes Anerkenntniss
ihrer Schuld, in welchem Gegenstand, Zeitabschnitt und Ergebniss
der Abrechnung bezeichnet sind. Jede Verwaltung übersendet dem
internationalen Büreau, mit welchem die Centralstelle verbunden
ist, bis zum 19. jedes Monats eine Nachweisung, welche ihr

---

[1] Documents du c. p. de Vienne S. 331

Guthaben auf Grund der besonderen Abrechnungen, sowie den
Gesammtbetrag ihrer Forderung gegenüber jeder betheiligten Verwaltung angiebt; jede in der Nachweisung aufgeführte Forderung
muss durch ein Anerkenntniss der schuldenden Verwaltung be-
legt sein. Das internationale Büreau prüft die Richtigkeit der
Nachweisungen, überträgt die Schuld jeder Verwaltung gegenüber
einer anderen in eine Zusammenstellung und vereinigt alsdann
die Nachweisungen und Zusammenstellungen in eine Hauptgegen-
überstellung, welche angiebt:

a) die Gesammtschuld und Gesammtforderung jeder Verwaltung;

b) die aus dem Unterschied zwischen der Gesammtschuld
   oder Gesammtforderung sich ergebende Schuld- oder For-
   derungssumme einer jeden Verwaltung;

c) die Beträge, welche von einem Theil der Vereinsmitglieder
   an eine Verwaltung zu zahlen sind, oder welche diese
   letztere an den andern Theil zu entrichten hat.

Die dem internationalen Büreau mit den Nachweisungen
übersandten Anerkenntnisse werden nach Verwaltungen geordnet.
Sie dienen als Grundlage für die Aufstellung der Abwickelungs-
Uebersicht mit jeder der betheiligten Verwaltungen. In diese Abwickelungs-Uebersicht sind aufzunehmen:

a) die aus den Einzelabrechnungen über die verschiedenen
   Dienstzweige herrührenden Summen;

b) der Gesammtbetrag der aus allen Einzelabrechnungen
   gegenüber jeder der betheiligten Verwaltungen sich ergebenden Summen;

c) die Gesammtbeträge der allen Verwaltungen, welche Forderung haben, für jeden Dienstzweig geschuldeten Summen,
   sowie der Gesammtbetrag dieser Schuldsummen.

Dieser Gesammtschuldbetrag muss mit dem Gesammtbetrage
der Schuld, welcher in der Zusammenstellung erscheint, übereinstimmen. Unter der Abwickelungs-Uebersicht wird die Gesammtschuld dem Gesammtguthaben gegenübergestellt, welches sich aus
den dem internationalen Büreau von den Verwaltungen zuge-
sandten Nachweisungen ergiebt. Die Abwickelungs-Uebersicht bezeichnet schliesslich die Verwaltungen, zu Gunsten deren die
Zahlung durch die schuldende Verwaltung bewirkt werden muss.

Die Einrichtung der Centralabrechnungsstelle hat für die Verwaltungen den Vortheil, dass sie bei Abwickelung ihrer internationalen Abrechnungen es nur mit einem einzigen Schuldner oder Gläubiger, in seltenen Fällen mit mehreren, zu thun haben, dass die Ersetzung der zahlreichen besonderen Abrechnungen durch einen einzigen Rechnungsabschluss die zur Ausgleichung der Rechnungen nothwendigen Summen wesentlich ermässigt, und dass zugleich die durch diese Geschäfte entstehenden Wechsel- und anderen Kosten verringert werden.

Was das Zeitungs-Uebereinkommen anlangt, so hatten die Verwaltungen von Deutschland, Oesterreich-Ungarn und Portugal bereits auf dem Lissabonner Kongresse bezügliche Entwürfe [1] vorgelegt, welche auf der Voraussetzung des unentgeltlichen Transits der Zeitungen beruhten. Der Kongress hatte jedoch, da über die in ihren wesentlichsten Punkten vielfach von einander abweichenden Vorschläge eine Einigung nicht möglich war, die Angelegenheit dem internationalen Büreau zur Prüfung überwiesen. In der Zwischenzeit hatte die belgische Verwaltung ein viertes Projekt ausgearbeitet, welches eine Vermittelung zwischen den drei anderen schaffen wollte. Die Verhandlungen, welche von dem internationalen Büreau in der Angelegenheit gepflogen wurden, führten, nachdem der unentgeltliche Transit der Zeitungen durch die Mehrzahl der Verwaltungen abgelehnt worden war, zu einer Konferenz von Delegirten Deutschlands, Oesterreichs, Portugals und Belgiens, welche einen gemeinsamen, dem Wiener Kongresse zu unterbreitenden Vorschlag ausarbeiten sollte. Diese Konferenz fand in den Tagen vom 16. Juni bis 1. Juli 1890 in Brüssel statt. Der hier fertiggestellte Entwurf gelangte auf dem Wiener Kongresse mit wenigen Aenderungen zur Annahme. Die hauptsächlichsten Bestimmungen des Abkommens [2] sind folgende.

Der internationale Zeitungsdienst wird durch Auswechselungspostanstalten, welche jede Verwaltung für sich bezeichnet, vermittelt. Der Bezugspreis ist bei der Bestellung für die ganze

---

[1] Documents du c. p. de Lisbonne Bd. I S. 387, 413 und 421.
[2] Das Abkommen wurde unterzeichnet von Belgien, Brasilien, Bulgarien, Columbien. Dänemark, Deutschland, Egypten, Liberia, Luxemburg, Norwegen, Persien, Portugal, den portugiesischen Kolonien, Rumänien, Schweden, der Schweiz, der Türkei und Uruguay.

Bezugszeit zu entrichten. Die Bestellung hat sich auf die in den amtlichen Zeitungspreislisten festgesetzten Zeitabschnitte zu erstrecken. Die Postverwaltung des Bestimmungslandes setzt den vom Bezieher zu entrichtenden Preis fest, indem sie zu dem Einkaufspreise der Zeitung diejenige Taxe, Vermittelungs- oder Bestellgebühr hinzufügt, welche sie zu erheben beabsichtigt.

Da der internationale Zeitungsbezug bisher theils in losem, theils in engerem Zusammenhange mit den sonstigen postalischen Beziehungen der einzelnen Länder erfolgte und in vielen Ländern dem Privathandel überlassen war, welcher aus dem Zeitungsverkehr einen erheblichen Gewinn zog, so muss in der nun ermöglichten Vermittelung der Post für den Bezug von Zeitungen ein bedeutender Fortschritt erkannt werden.

Der Wiener Kongress nahm auch zu der Frage der Bestra·fung von Portodefraudationen, welche durch Verwendung gefälschter oder durch Wiederverwendung bereits entwertheter Freimarken verübt werden, Stellung. Bis zum Jahre 1891 gab es nur in wenigen Staaten des Weltpostvereins eine strafrechtliche Verfolgung derartiger Vergehen. Im inneren Verkehr der Vereinsländer gab es wohl hier und da Bestimmungen über die Bestrafung der Defraudationen an und für sich und mithin auch über die Behandlung der mit gefälschten oder bereits entwertheten Freimarken frankirten Sendungen; eine strafrechtliche Verfolgung der Fälschung bz. der Vertilgung des Entwerthungsstempels auf den Marken gab es indess fast nirgends. Das deutsche Postgesetz bedrohte im § 27 Abs. 3 die Verwendung entwertheter Freimarken mit Geldstrafe von mindestens einem Thaler und verwies wegen der Bestrafung der etwaigen Vertilgung des Entwerthungszeichens auf die Bestimmungen des Reichsstrafgesetzbuches; aber in dem § 276 dieses Gesetzes, welcher die wissentliche Wiederbenutzung bereits verwendeter Stempelmarken mit Strafe bedroht, waren in Folge eines Redaktionsfehlers die Postfreimarken vergessen worden. [1]

Im internationalen Verkehr musste von jeglicher Verfolgung der Defraudationen abgesehen werden, sofern der Absender auf der Sendung selbst nicht angegeben war, denn dieselbe durfte in

---

[1] Diese Lücke ist durch das Gesetz vom 13. Mai 1891 ausgefüllt worden.

der Beförderung nicht aufgehalten werden, und an Bestimmungen
über die Erfragung des Absenders beim Empfänger und nach-
trägliche Verfolgung der Angelegenheit fehlte es gänzlich.

Durch diese Missstände veranlasst, nahm die französische
Postverwaltung in den von ihr für den Pariser Kongress ausgearbeiteten Vertragsentwurf eine Bestimmung auf, wonach Sendungen, zu deren Frankirung anscheinend falsche oder schon
entwerthete Freimarken verwendet waren, falls die innere Gesetzgebung des Aufgabegebiets nicht die sofortige Zurückhaltung der
Sendungen forderte, unter Umschlag an die Bestimmungs-Postanstalt gesandt werden sollten; daselbst sollte dem Empfänger
die Sendung nur ausgehändigt werden, wenn er den Absender
namhaft machte; schliesslich sollte ein über die Aushändigung
der Sendung aufgenommenes Protokoll an die Postverwaltung des
Ursprungslandes zur strafrechtlichen Verfolgung der Sache übersandt werden.

Dieser Antrag wurde wegen der Verschiedenheit der Gesetzgebung bz. des Fehlens von Strafbestimmungen abgelehnt. In
Lissabon wurde die Frage vom argentinischen Delegirten wieder
aufgeworfen, ohne jedoch eine vollständige Lösung zu finden.
Der Kongress begnügte sich, den Wunsch auszusprechen, dass
jede Verwaltung die nöthigen Schritte thun möchte, um die betrügerische Verwendung falscher oder entwertheter Freimarken
unter Strafe zu stellen.

Auf dem Wiener Kongresse gelang es, diesen Wunsch in
eine verbindliche Vertragsbestimmung umzuwandeln. Im Artikel 18
des neuen Weltpostvertrags verpflichteten sich die vertragschliessenden Theile, „die nothwendigen Massregeln zu ergreifen oder
solche den gesetzgebenden Gewalten vorzuschlagen, um die betrügerische Verwendung von gefälschten oder schon gebrauchten
Postwerthzeichen zur Frankirung von Postsendungen strafrechtlich
zu ahnden." Zugleich verpflichteten sie sich, „die nothwendigen
Massregeln zu treffen oder solche ihren gesetzgebenden Gewalten
in Vorschlag zu bringen, um alle betrügerischen Handlungen zur
Herstellung, zum Verkaufe, zum Vertriebe oder zur Verbreitung
postdienstlicher Vignetten und Postwerthzeichen, welche gefälscht
oder derart nachgemacht sind, dass sie mit den von der Verwaltung eines der vertragschliessenden Länder ausgegebenen Vignet-

ten und Postwerthzeichen verwechselt werden können, zu verhindern."

Was die räumliche Ausdehnung des Weltpostvereins anlangt, so ist das wichtigste Ergebniss des Wiener Kongresses der Beitritt der englischen Kolonien in Australien. Nachdem besonders die deutsche Postverwaltung seit dem Jahre 1878 für den Beitritt Australiens eifrig bemüht gewesen war, konnte endlich nach langjährigen Verhandlungen auch diese Angelegenheit zum Abschluss kommen, der fünfte und letzte Welttheil in das Band der postalischen Einheit eingegliedert werden, und somit die Weltpost räumlich vollenden, was sie in Bern begonnen hatte. Zur Untersuchung der Angelegenheit wurde vom Wiener Kongresse wiederum eine Subkommission eingesetzt, und zwar wurde dieselbe aus den nämlichen Delegationen gebildet, wie in Lissabon; zum Vorsitzenden wurde der Staatssecretair von Stephan gewählt. Im Namen der australischen Kolonien führte der englische Delegirte Forman aus, wie der australische Postverkehr in den letzten zehn Jahren eine beständige Steigerung erkennen lasse, und wie mit Rücksicht auf den lebhaften Verkehr mit dem Auslande, namentlich mit Europa, die Kolonien den lebhaften Wunsch hätten, dem Weltpostverein beizutreten. Da jede Kolonie eine selbständige Regierung, ein besonderes Parlament und Budget habe, und die Interessen der einzelnen Kolonien wesentlich auseinandergehen, müsse eigentlich jede derselben eine Stimme beanspruchen; um jedoch Entgegenkommen zu beweisen und die Zustimmung der Vereinsländer zu erlangen, habe man die Forderung auf zwei Stimmen ermässigt; eine für Westaustralien, Südaustralien, Victoria und Tasmania, die andere für Neusüdwales, Queensland, Neuseeland, Neu-Guinea und die Fidschiinseln. Italien, Frankreich und Russland lehnten diese Forderung ab; auch die deutsche Delegation sprach sich dagegen aus, indem sie gleichzeitig darauf hinwies, dass auch Deutschland, welches ebenfalls mehrere völlig selbständige Postverwaltungen habe, nur eine Stimme besitze.

Schliesslich liessen die Kolonien ihre Forderung fallen, und die Subkommission fasste folgende Resolution:

„Die Subkommission hat mit einmüthiger Genugthuung von der Erklärung der Delegirten Australiens Kenntniss genommen, dass die Kolonien — vorbehaltlich der Ratifikation seitens der

zuständigen Regierungen — bereit sind, vom 1. Oktober 1891 ab
mit einer Stimme in den Weltpostverein einzutreten, und schlägt
der ersten Kommission vor, dem Kongresse die Genehmigung des
Beitritts der australischen Kolonien zum Weltpostverein anzuempfehlen. Hierbei ist vorausgesetzt, dass die gegenwärtigen Seetransitsätze bis zum nächsten Kongresse bestehen bleiben."

Als der Präsident des Kongresses, der österreichische General-
direktor v. Obentraut in der Plenarsitzung vom 25. Mai die Er-
klärung der australischen Delegirten über den bevorstehenden
Eintritt der Kolonien in den Weltpostverein verlas, wurde diese
Mittheilung vom ganzen Kongresse mit lebhafter Freude begrüsst.
Nachdem verschiedene Delegirte ihrer Freude Ausdruck verliehen
hatten, erwiderte der Senior der australischen Delegirten u. a.
Folgendes:

„Wir sehen in dem Anschlusse unserer Kolonien ein his-
torisch wichtiges Ereigniss. Fürwahr, es ist ein glücklicher Tag,
an welchem diese jungen Staaten mit den grössten Nationen der
Erde zu einem einheitlichen Postwesen sich verbinden, zu einer
Verkehrsorganisation, welche dazu ausersehen ist, die gemeinsamen
kommerziellen, politischen, ethischen und socialen Interessen des
ganzen Universums zu pflegen und zu erweitern."

Ausserhalb des Weltpostvereins standen nach dem am 1. Oktober 1891 erfolgten Beitritt Australiens nur noch die südafrikanische Republik, das Kapland und der Oranjefreistaat. Das erst-
genannte Land ist in der Zwischenzeit, am 1. Januar 1893, das
Kapland am 1. Januar 1895 in den Verein aufgenommen worden.
Mögen auch die Schwierigkeiten, welche dem Beitritt des Oranje-
freistaates noch entgegenstehen, in nicht zu ferner Zeit beseitigt
werden, damit das Band postalischer Einheit den ganzen Erdball
umschlinge !

VII. KAPITEL.

Durohführung der Einheitliohkeit im Weltpostverein und Rückwirkung der Vertragsbestimmungen auf die Postgesetzgebung der Vereinstaaten. Stellung der einzelnen Staaten zur Frage des Weltpostvereins.

Die im Weltpostverein bisher ganz oder theilweise durchgeführte Einheitlichkeit der Bestimmungen umfasst

1. das Tarifwesen,
2. die Freiheit des Transits,
3. die Festsetzung der Entschädigung für Transitleistungen,
4. das Abrechnungswesen,
5. die Haftpflicht,
6. die Frage des Eigenthümers von Postsendungen,
7. das Verfahren bei Portodefraudationen,
8. die Ausübung des Postregals auf Postschiffen und
9. die Farbe der Briefmarken.

Das Tarifwesen, die Freiheit des Transits, die Festsetzung der Entschädigung für Transitleistungen und das Abrechnungswesen sind die Grundpfeiler, auf welchen das Gebäude des Weltpostvereins aufgebaut ist; die ganze Geschichte des letzteren ist, soweit die Zeit bis zum Abschlusse des Pariser Vertrags in Betracht kommt, im Wesentlichen nur die Geschichte der Kämpfe um die Durchführung dieser Principien. An dieser Stelle erübrigt daher nur, bereits Gesagtes in kurzen Zügen zu wiederholen.

Im Tarifwesen finden wir vor der Gründung des Weltpostvereins ein Auseinandergehen der Taxen, der Gewichts-Systeme und Abstufungen, wie es bunter nicht gedacht werden kann. Von Deutschland aus nach den Ländern, welche dem Wiener Vertrage beitraten, gab es 93 verschiedene Portosätze für die gewöhnlichen Briefe; in den 32 Ländern, welche den Pariser Vertrag unterzeichneten, belief sich die Zahl der Briefportosätze auf

1264, während in dem gegenwärtigen Gebiete des Weltpostvereins über 1500 verschiedene Portosätze in Geltung waren.
Das Einheitsporto von 25 Centimen für je 15 g ist jetzt in einem
Gebiete von annähernd 100 Millionen Quadratkilometern durchgeführt. Eine geringe Abweichung besteht zur Zeit noch darin,
dass für diejenigen Briefe, welche der Seetransitgebühr von
15 Franken unterliegen, ein Portozuschlag von 25 Centimen erhoben werden kann. In derselben Weise sind die Taxen für
Postkarten, Drucksachen und Waarenproben einheitlich geregelt.

Die Einschreibgebühr war in Bern nicht berührt worden; in
Paris wurde sie auf 25 Centimen für die europäischen und auf
50 Centimen für die aussereuropäischen Länder festgesetzt. Die
im Jahre 1878 erfolgte Fixirung war indess nur eine vorübergehende Massregel, weil man den Eigenthümlichkeiten der neu
eintretenden Staaten Rechnung trug. In Wien wurde die Einschreibgebühr allgemein auf 25 Centimen festgesetzt.

Der Transit von Briefpostsendungen durch andere Länder war
in früherer Zeit nicht nur durch hohe Taxen erschwert, sondern
es musste auch noch für die Gestattung des Transits an sich
eine besondere, hohe Entschädigung gezahlt werden. Durch den
Berner Vertrag wurde die Freiheit des Transits ausgesprochen
und, da die deutscherseits beantragte Unentgeltlichkeit mit Rücksicht auf Belgien und Frankreich nicht angenommen wurde, die
Höhe der für Land- oder Seetransit zu zahlenden Entschädigungen einheitlich festgestellt. Die Entwickelung geht dahin, die Gebühren für den Landtransit überhaupt in Wegfall zu bringen und
die verschiedenartigen Seetransittaxen durch Herabsetzung der
höchsten Sätze einander anzunähern.

Die Portotheilung, über welche man sich in früherer Zeit
überhaupt nicht oder erst nach langem Feilschen um den Werth
der gegenseitigen Leistungen zu einigen vermochte, wurde durch
den Berner Vertrag gänzlich abgeschafft; jeder Verwaltung wurde
das Porto, welches sie erhebt, ungetheilt überlassen. Der Wegfall der Portotheilung gilt natürlich nur hinsichtlich der Briefsen-
dungen, Drucksachen und Waarenproben; bezüglich der Postanweisungen, Geldbriefe und Päckereien ist auch heute noch eine
Abrechnung über das Porto nothwendig; in welcher Weise diese
Abrechnung zu erfolgen hat, ist durch die Verträge bestimmt.

Zur Vereinfachng der Abrechnungen zwischen den Vereins-staaten wurde durch den Wiener Vertrag eine „Centralrechnungs-und Ausgleichungsstelle für die Abrechnungen zwischen den Vereinsverwaltungen" geschaffen und mit dem internationalen Büreau vereinigt. Die Mitwirkung desselben wird jedoch nicht von allen Vereinsverwaltungen in Anspruch genommen, und diejenigen Verwaltungen, welche sich an dem neuen Ausgleich-ungsdienste betheiligen, thun dies nicht für alle Dienstzweige. Die Benutzung der Centralrechnungsstelle war im Anfang ziemlich schwach, stieg dann aber bald erheblich, so dass bis zum Mai 1892 fast alle grösseren Postverwaltungen, mit Ausnahme der-jenigen der Vereinigten Staaten von Amerika, sowie von Canada, Russland und Frankreich, die Mitwirkung des internationalen Büreaus nachgesucht hatten. Die letztgenannte Verwaltung ist in-zwischen noch beigetreten.

Die Haftpflicht der Post für den Verlust und die Beschädi-gung von Werthsendungen, sowie für den Verlust von Post-packeten und Postaufträgen ist gleich beim Abschluss der Abkommen einheitlich geregelt worden; dagegen ist die Ersatzleistung für verloren gegangene Einschreibsendungen bis heute noch nicht allgemein durchgeführt.

Mit Rücksicht auf die Vereinigten Staaten von Amerika, welche eine Haftpflicht für Einschreibsendungen nicht anerkennen wollten, wurde im Artikel 5 des Berner Vertrags, welcher den Ersatz für eine im internationalen Postverkehr in Verlust gerathene Einschreibsendung auf 50 fr. festgesetzt, die Klausel zugesetzt; „sofern nicht nach der innern Gesetzgebung eines Landes die Ersatzpflicht ausgeschlossen ist." Diese Bestimmung wurde von den übrigen Vereinsstaaten von Anfang an für vorübergehend angesehen, denn sie schuf in dem auf dem Grundsatze der Gleich-heit beruhenden Vertrage eine unangenehme Ausnahme. Sie musste mit der Zeit zur vollständigen Einheit des Grundsatzes der Haft-pflicht führen, denn diese konnte sich nur auf Principien von allgemeiner Verbindlichkeit gründen und nur unter der Bedingung aufrecht erhalten werden, dass jedes Land sich im Interesse des Ganzen Opfer auferlegte und auf hergebrachte Besonderheiten, welche dem allgemeinen Interesse und den leitenden Gedanken des Vereins zuwiderliefen, verzichtete.

Von dieser Anschauung durchdrungen, hatte man in dem
für den Pariser Kongress ausgearbeiteten ersten Entwurf — avant-
projet — die oben erwähnte Klausel weggelassen. Dieses Vorgehen fand aber nicht den Beifall der Vereinigten Staaten von
Amerika, welche in ihren Abänderungsvorschlägen zu dem Entwurfe ausführten, dass das Wesen der Rekommandation in den
Vereinigten Staaten grundsätzlich von dem der Länder abweiche,
welche die Haftpflicht anerkennen. In den Vereinigten Staaten
erwerbe der Absender dadurch, dass er eine Sendung rekomman-
dire, durchaus keinen Anspruch auf Ersatzleistung im Falle des
Verlustes, sondern nur einen Anspruch auf sorgfältigere Behandlung der Sendung. Die Gesetzgebung der Vereinigten Staaten
habe die Ersatzpflicht für verloren gegangene Einschreibsendungen
niemals anerkannt und werde dieselbe voraussichtlich auch niemals anerkennen.

In der betreffenden Kommissionssitzung führte die Berathung
des von der Ersatzpflicht für Einschreibsendungen handelnden
Artikels des Weltpostvertrags zu lebhaften Auseinandersetzungen.
Während ein Delegirter zutreffend ausführte, dass man die Bestimmungen der innern Gesetzgebung eines Landes unmöglich
auf den internationalen Postdienst, für welchen der Weltpostvertrag die Norm sei, übertragen könne, beharrten die Delegirten
der Vereinigten Staaten und Argentiniens auf ihrer ablehnenden
Haltung. Es blieb unter diesen Umständen, wollte man die Vereinigten Staaten nicht aus dem Verein ausscheiden lassen, kein
anderer Ausweg, als die Aufnahme folgender Klausel in den
Vertrag: „Als Uebergangsmassregel wird den Vereinigten Staaten
und der Argentinischen Republik, deren Gesetzgebung gegenwärtig dem Principe der Haftpflicht entgegensteht, gestattet, die Anwendung der vorhergehenden Bestimmung bis zu dem Tage
aufzuschieben, an welchem sie von ihren gesetzgebenden Körperschaften das Recht erhalten, sie zu unterschreiben. Bis zu diesem
Zeitpunkte sind die anderen Verwaltungen des Vereins nicht gehalten, eine Entschädigung für den auf ihrem Gebiete vorkom-
menden Verlust von Einschreibsendungen nach und aus diesen
Ländern zu leisten."

Da in der betreffenden Plenarsitzung der englische Delegirte
mittheilte, dass eine Reihe englischer Kolonien, wie Jamaika, die

Bermudas-Inseln und die Straits Settlements, nach ihrer innern Gesetzgebung die Haftpflicht für eingeschriebene Briefe ebenfalls nicht anerkennen könnten, und die Delegirten von San Salvador, Peru, Venezuela und Uruguay bezüglich ihrer Verwaltungen dasselbe aussagten, wurde die erwähnte Klausel dahin abgeändert, dass man statt der Worte „den Vereinigten Staaten und der Argentinischen Republik" den Ausdruck „den Verwaltungen der Länder ausserhalb Europas" setzte.

Der von Deutschland auf dem Lissabonner Kongresse gestellte Antrag auf Abschaffung der Ausnahme-Massregel scheiterte zwar an dem Widerstande der Vereinigten Staaten von Amerika und Argentiniens, der Kongress sprach jedoch den Wunsch aus, dass alle Verwaltungen danach streben möchten, die Verantwortlichkeit zu übernehmen. Auch auf dem Wiener Kongresse gelang es nicht, die Ausnahme-Massregel endlich aus dem Vertrage auszumerzen, obwohl Belgien, Deutschland, Frankreich und die Schweiz einen entsprechenden Antrag gestellt hatten.

Nach den gegenwärtig dem internationalen Büreau vorliegenden Erklärungen wird zur Zeit von folgenden aussereuropäischen Ländern für Einschreibsendungen Ersatz geleistet: Bolivien, Chile, Columbien, Congostaat, Costarica, dänische Kolonien, deutsche Protektorate, San Domingo, Egypten, englische Kolonien — ausser Natal —, französische Kolonien, Haïti, Hawai, Honduras, Britisch-Indien, Japan, Liberia, niederländische Kolonien, Persien, portugiesische Kolonien, San Salvador, Siam, spanische Kolonien, Tunis und Uruguay". Die Ersatzpflicht haben nicht übernommen: die englischen Kolonien von Australien — ausser Queensland —, die Vereinigten Staaten von Amerika, Argentinien, Brasilien, Ecuador, Guatemala, Canada, Mexico, Paraguay, Peru, die südafrikanische Republik und Natal. Wie aus der Zusammenstellung hervorgeht, leistet schon jetzt die Mehrzahl der überseeischen Verwaltungen für Einschreibsendungen Ersatz, und auch mehrere amerikanische Verwaltungen, welche noch auf dem Pariser Kongresse gegen das Princip der Haftpflicht waren, haben dasselbe inzwischen angenommen. Wenn auch zu erwarten steht, dass unter dem Druck des Weltpostvereins die Sonderbestimmungen in den wenigen Ländern, welche die Haftpflicht bisher noch nicht anerkannt haben, mit der Zeit verschwinden und den Vorschriften des Weltposvertrags Platz machen werden, so werden nach den bisherigen Erfahrungen die Vereinigten Staaten von Amerika hierfür nur schwer zu gewinnen sein.

Die Frage, wer Eigenthümer einer Sendung während der Postbeförderung sei, war bis zum Jahre 1885 durch die Gesetzgebung der verschiedenen Vereinsstaaten sehr verschieden geregelt. Während bis dahin in dem einen Staate der Empfänger, in dem andern der Absender, in einem dritten unter Umständen sogar der General-Postdirektor als Eigenthümer der Postsendungen galt und darüber verfügen konnte, wurde durch den Lissabonner Vertrag dem Absender das Recht zugesprochen, eine in der Beförderung befindliche Postsendung aufhalten zu lassen und nachträglich die Adresse zu ändern. Diese Bestimmung sollte jedoch nicht obligatorisch für Länder sein, deren Gesetzgebung die Ausführung dieser Vertragsvorschrift nicht zulässt.

Gegenwärtig ist dieses Verfahren in den meisten Vereinsstaaten zulässig; nur die Verwaltungen von Bolivien, Columbien, San Domingo, England, Haïti, Hawai, Honduras, Britisch-Indien, Japan, Canada, Mexico, Venezuela und den englischen Kolonien haben sich gegen den Grundsatz, dass dem Absender ein Rückforderungsrecht zustehe, ausgesprochen, während die Verwaltungen von Ecuador und Liberia dem internationalen Bureau eine bezügliche Mittheilung bis heute nicht haben zukommen lassen.

In der Frage der Portodefraudationen, welche durch den Wiener Kongress geregelt wurde, sind gegenwärtig zwei Punkte zu unterscheiden:

1. ob die Vereinsverwaltungen die Bestimmungen des oben angeführten Artikels 18 des Weltpostvertrags bereits zur Ausführung gebracht, d. h. Bestimmungen über die Bestrafung der Portodefraudationen in ihren Strafkodex aufgenommen haben,

2. ob die Gesetzgebung der Vereinsstaaten die Ausführung der Bestimmungen, welche Artikel 31 des zum Weltpostvertrag erlassenen Reglements über das bei der Feststellung von Defraudationen zu beobachtende Verfahren trifft, zulässt.

Was die erste Frage anlangt, so muss die grosse Bereitwilligkeit anerkannt werden, mit welcher der grösste Theil der

Vereinsstaaten der vertragsmässigen Verpflichtung bereits nachge-
kommen ist,[1] während ein anderer Theil[2] hierauf bezügliche Ge-
setzentwürfe bei den gesetzgebenden Körperschaften eingebracht hat.

Hinsichtlich der zweiten Frage haben sich die meisten Verwaltungen für die Zulässigkeit der Ausführung der erwähnten
Bestimmung ausgesprochen. Nur die russische Gesetzgebung gestattet die Ausführung nicht, während in einer Anzahl meist
kleinerer Staaten[3] die Angelegenheit noch nicht geregelt worden ist.

Die Ausübung des Postregals auf den Postschiffen ist durch
den Artikel 11 des Weltpostvertrags geregelt worden. Hiernach
können die auf offenem Meere durch den Schiffsbriefkasten oder
bei den Schiffsführern aufgelieferten Korrespondenzgegenstände
nach dem Tarife und mit den Postwerthzeichen desjenigen Landes
frankirt werden, welchem das Schiff gehört, oder dessen Flagge
es führt. Dagegen muss die Frankirung der am Anfangs- oder
Endpunkte der Fahrt oder in einem der Zwischenhäfen eingelieferten Korrespondenzgegenstände nach dem Tarife und durch die
Postwerthzeichen desjenigen Landes bewirkt werden, in dessen
Gewässern sich das Schiff befindet.

---

[1] Deutschland, Deutsche Protektorate, Vereinigte Staaten von
Amerika, Westaustralien, Südaustralien, Queensland, Neuseeland,
Belgien, Bolivien, Bosnien und Herzegowina, Bulgarien, Columbien,
Congostaat, Costarica, Dänemark, San Domingo, Egypten, Frankreich,
französische Kolonien, England, englische Kolonien — mit Ausnahme
von Nordborneo und Fidschiinseln — Griechenland, Guatemala, Hawai,
Honduras, Italien, Japan, Canada, Liberia, Luxemburg, Mexico, Mon-
tenegro, Nicaragua, Niederland, niederländische Kolonien, Norwegen,
Peru, Persien — soweit es sich um persische Unterthanen handelt; die
fremden Staatsangehörigen werden den zuständigen Konsulaten zur
Bestrafung überwiesen — Rumänien, San Salvador, Schweden und
Tunis.

[2] Argentinien, Neusüdwales, Tasmania, Victoria, Oesterreich,
Spanien, Nordborneo, Paraguay, Russland, die Schweiz, Ungarn und
die Fidschiinseln.

Die übrigen Vereinsstaaten, Brasilien, Chile, Haïti, Portugal, Serbien,
Türkei, Uruguay, Venezuela, sowie die dänischen und portugiesischen
Kolonien, haben dem internationalen Bureau eine Erklärung über ihren
Standpunkt bisher nicht zukommen lassen.

[3] Brasilien, Haïti, Hawai, Honduras, Britisch-Indien, Liberia,
Mexico, Montenegro, Nicaragua, Paraguay, Portugal, Serbien, die südafrikanische Republik, die Türkei, sowie die englischen, portugiesischen
und spanischen Kolonien.

9

Zum Schluss sei noch eine formale Frage kurz erwähnt, welche im Weltpostverein ihre Lösung wenigstens theilweise gefunden hat, obgleich eine Bestimmung darüber nicht getroffen ist, die Frage der einheitlichen Farben der Postwerthzeichen in den verschiedenen Vereinsstaaten.

Um den Postbeamten und dem Publikum die Prüfung der richtigen Frankirung eines Korrespondenzgegenstandes zu erleichtern, schlug der belgische Delegirte auf dem Lissabonner Kongresse die Einführung einheitlicher Farben für die 5-, 10- und 25-Centimen-Marke (grün — roth — blau) vor. Er kam damit auf eine Frage zurück, welche bereits im Jahre 1878 von der luxemburgischen Verwaltung angeregt[1] und inzwischen insoweit gelöst worden war, als bereits 36 Vereinsverwaltungen diese Grundfarben angenommen hatten. Aber weder auf dem Lissabonner, noch auf dem Wiener Kongresse konnte man sich dafür entscheiden, die Angelegenheit für wesentlich zu erklären und den Vereinsverwaltungen in dieser Hinsicht Verpflichtungen aufzuerlegen. Man ist indess übereingekommen, die wünschenswerthe Einheitlichkeit durchzuführen.

Zwanzig Jahre sind hingegangen, seit der Weltpostverein geschaffen wurde. Wenn auch in manchen Fragen, wie wir gesehen haben, eine vollständige Einheitlichkeit unter den Vertragsstaaten noch nicht hat erzielt werden können, so muss doch anerkannt werden, dass innerhalb des für die Gründung und den Ausbau eines solchen Riesenwerkes verhältnissmässig kurzen Zeitraums Grosses erreicht worden ist, und dass die ganze Entwickelung dahin geht, die noch bestehenden Ungleichheiten zu beseitigen und die bei Eröffnung des Berner Kongresses vom Vorsitzenden Borel ausgesprochene Prophezeihung zu erfüllen:

„Un jour viendra où sous la pression irrésistible de l'opinion publique et de ce besoin de circulation et de communication qui est un des caractères les plus saillants de notre époque, la poste, dans toutes les parties du monde civilisé, recevra une organisation identique, sera soumise aux mêmes lois, aux mêmes règles."

Es bietet ein grosses Interesse, die Stellung zu betrachten, welche die hervorragenden Postverwaltungen der Idee der Be-

---

[1] Cirkular des internationalen Büreaus vom 7. August 1878: Couleurs des timbres-poste représentatifs des taxes-types de l'Union.

gründung des Weltpostvereins gegenüber eingenommen, und welches Interesse sie der weiteren Ausbildung desselben entgegengebracht haben.

Den Vereinigten Staaten von Amerika, welche den Gedanken einer Verständigung über die Bedingungen des Korrespondenzaustausches zuerst, allerdings in unbestimmter Form, ausgesprochen hatten, musste mit Rücksicht auf ihre regen Beziehungen zu den Ländern Europas eine einheitliche Regelung der den Weltbriefverkehr betreffenden Bedingungen besonders wünschenswerth erscheinen. Sie haben bei ihrer Post niemals dem Fiskalismus gehuldigt, sondern, wohl hauptsächlich aus politischen Rücksichten, beständig am reinen Gebührenprincip festgehalten; sie haben deshalb den Entwurf des allgemeinen Postvertrags wohlwollend aufgenommen und in strenger Befolgung des erwähnten Princips Schwierigkeiten wegen finanzieller Bedenken nie gemacht.

Eine merkwürdige Stellung hat Frankreich eingenommen. Von allen Verwaltungen, welche der schweizerische Bundesrath am 9. Juli 1873 zu dem Postkongresse nach Bern eingeladen hatte, war die französische die einzige, welche ihre Theilnahme an dem Kongresse ablehnen zu müssen glaubte. Im nächsten Jahre entschloss sie sich zwar, sich auf dem Kongresse vertreten zu lassen, stattete aber ihre Delegirten nicht mit Vollmachten aus. Den Delegirten lag während des Berner Kongresses nur ob, gegen jeglichen Versuch, Frankreich in den allgemeinen Postverein hineinzuziehen, zu protestiren. Frankreichs Haltung gegenüber dem Weltpostverein wurde jedoch ganz anders, nachdem im März 1875 Léon Say zum zweiten Male französischer Finanzminister geworden war. Ob jetzt nur die von ihm vertretenen volkswirthschaftlichen Anschauungen durchdrangen, oder ob noch andere Beweggründe mitsprachen, wie der Umstand, dass man sich französischerseits inzwischen mit dem Gedanken vertraut gemacht hatte, dass die Idee der Begründung des Weltpostvereins deutschen Ursprungs war, mag hier unentschieden bleiben. Jedenfalls ist vom März 1875 ab Frankreich eines der thätigsten Glieder des Weltpostvereins geworden und geblieben. Die Anschauungen der französischen Verwaltung über die Durchführung des Einheitsportos sind öfters so radikal gewesen, dass es wiederholt der Vermittelung anderer

Verwaltungen bedurft hat, um Konflikte zwischen der französischen und englischen Postverwaltung zu vermeiden.

England hat bei allen Fragen in erster Linie das finanzielle Interesse betont und deshalb dem Beitritt anderer Länder öfters Hindernisse in den Weg gelegt. Es ist nur dem Weltpostvertrag beigetreten; die in Paris abgeschlossenen Nebenabkommen über den Austausch von Werthbriefen und Postanweisungen, sowie die später zu Stande gebrachten Uebereinkommen über den Austausch von Postpacketen und -Aufträgen und das Zeitungsabkommen hat es nicht angenommen. England hat auch niemals einem Kongresse oder dem internationalen Büreau einen Vorschlag von grösserer Bedeutung unterbreitet und ist somit stets ein passives Glied des Weltpostvereins gewesen.

In der ganzen Geschichte des Weltpostvereins ist der charakteristische Zug der Engländer, dass sie an alten Zuständen und Einrichtungen festhalten, auch wenn diese unhaltbar werden, ebenso zu erkennen, wie der Grundzug des französischen Volkscharakters, das Historische rücksichtslos zu beseitigen, sobald es sich als unpraktisch erweist.

Unter den vor der Begründung des allgemeinen Postvereins bestehenden grossen Verschiedenheiten der Taxen hatten besonders diejenigen Länder gelitten, welche bezüglich des Seetransports auf andere Verwaltungen angewiesen waren. Es war deshalb natürlich, dass die Schweiz die Idee der Begründung eines allgemeinen Postvereins mit Freuden begrüsste. Da der erste Kongress in der schweizerischen Bundeshauptstadt tagte, in derselben auch das neu geschaffene internationale Postbüreau seinen Sitz nahm, so ist es begreiflich, dass auch die Schweiz stets ein reges Interesse für den Weltpostverein bekundet hat.

Oesterreich, Ungarn, Belgien, Niederland und Luxemburg sind von Anfang an eifrige Anhänger des Weltpostvereins gewesen; die Leiter des Postwesens in diesen Staaten waren in hervorragendem Masse ebenso für das Zustandekommen des grundlegenden Vertrags von Bern, wie durch ihre gediegenen Vorschläge für den weiteren Ausbau des Vereins thätig. Ebenso haben Italien und Portugal stets ein reges Interesse für den Weltpostverein bekundet.

Russland lehnte die Theilnahme an dem für den 1. September

1873 geplanten Postkongress ab, jedoch nur aus äusseren Gründen. Mit Rücksicht hierauf wurde die Einberufung des Kongresses um ein Jahr hinausgeschoben. Russland hat nur den Weltpostvertrag und das Abkommen über den Austausch von Werthbriefen angenommen. Interessant ist, mit welcher Wärme Russland zunächst in Bern und später wieder in Paris für die Unentgeltlichkeit des Transits eingetreten ist. Hierbei waren freilich nicht die Erwägungen massgebend, welche die deutsche Postverwaltung bei ihrem Vorschlage, jegliche Transitgebühr abzuschaffen, leiteten. Da Russland fast keinen Transit leistet, dagegen den anderer Länder erheblich in Anspruch zu nehmen genöthigt ist, so würde bei Einführung der Unentgeltlichkeit des Transits Russland am besten gestellt sein. Als die Frage berathen wurde, auf welche Weise Belgien für den Ausfall an Transitgebühren in Höhe von rund einer Million Franken, welchen es bei Einführung der Unentgeltlichkeit des Transits erleiden würde, entschädigt werden könnte, kam Russland allein mit etwa 130 000 Thalern[1] in Betracht. Allerdings darf nicht ausser Acht gelassen werden, dass es sich bei Russland um weit ausgedehnte Gebiete, mithin auch um grosse Leistungen der Post handelt, wenn Korrespondenzgegenstände in das Innere des europäischen oder gar des asiatischen Russland befördert werden sollen.

Der erste Entwurf eines Vertrags, welcher die Postbeziehungen aller Länder regeln sollte, ist von der deutschen Postverwaltung aufgestellt worden. Dieser gebührt auch das Verdienst, an dem weiteren Ausbau des Weltpostvereins in hervorragender Weise mitgewirkt zu haben, sei es dadurch, dass sie ausserhalb des Vereins stehende Länder von der Zweckmässigkeit des Beitritts überzeugte und für den Verein gewann, wie beispielsweise Argentinien und Japan, sei es durch ihre Bemühungen, immer neue Zweige des postalischen Verkehrs einheitlich zu regeln, sei es dadurch, dass sie bei der Ausgleichung entgegengesetzter Ansichten der verschiedenen Verwaltungen öfters die Vermittlerrolle übernahm. Dieses Verdienst gebührt in erster Linie dem genialen Leiter des deutschen Postwesens, dessen steter Ruhmestitel die Begründung

---

[1] Bericht des General-Postdirektors Stephan an den Fürsten von Bismarck (Haag, den 13. Juni 1873).

des Weltpostvereins bleiben wird, weiter aber auch der zielbewussten, stetigen Politik des deutschen Reiches, welche sich die Befestigung des europäischen Friedens zur Richtschnur ihres Verhaltens gesetzt hatte; und ein Werk des Friedens, würdig der höchsten Bemühungen, war es, welches durch den Wiener Weltpostkongress zum vorläufigen Abschluss gebracht worden ist.

VIII. KAPITEL.

Verkehrsleistungen.

Für eine gedeihliche Entwickelung des Postwesens ist eine genaue Kenntniss der Zustände und Veränderungen in dem Bereiche des Postbetriebes ganz unentbehrlich. Es wurden deshalb schon lange vor der Gründung des Weltpostvereins in allen Staaten Europas und in den meisten civilisirten Staaten der übrigen Welttheile statistische Nachweisungen über die Postverkehrsverhältnisse aufgestellt. Genügte auch dieses Material für die Zwecke der Verwaltungen zur Beurtheilung der Verhältnisse innerhalb der eigenen Postgebiete, so blieb doch ein wesentlicher Zweck der Statistik unerreicht, weil es an übereinstimmenden Grundsätzen bei Aufstellung der statistischen Tabellen fehlte. Es liess sich eine für die Prüfung und Beurtheilung einzelner Fragen nothwendige Gegenüberstellung der seitens der verschiedenen Verwaltungen gewonnenen Ergebnisse nicht mit Erfolg bewirken, weil die gleichartigen Verhältnisse und Thatsachen in den verschiedenen Staaten nicht gleichmässig beobachtet und gleichmässig geordnet waren.

In seiner achten Sitzungsperiode, welche im August 1872 zu St. Petersburg stattfand, beschäftigte der internationale, statistische Kongress sich auch mit der Poststatistik, und das Ergebniss dieser Berathungen darf als ein bedeutsamer Schritt zur Erlangung der wünschenswerthen Einheitlichkeit in der Poststatistik angesehen werden. Es gelangte nämlich in der Sitzung vom 10./22. August u. a. der Beschluss zur Annahme, dass die Veröffentlichungen statistischer Angaben über den Postverkehr nach Massgabe eines allgemein anzuwendenden, in einem besondern Entwurfe mitgetheilten Programms vorzunehmen wären, welches sich auf die Einrichtung und Benutzung der Post, sowie auf ihre finanziellen Ergebnisse beziehen sollte. In diesem „Entwurf einer Statistik über die Post" wurde sowohl für den inländischen, als auch den internationalen Verkehr eine Statistik verlangt

1. über die Stückzahl der mit der Post beförderten gewöhnlichen Briefe, Postkarten, Drucksachen, Waarenproben und periodischen Zeitschriften,

2. über die Gesammtzahl und den Gesammtwerth aller mit der Post beförderten Briefe und Packete mit angegebenem Werthe und

3. über die Zahl und den Gesammtwerth der aufgelieferten und ausgezahlten Postanweisungen.

Durch die von dem statistischen Kongresse in Vorschlag gebrachten Tabellen wurde zwar eine Gleichmässigkeit in formeller Beziehung angebahnt, zur Erlangung weiterer Einheitlichkeit gehörte indess auch die Herbeiführung der Gleichmässigkeit in der Art und Weise der statistischen Ermittelungen, namentlich durch die Festsetzung einer angemessenen Zeit und Zeitdauer, während welcher die Erhebungen vorgenommen werden sollten, denn hierin bestand noch bei den Postverwaltungen der einzelnen Staaten eine Verschiedenheit, welche sich auch in den Erhebungsergebnissen äusserte.

Die nothwendige Einheitlichkeit in der Aufstellung der Poststatistik schuf der Berner Postkongress, indem er die Erhebungen für bestimmte Zeiten und gleiche Zeitdauer anordnete und die Zusammenstellung der von den Vereinsverwaltungen erzielten Ergebnisse dem neu eingerichteten internationalen Postbüreau übertrug, welches die Angaben als tabellarische Zusammenstellungen in der jährlichen Statistique générale du service postale universelle veröffentlicht.

Diese Angaben beruhen zwar für den Brief-, Geldbrief- und Werthpacketverkehr nur auf intermittirenden Feststellungen, haben aber nicht allein postalischen Werth; sie interessiren auch den Nationalökonomen, namentlich soweit sie eine Vergleichung des Postverkehrs der einzelnen Länder mit dem Auslande gestatten.

Die Wirkungen der im Weltpostverein für den internationalen Briefverkehr vereinbarten mässigen Portosätze äussern sich indess nicht nur in der Zunahme der internationalen Korrespondenz; sie beeinflussen auch den Briefverkehr innerhalb der Vereinsländer günstig; deshalb ist auch der inländische Briefverkehr mit in den Kreis der nachfolgenden Betrachtungen gezogen worden.

Bei Betrachtung der Verkehrsverhältnisse in den einzelnen Ländern ergiebt sich zunächst, dass die verhältnissmässig grösste Anzahl von Postanstalten in der Schweiz vorhanden ist, wo im Jahre 1891 auf 12,5 qkm eine Postanstalt entfiel. Indessen darf an die schweizerischen Postanstalten keineswegs allgemein der Massstab angelegt werden, welchen man mit dem Begriff einer Postanstalt in anderen Ländern verbindet, denn in der Schweiz ist ein nicht geringer Theil der Postanstalten nur während der Sommermonate geöffnet und besteht lediglich zu dem Zwecke, dem Korrespondenzbedürfnisse der Fremden zu genügen. Der Schweiz schliesst sich an England mit 16.6, Deutschland mit 20.4, Niederland mit 29.9, Luxemburg mit 32.3, Belgien mit 34.9, Dänemark mit 49.4, Italien mit 50.4, Oesterreich mit 61.7 und Ungarn mit 76 qkm, die übrigen Länder mit mehr als 100 qkm, Russland mit 3550, Peru mit 5737, Siam mit 7918 und Bolivien sogar erst mit 25967 qkm für je eine Postanstalt.

Bei Zugrundelegung der Einwohnerzahl entfiel in demselben Jahre je eine Postanstalt in der Schweiz auf 880 Einwohner, in den Vereinigten Staaten von Amerika auf 957, in Deutschland auf 1873, in England auf 1992, in Russland auf 17219, in Bolivien auf 31325 und in Siam auf 53571 Einwohner. Hierbei muss jedoch bemerkt werden, dass zu einer Vergleichung der einzelnen Länder mit einander bezüglich ihrer grösseren oder geringeren Anzahl von Postanstalten das Verhältniss zur Einwohnerzahl deswegen nicht geeignet erscheint, weil zur richtigen Beurtheilung des Intensitätsgrades des Verkehrs nothwendigerweise noch das Verhältniss der Einwohnerzahl zum Flächenraum in Betracht zu ziehen ist. In dünn bevölkerten Ländern, wie Norwegen, Schweden und Russland, in welchen durchschnittlich auf 1 qkm nur 6 bz. 10 und 14 Menschen wohnen, entfallen naturgemäss auf eine Postanstalt nur wenig Einwohner. Man würde daher einen Irrthum begehen, wenn man hieraus auf das Vorhandensein einer grossen Anzahl von Verkehrsanstalten in jenen Ländern schliessen wollte.

Die grösste Ausbreitung des Verkehrsnetzes während des letzten Jahrhunderts finden wir in den Vereinigten Staaten von Amerika. Während in der Union im Jahre 1790 nur 75 Postanstalten vorhanden waren, gab es im Jahre 1890 deren 63 493; die Zahl der Postanstalten hat also im letzten Jahrhundert um das 845 fache zugenommmen.[1]

Den wichtigsten Theil des gesammten Briefpostverkehrs bilden in fast allen Staaten die Briefe und Postkarten. Nur in Frankreich und Belgien überwiegt die Zahl der Drucksachen, Zeitungen und Waarenproben die der Briefe ganz bedeutend. Dieser Umstand kann nur auf das ausserordentlich niedrige Porto von 1 Centimen, welchem in diesen Ländern die Drucksachen von geringerem Gewicht unterliegen, zurückgeführt werden. Im Weltpostverkehr beobachten wir allgemein ein beträchtliches Vorwiegen der Briefe gegenüber den anderen Briefpostgegenständen. Innerhalb der geschriebenen Mittheilungen steigt der procentuale Antheil der Postkarten durchweg mehr; in manchen Ländern hat die erst seit dem 1. Oktober 1869 in den Briefverkehr eingeführte Postkarte den uralten Brief schon wesentlich zurückgedrängt, so in Japan, wo im Jahre 1891 die Zahl der beförderten Postkarten 106.5 Millionen, die der Briefe dagegen nur 65.9 Millionen betrug; in Britisch-Indien ist das Verhältniss der Zahl der Postkarten zu derjenigen der Briefe 1 : 1 1/2, in Deutschland, Belgien und Italien ist das Verhältniss etwa 1 : 2; dagegen behauptet der Brief in England, in den Vereinigten Staaten von Amerika und in Frankreich noch immer sein Uebergewicht.

Zur Beurtheilung der materiellen und geistigen Entwickelung eines Volkes ist das Verhältniss der Briefzahl zur Einwohnerzahl nicht ohne Bedeutung. Die grösste Zahl von Briefen und Postkarten entfällt, wenn wir von einigen australischen Kolonien absehen, auf den Kopf der Bevölkerung in Grossbritannien und Irland, nämlich 52.8 jährlich; dann folgen die Vereinigten Staaten

[1] Die Zahl der Postanstalten in der Union betrug 1790 : 75. — 1800 : 903. — 1810 : 2300. — 1820 : 4500. — 1830 : 8450. — 1880 : 42989. — 1890 : 63493.

mit 46.5, die Schweiz mit 30.6, Deutschland mit 26.4, Belgien und Niederland mit 19.3 bz. 19.2, Frankreich mit 16.9, Oesterreich-Ungarn mit 10.3 und Italien mit 6.1, Japan mit 4.3, Russland mit 1.5 und Britisch-Indien mit 0.9 Am schwächsten ist der Briefverkehr in Bolivien mit 0.19 und Siam mit 0.03. Unter Zusammenfassung sämmtlicher Briefpostsendungen, d. h. der Briefe, Postkarten, Drucksachen, Zeitungen und Waarenproben, stellt sich das Verhältniss so, dass nach Neusüdwales den ersten Rang einnehmen die Vereinigten Staaten mit 77.2, England mit 70.5, Belgien mit 51, die Schweiz mit 43.9, Frankreich mit 41.1, Niederland mit 40.8 und Deutschland mit 36.2. Den Schluss machen Britisch-Indien mit 1.1, Bolivien mit 0.28 und Siam mit 0.05.

Der gesammte internationale Briefverkehr ist seit der Gründung des Weltpostvereins stets gestiegen und naturgemäss, in Folge der erheblichen Herabsetzung des Portos, in den ersten Jahren nach der Gründung verhältnissmässig stärker, als in der späteren Zeit. Während die Zunahme gegen das Vorjahr 1877 10.8 %, betrug, war sie 1882 5.5 %, 1887 nur noch 3.7 % und erreichte 1890 den niedrigsten Betrag von 1.2 %.

Ein bedeutendes Interesse bietet die Vergleichung des Verhältnisses, in welchem der internationale und der inländische Briefverkehr eines Landes zum Gesammtverkehr stehen.

Den verhältnissmässig grössten internationalen Briefverkehr finden wir in der Schweiz, wo derselbe im Jahre 1891 32.1 % des Gesammtverkehrs ausmachte, nachdem er im Jahre 1876 bereits 28.5, im Jahre 1881 29.6 % betragen und im Jahre 1886 den höchsten Stand von 35 % erreicht hatte. Der Grund für diesen starken Auslandsverkehr ist bei der Schweiz zweifellos mehr in dem lebhaften Fremdenzufluss, als in den auswärtigen Handelsbeziehungen zu suchen. An die Schweiz reiht sich Oesterreich-Ungarn, wo die Entwickelung des inländischen Verkehrs nicht so gleichen Schritt mit der des ausländischen gehalten hat, wie in der Schweiz; der Procentantheil des internationalen Briefverkehrs am Gesammtbriefverkehr von Oesterreich-Ungarn ist von 16.2 im Jahre 1876 ziemlich gleichmässig auf 26.3 % im Jahre 1893 gestiegen. Dass dieses Land einen verhältnissmässig so bedeutenden Briefverkehr mit dem Auslande unterhält,

hat seinen Grund vor allem in den lebhaften Beziehungen Oesterreich-Ungarns zum deutschen Reiche und in den billigen Portosätzen, welche zwischen beiden Ländern bestehen.

Die dritte und vierte Stelle nehmen zwei Staaten ein, deren
auswärtige Verkehrsbeziehungen überwiegend auf dem Charakter
dieser Staaten als Industrie- und Handelsstaaten beruhen, nämlich
Belgien mit 25.6 % und Niederland mit 21.1 %. In beiden
Staaten hat das Verhältniss des inländischen Briefverkehrs zum
Gesammtverkehr sich während des 15 jährigen Zeitraums von
1876 bis 1891 nur wenig, und zwar zu Gunsten des internationalen Verkehrs, verändert.

Schon erheblich geringer ist der Antheil des internationalen
Briefverkehrs in Italien, wo er im Jahre 1891 16.7 % des Gesammtverkehrs betrug, nachdem er im Jahre 1876 13.2 % aus-
gemacht und ebenso, wie in der Schweiz, im Jahre 1886 den
Höhepunkt, und zwar mit 19.7 %, erreicht hatte. Auch hier ist
wohl für dieses Verhältniss der Fremdenverkehr mit in erster
Linie massgebend, wie auch das auffällige Zusammenfallen des
beobachteten Höhepunktes mit demjenigen der Schweiz ver-
muthen lässt.

Während auch in Russland der ausländische Briefverkehr
mehr zunimmt, als der inländische, indem ersterer sich in den
Jahren von 1876-1891 von 12.8 auf 15.5 % des gesammten Briefverkehrs gehoben hat, lässt sich bei Frankreich, Deutschland,
England, Britisch-Indien, den Vereinigten Staaten und Japan ein
fast stabiles Verhältniss beobachten. In Frankreich ist der ausländische Briefverkehr im Verhältniss zum Gesammtverkehr während
der ganzen 15 jährigen Zeitdauer nur von 11.6 auf 12.2, also um
0.6 % gestiegen, und in Deutschland nur von 11.5 auf 11.7 %,
also um 0.2 %, während der Procentsatz in England, Britisch-
Indien, den Vereinigten Staaten und Japan um ein Geringes
zurückgegangen ist; in England von 5.9 auf 5.2 %, in Britisch-
Indien von 4.0 auf 3.5 %, in den Vereinigten Staaten von 3.2
auf 3.0 % und in Japan von 0.8 auf 0.6 %. Es ist ganz auffallend, wie trotz des riesenhaften englischen Welthandels der
ausländische Briefverkehr Englands einen so ausserordentlich
niedrigen Procentsatz des Gesammtverkehrs ausmacht. Wollte man
jedoch bei dem englischen Auslandsverkehr nur die relativen

Zahlen in Betracht ziehen, so könnte man leicht zu einer unrichtigen Vorstellung über die Grösse dieses Verkehrs gelangen. Man darf nicht übersehen, dass unter allen Staaten der Erde England den gewaltigsten Briefverkehr hat.

Hinsichtlich der Steigerung des inländischen Briefverkehrs steht in erster Reihe Britisch-Indien. Der Verkehr belief sich hier

$$1876 \text{ auf } 107.6 \text{ Millionen,}$$
$$1881 \text{ „ } 140.9 \text{ „}$$
$$1886 \text{ „ } 202.7 \text{ „}$$
$$1891 \text{ „ } 267.8 \text{ „}$$

und stieg somit während des 15jährigen Zeitraums um 148.8 %.

Die gleiche Steigerung weist Japan während eines nur 10jährigen Zeitraums auf. Hier betrug die Zahl der inländischen Briefe und Postkarten

$$1881 \quad 68.8 \text{ Millionen,}$$
$$1886 \quad 93.0 \text{ „} \qquad \text{und}$$
$$1891 \quad 172.6 \text{ „}$$

nahm mithin in zehn Jahren um nicht weniger als 150.8 % zu.

In Russland, wo im Jahre 1873 eine Herabsetzung des Portos für die inländische Korrespondenz stattgefunden hatte, belief sich der interne Briefverkehr

$$1876 \text{ auf } 68.5 \text{ Millionen}$$
$$1881 \text{ „ } 102.0 \text{ „}$$
$$1886 \text{ „ } 109.9 \text{ „}$$
$$1891 \text{ „ } 153.6 \text{ „} \quad ,$$

stieg mithin während des 15jährigen Zeitraums um 124.2 %.

Deutschland steht in der Zunahme des inländischen Briefverkehrs an vierter Stelle. Es wurden hier

$$1876 \quad 562.6 \text{ Millionen,}$$
$$1881 \quad 717.2 \text{ „}$$
$$1886 \quad 892.2 \text{ „}$$
$$1891 \quad 1223.9 \text{ „}$$

Briefe und Postkarten befördert. Die Steigerung betrug demnach 117.5 %.

Bei den Vereinigten Staaten von Amerika beobachten wir
während des zehnjährigen Zeitraums von 1881 bis 1891 eine
Steigerung des inländischen Briefverkehrs von 1370.7 auf 2862.9
Millionen, also um 109.4 $^0/_0$.

Der Briefverkehr Frankreichs hat sich nicht in der Weise
entwickelt, wie der durch ausserordentlich niedrige Portosätze be-
günstigte Drucksachenaustausch; er betrug

$$
\begin{array}{lll}
1876 & 392.4 & \text{Millionen,} \\
1881 & 565.1 & n \\
1886 & 575.7 & n \\
1891 & 667.1 & n \quad , \\
\end{array}
$$

stieg somit nur um 70.0 $^0/_0$, während beispielsweise die Masse
der beförderten Drucksachen und Zeitungen während des gleichen
Zeitraums sich um 121.2 $^0/_0$ vermehrte.

An Frankreich reiht sich Belgien, mit einer Zunahme von
63.4 $^0/_0$. Die Zahl der beförderten Briefe und Postkarten betrug
hier

$$
\begin{array}{lll}
1876 & 60.5 & \text{Millionen,} \\
1881 & 82.5 & n \\
1886 & 82.2 & n \\
1891 & 98.9 & n \\
\end{array}
$$

Eine ungefähr gleiche Zunahme des Briefverkehrs weisen die
Schweiz, Niederland und Oesterreich-Ungarn auf. Im erstgenannten
Lande stieg die Zahl der Briefe und Postkarten von 46.4 Millionen im Jahre 1876 auf 72.1 Millionen im Jahre 1891, was eine
Steigerung von 55.3 $^0/_0$ bedeutet. In dem gleichen Zeitraum hob
sich der Briefverkehr in Niederland von 51.5 auf 79.3 Millionen,
mithin um 53.9 $^0/_0$, und in Oesterreich-Ungarn von 254.4 auf
385.6 Millionen, also um 51.5 $^0/_0$.

Der innere Briefverkehr Englands, welcher sich gleich im
ersten Jahre nach der Durchführung der Hill'schen Reform um
122 $^0/_0$ gehoben hatte, stieg während des 10jährigen Zeitraums
von 1881 bis 1891 nur um 38.3 $^0/_0$.

Die geringste Steigerung des inländischen Briefverkehrs hat
Italien zu verzeichnen, nämlich 30,7 $^0/_0$ in 15 Jahren. Die Zahl
der Briefe und Postkarten betrug

1876 123.0 Millionen,
1881 187.5 „
1886 165.7 „ und
1891 160.8 „

In ganz anderer Weise, als der inländische Verkehr, hat sich naturgemäss die internationale Korrespondenz gehoben, nachdem die hohen Portosätze und sonstigen Verkehrshemmnisse durch den allgemeinen Postvereinsvertrag hinweggeräumt worden waren. Vor allem kommt hier Britisch-Indien in Betracht, das erste Land, welches den Beitritt zu dem am 9. Oktober 1874 zwischen den europäischen Ländern und den Vereinigten Staaten von Amerika abgeschlossenen Postvereinsvertrage nachsuchte. Die Zahl der nach dem Auslande abgesandten und vom Auslande eingegangenen Briefe und Postkarten betrug hier

1876 4.5 Millionen,
1881 6.2 „
1886 7.1 „ und
1891 9.7 „ ,

stieg also in dem 15jährigen Zeitraum um 115.5 °/₀.

Die Zunahme betrug während derselben Zeit in Russland 208.0, in Deutschland 122.3, in den Vereinigten Staaten von Amerika 98.7, in Niederland 86,9, in der Schweiz 84.9, in Japan 83.3, in Frankreich 81.4, in Belgien 80.5 und in Italien 74.0 °/₀.

Wir haben oben gesehen, dass in der Steigerung des inländischen Verkehrs England an letzter Stelle steht, und dass der gegenüber dem inländischen nur geringe ausländische Verkehr im Vergleich zum Gesammtverkehr sogar abgenommen hat. Ebenso hat auch während der 5jährigen Zeitdauer von 1881 bis 1886 der ausländische Briefverkehr überhaupt keine bemerkenswerthe Steigerung erfahren. Der internationale Briefverkehr Englands belief sich 1881 auf 86.5, im Jahre 1886 auf 88.7 Millionen, die Steigerung betrug somit nur 2.5 °/₀.

Der Geldverkehr wird in der Hauptsache durch Werthbriefe, Werthpackete und Postanweisungen vermittelt. Stellen auch die mit der Post versandten bz. die im Versendungsverkehr deklarirten Werthbeträge bei weitem nicht den ganzen Geldwerth dar, und sind also die absoluten Zahlen hier von geringerer Bedeutung, als bei dem Briefverkehr, welcher sich fast ausnahmlos durch die Post vollzieht, so bietet doch namentlich der internationale Geldverkehr einen interessanten Einblick in die wirthschaftlichen Verhältnisse einzelner Staaten.

Die hauptsächlichsten Momente sind hier

1. eine relative Stetigkeit der internationalen Werthsendungen gegenüber den inländischen,

2. eine stetige Zunahme des ausländischen Postanweisungs-verkehrs im Verhältniss zum Gesammtverkehr.

Was den ersten Punkt anlangt, so stand im Jahre 1891 Niederland mit einem Procentantheil von 31.4 % obenan. In Italien betrug der Procentantheil des internationalen Verkehrs am Gesammtverkehr 30.7, in Belgien 28.9, in Deutschland 14.9, in Oesterreich-Ungarn 12.9, in Frankreich 7.7 und in Russland nur 4.7 %, also nicht einmal den zwanzigsten Theil des gesammten Geldverkehrs. Der angegebene Werth der mit der Post beförderten Briefe und Packete betrug im Jahre 1891 in

	Niederland	Italien	Belgien	Deutschland
im inländischen Verkehr:	216.1	136.4	320.1	17154.8
im internationalen Verkehr:	99.1	60.5	122.4	3007.4

	Oesterreich-Ungarn	Frankreich	Russland
im inländischen Verkehr:	9499.4	2138.2	16968.4
im internationalen Verkehr:	832.5	180.1	837.5

Millionen Franken.

Beim Postanweisungsverkehr, auf welchen näher eingegangen wird, weil seine Zahlen wegen der unumgänglich nothwendigen Kontrole ganz genau ermittelt werden, ist der Procentantheil des internationalen Verkehrs am Gesammtverkehr geringer, als bei den Werthsendungen. Er betrug im Jahre 1891 in Oesterreich-Ungarn 21.3 %, in Niederland 19.7, in Belgien 18.8, in den Vereinigten Staaten 14.0 und in der Schweiz 10.4 %. In den übrigen Staaten war das Verhältniss geringer als 10 Procent, in Deutschland nur 2.4 und in Japan 0.7 %.

Die stärkere Zunahme des ausländischen Postanweisungsver-kehrs liegt in der Natur der Sache, denn zur Uebersendung klei-

nerer Geldbeträge ist die Postanweisung das zweckmässigste
Mittel, da weder seitens des Absenders eine Verpackung von
unter Umständen erst noch einzuwechselnden Geldsorten, noch
seitens des Adressaten eine Umwechselung des empfangenen
Geldes erforderlich wird.

Welchen Aufschwung der erst durch den Pariser Kongress
im Weltpostverein eingeführte Postanweisungsaustausch genommen
hat, beweisen folgende Zahlen.

In Oesterreich-Ungarn wurden an Postanweisungen nach dem
Auslande aufgeliefert:

1876   12 766 Stück mit   5.4 Millionen Franken,
1891   3 596 854   „   „   333.7   „   „   ;

in einem 15 jährigen Zeitraume stieg mithin die Zahl der aufgelieferten internationalen Postanweisungen um 2992.3 %, der darauf
übermittelte Geldbetrag dagegen um 6031 %, während in dem
gleichen Zeitraume die Zahl der inländischen Postanweisungen
nur um 292.5 %, der übermittelte Geldbetrag sogar nur um 145 %
stieg. Dem gegenüber ist die Zahl der im internen Verkehr
Oesterreich-Ungarns beförderten Geldbriefe von 22.8 Millionen im
Jahre 1876 auf 16.9 Millionen im Jahre 1891, also um 33.9 %,
der übermittelte Geldbetrag von 9979.5 Millionen Franken auf
9499.4 Millionen, mithin um 5.1 % zurückgegangen. Ebenso
weisen die Zahl und der Werth der aus Oesterreich-Ungarn nach
dem Auslande abgesandten Geldbriefe einen Rückgang auf, während
die Zahl und der Werth der vom Auslande eingegangenen Geldbriefe um 50.6 bz. 82.8 % gestiegen ist.

Fast dieselben Erscheinungen können wir beim deutschen
Geldverkehr beobachten. Hier stieg in der Zeit von 1876 bis
1891 die Zahl der inländischen Postanweisungen von 33.9 auf
82.8 Millionen, mithin um 144.6 %, der übermittelte Geldbetrag
von 2360.6 auf 6338.4 Millionen Franken, der auf Postanweisungen nach dem Auslande eingezahlte Betrag von 27.8 auf 93.1
Millionen Franken, also um 234.7 %, der auf Postanweisungen
vom Auslande ausgezahlte Betrag von 30.4 auf 66.2 Millionen
Franken, mithin um 119 %. In derselben Zeit ging die Zahl der
im inländischen Verkehr beförderten Geldbriefe von 17.2 auf
10.8 Millionen, also um 58.8% zurück, während der übermittelte

Geldbetrag von 15 auf 17.2 Milliarden Franken stieg. Wir ersehen hieraus, dass sowohl in Oesterreich-Ungarn, als auch in Deutschland die Geldbriefe mit geringen Werthbeträgen mehr und mehr aus dem Verkehr verschwinden, und dass an ihre Stelle die Postanweisungen treten.

Etwa den gleichen Postanweisungsverkehr mit dem Auslande unterhielten im Jahre 1891 England und die Vereinigten Staaten von Amerika, nämlich 106.8 bz. 100.5 Millionen Franken, während der inländische Verkehr sich auf 1130.9 bz. 617.2 Millionen belief. An diese Länder reiht sich Frankreich mit einem Auslandsverkehr von 82.9, Italien mit 49.1, die Schweiz mit 42.9, Belgien mit 31.1, Niederland mit 15.4 und Britisch-Indien mit 13.6 Millionen Franken.

Während sich beim internationalen Briefverkehr eines Landes beobachten lässt, dass die Zahl der vom Auslande eingegangenen und nach dem Auslande abgesandten Briefe ziemlich gleich ist, eine Thatsache, welcher der Wegfall der früheren, äusserst umständlichen Portoabrechnung zu verdanken ist, stehen die vom Auslande eingehenden und die nach dem Auslande abgehenden Geldsummen in einem ganz anderen Verhältnisse zu einander.

Die vom Auslande eingehenden Geldsummen übersteigen die abgehenden in Deutschland, England, Italien, Niederland und Britisch-Indien; das Umgekehrte finden wir in Oesterreich-Ungarn, Russland, Belgien, der Schweiz und den Vereinigten Staaten, während in Frankreich und Japan die eingehenden und abgehenden Geldsummen einander ziemlich gleich sind.

In Deutschland belief sich im Jahre 1876 der angegebene Werth der vom Auslande eingegangenen Geldbriefe auf 643.9, im Jahre 1891 auf 2216.9 Millionen Franken, stieg also um 244.3 %; der auf ausländischen Postanweisungen zur Auszahlung gekommene Betrag belief sich 1876 auf 27.8 und 1891 auf 93.2 Millionen Franken, stieg also um 234.7 %; in denselben Jahren wurden in Geldbriefen 655.3 bz. 790.6 und auf Postanweisungen 30.4 bz. 66.2 Millionen ins Ausland gesandt, was eine Steigerung von 20.6 bz. 119 % bedeutet.

In England übertrifft die Summe des vom Auslande eingehenden Geldes das ins Ausland abfliessende um das Dreifache. Der auf ausländischen Postanweisungen zur Auszahlung gelangte Betrag stieg von 22.1 Millionen im Jahre 1876 auf 79.6 Millionen im Jahre 1891, mithin um 261 %; in dem gleichen Zeitraume erhöhte sich der auf Postanweisungen nach dem Auslande eingezahlte Betrag von 9.1 auf 27.2 Millionen, mithin um 198.5 %.

Während in Deutschland, England und Britisch-Indien die Steigerung des vom Auslande eingehenden Geldes weit erheblicher ist, als die des ins Ausland abfliessenden, beobachten wir in Italien und Niederland die umgekehrte Erscheinung. Im letztgenannten Lande hat sich der Werth der aus dem Auslande eingegangenen Briefe und Postanweisungen um 114.2 bz. 128.2 % gehoben, während der nach dem Auslande abgesandte Betrag sich in der Zeit von 1876 bis 1891 um 186.8 bz. 306.4 % gesteigert hat. In Italien ist der Unterschied zwar nicht so erheblich, indess lässt sich auch hier eine langsame Steigerung des abgehenden Geldes gegenüber dem zugehenden wahrnehmen.

Unter den vorwiegend geldausführenden Ländern beobachten wir bei Oesterreich-Ungarn und den Vereinigten Staaten eine erheblichere Steigerung des ins Ausland abgesandten Geldes, als des aus dem Ausland eingegangenen; in der Schweiz und Russland ist das Verhältniss umgekehrt, während in Belgien die Zunahme des einströmenden Geldes ziemlich gleichmässig ist. In Oesterreich-Ungarn gingen in Geldbriefen und auf Postanweisungen ein

1876   943.2 und
1891   709.8 Millionen Franken;

die nach dem Auslande abgesandten Geldbeträge beliefen sich dagegen auf 460.7 Millionen im Jahre 1876 bz. auf 1166.2 Millionen im Jahre 1891.

In Belgien betrug die Zunahme der nach dem Auslande gesandten Postanweisungsbeträge während der Jahre 1876 bis 1891 264.3 %, die Steigerung bei den auf ausländischen Postanweisungen ausgezahlten Beträgen 287.1 %; bei den Geldbriefen steigerte sich während der 15 jährigen Periode der Eingang und Abgang von Geld gleichmässig um 84.9 %.

In Frankreich sind, wie bereits bemerkt, die Summen etwa

gleich; wir beobachten indess eine erheblichere Zunahme des vom Auslande eingehenden Geldes.

Mit Recht kann man annehmen, dass die überraschende Zunahme des Geldverkehrs zum grossen Theile den Fortschritten zu danken ist, welche auf dem Gebiete der Geldversendung durch die Gründung des Weltpostvereins gemacht worden sind. Die Mannigfaltigkeit und die Höhe der Portosätze für den Geldtransport, soweit dieser früher überhaupt durch die Post vermittelt wurde, sind durch die Verträge vom 1. bz. 4. Juni 1878 einem nach gleichen Grundsätzen geregelten, billigen Tarife gewichen; man darf aber auch behaupten, dass der internationale Postanweisungsverkehr noch einer grösseren Entwickelung fähig wäre, wenn die bisher noch verhältnissmässig hohen Taxen eine Ermässigung erführen. Welchen Umfang der Postanweisungsverkehr bei niedrigen Taxen annehmen kann, haben wir bei dem inländischen Postanweisungsverkehr von Deutschland und Oesterreich-Ungarn gesehen.

Internationaler Briefverkehr.

Jahr.	Summe.	Steigerung gegen das Vorjahr.
1876	370 Millionen	
1877	410 „	10.8 Procent
1878	430 „	4.9 „
1879	465 „	1.8 „
1880	505 „	8 6 „
1881	540 „	6.9 „
1882	570 „	5.6 „
1883	610 „	7.0 „
1884	635 „	4.1 „
1885	660 „	3.9 „
1886	685 „	8.8 „
1887	710 „	8.7 „
1888	750 „	5.6 „
1889	800 „	6.6 „
1890	810 „	1.2 „
1891	830 „	2.4 „

Internationaler Briefverkehr

	Tag des Beitritts zum Weltpostverein	1875			1876		
		Briefe	Postkarten	Summe	Briefe	Postkarten	Summe
Belgien	1. 7. 1875	17.4	0.3	17.7	17.8	1.1	18.9
Bulgarien . . .	1. 7. 1879	—	—	—	—	—	—
Dänemark . . .	1. 7. 1875	4.9	—	4.9	4.9	0.1	5.0
Deutschland . .	1. 7. 1875	63.2	3.1	66.8	68.4	4.8	73.2
Frankreich mit Algerien und Tunis	1. 1. 1876	—	—	—	50.0	1.5	51.5
Griechenland .	1. 7. 1875	0.8	—	0.8	0.8	—	0.8
Grossbritannien	1. 7. 1875	—	—	—	—	—	—
Italien	1. 7. 1875	18.2	—	18.2	18.6	—	18.6
Luxemburg . .	1. 7. 1875	1.4	0.1	1.5	1.5	0.1	1.6
Niederland . . .	1. 7. 1875	10.4	—	10.4	10.6	0.7	11.3
Norwegen . . .	1. 7. 1875	2.7	—	2.7	3.1	—	3.1
Oesterreich . . .	1. 7. 1875	42.7	3.1	45.8	41.0	4.5	45.5
Portugal	1. 7. 1875	—	—	—	2.3	—	2.3
Rumänien . . .	1. 7. 1875	1.8	—	1.8	3.6	0.1	3.7
Russland	1. 7. 1875	6.6	—	6.6	9.0	0.1	9.1
Schweden . . .	1. 7. 1875	4.4	—	4.4	4.8	—	4.8
Schweiz	1. 7. 1875	16.0	0.5	16.5	17.0	1.5	18.5
Serbien	1. 7. 1875	—	—	—	—	—	—
Spanien.	1. 7. 1875	—	—	—	4.8	0.1	4.9
Türkei	1. 7. 1875	—	—	—	—	—	—
Ungarn	1. 7. 1875	2.6	0.3	2.9	0.8	0.1	0.9
Argentinien . .	1. 4. 1878	—	—	—	—	—	—
Bolivien	1. 4. 1886	—	—	—	—	—	—
Canada	1. 7. 1878	—	—	—	—	—	—
Costarica	1. 1. 1883	—	—	—	—	—	—
Paraguay. . . .	1. 7. 1881	—	—	—	—	—	—
Peru	1. 4. 1879	—	—	—	—	—	—
Salvador	1. 4. 1879	—	—	—	—	—	—
Uruguay	1. 7. 1880	—	—	—	—	—	—
Ver. Staaten v. Amerika . . .	1. 7. 1875	25.1	—	25.1	—	—	—
Egypten	1. 7. 1875	—	—	—	0.7	—	0.7
Britisch - Indien	1. 7. 1876	—	—	—	4.5	—	4.5
Japan	1. 6. 1877	—	—	—	—	—	—
Siam	1. 7. 1885	—	—	—	—	—	—
Britische Kolonien	verschieden	—	—	—	—	—	—
Dänische Kol. .	1. 9. 1877	—	—	—	—	—	—
Franzôs. „	1. 7. 1876	—	—	—	—	—	—
Niederländ. „	1. 5. 1877	—	—	—	—	—	—

der Weltpostvereinsstaaten.

kionen)

	1877			1878			1879	
Briefe	Post-karten	Summe	Briefe	Post-karten	Summe	Briefe	Post-karten	Summe
18.3	1.6	19.9	18.7	2.4	21.1	20.1	2.6	22.7
—	—	—	—	—	—	—	—	—
5.5	0.1	5.6	5.1	0.2	5.3	5.0	0.2	5.2
68.6	6.3	74.9	72.6	7.5	80.1	72.7	9.1	81.8
51.6	1.5	53.1	54.4	2.3	56.7	62.7	3.3	66.0
0.9	—	0.9	1.2	—	1.2	1.2	—	1.2
17.8	1.1	18.9	18.2	1.1	19.3	24.5	1.2	25.7
1.4	0.1	1.5	0.7	0.1	0.8	1.5	0.2	1.7
10.6	1.0	11.6	11.7	1.3	13.0	12.7	1.0	13.7
3.3	—	3.3	3.3	—	3.3	3.2	0.1	3.3
53.5	5.8	59.3	53.2	6.1	59.3	58.3	7.1	65.4
2.4	—	2.4	2.8	—	2.8	2.9	—	2.9
2.4	0.1	2.5	2.8	0.1	2.9	2.0	0.1	2.1
8.8	0.3	9.1	9.9	0.5	10.4	10.3	0.8	11.1
5.0	0.1	5.1	5.8	0.1	5.9	5.1	0.2	5.3
16.5	1.8	18.3	17.9	2.2	20.1	18.9	2.7	21.6
6.6	0.1	6.7	7.0	0.1	7.1	5.6	0.1	5.7
3.0	0.5	3.5	3.4	0.6	4.0	3.5	0.6	4.1
—	—	—	0.5	—	0.5	1.5	—	1.5
—	—	—	—	—	—	—	—	—
—	—	—	—	—	—	—	—	—
—	—	—	—	—	—	—	—	—
—	—	—	—	—	—	—	—	—
—	—	—	—	—	—	23.1	0.7	23.8
0.6	—	0.6	0.9	—	0.9	1.3	—	1.3
5.3	—	5.3	5.7	—	5.7	5.8	—	5.8
0.2	—	0.2	0.3	—	0.3	0.2	—	0.2
0.5	—	0.5	0.2	—	0.2	0.8	—	0.8
0.8	—	0.8	0.7	—	0.7	1.3	—	1.8
0.6	—	0.6	0.6	—	0.6	0.7	—	0.7

(Fortsetzung.)

	Tag des Beitritts zum Weltpostverein	1880			1881		
		Briefe	Postkarten	Summe	Briefe	Postkarten	Summe
Belgien	1. 7. 1875	22.0	3,2	25.2	22.7	3.6	26.3
Bulgarien . . .	1. 7. 1879	—	—	—	0.4	—	0.4
Dänemark . . .	1. 7. 1875	6.5	0.4	6.9	5.8	0.4	6.2
Deutschland . .	1. 7. 1875	79.8	10.5	90.3	84.2	11.4	95.6
Frankreich mit Algerien und Tunis	1. 1. 1876	66.5	2,5	69.0	67.6	2.5	70.1
Griechenland .	1. 7. 1875	1.3	—	1.3	—	—	—
Grossbritannien	1. 7. 1875	—	—	—	86.4	—	86.4
Italien	1. 7. 1875	25.8	1.2	27.0	28.7	1.9	30.6
Luxemburg . .	1. 7. 1875	1.7	0.3	2.0	1.7	0.8	2.0
Niederland . . .	1. 7. 1875	13,2	1.8	15.0	13.3	2.0	15.3
Norwegen . . .	1. 7. 1875	3.6	0.1	3.7	4.2	0.1	4.3
Oesterreich . . .	1. 7. 1875	62.8	7.9	70.7	68.1	8.7	76.8
Portugal	1. 7. 1875	2.9	—	2.9	3.5	—	3.5
Rumänien . . .	1. 7. 1875	2.0	0.1	2.1	2.8	0.3	3 1
Russland	1. 7. 1875	11.8	1.0	12.8	13.2	1.3	14.5
Schweden . . .	1. 7. 1875	6.4	0.3	6.7	6.5	0.3	6.8
Schweiz.	1. 7. 1875	18.8	3,1	21.9	20.4	3.4	23.8
Serbien	1. 7. 1875	—	—	—	—	—	—
Spanien	1. 7. 1875	6.3	0.1	6.4	10.1	—	10.1
Türkei	1. 7. 1875	—	—	—	—	—	—
Ungarn	1. 7. 1875	3.7	0.6	4.3	3.2	0.7	3.9
Argentinien . .	1. 4. 1878	1.6	—	1.6	2.3	—	2.3
Bolivien	1. 4. 1886	—	—	—	—	—	—
Canada	1. 7. 1878	—	—	—	—	—	—
Costarica	1. 1. 1883	—	—	—	—	—	—
Paraguay . . .	1. 7. 1881	—	—	—	—	—	—
Peru	1. 4. 1879	—	—	—	—	—	—
Salvador	1. 4. 1879	—	—	—	—	—	—
Uruguay	1. 7. 1880	—	—	—	—	—	—
Ver. Staaten v. Amerika . .	1. 7. 1875	34.0	1.7	35.7	43.6	2.1	45.7
Egypten	1. 7. 1875	1.5	—	1.5	1.7	—	1.7
Britisch - Indien	1. 7. 1876	6.1	—	6.1	6.2	—	6.2
Japan	1. 6. 1877	0.6	—	0.6	0.6	—	0.6
Siam	1. 7. 1885	—	—	—	—	—	—
Britische Kolonien	verschieden	1.4	—	1.4	1.5	—	1.5
Dänische Kol. .	1. 9. 1877	—	—	—	—	--	—
Französ. „	1. 7. 1876	1.7	—	1.7	0.8	—	0.8
Niederländ. „	1. 5. 1877	0.7	—	0.7	0.9	—	0.9

(Fortsetzung.)

	1882			1883			1884	
Briefe	Post-karten	Summe	Briefe	Post-karten	Summe	Briefe	Post-karten	Summe
23.7	4.1	27.8	25.5	4.4	29.9	26.4	5.0	31.4
0.5	—	0.5	0.7	—	0.7	0.8	—	0.8
5.9	0.4	6.3	6.8	0.6	6.9	6.3	0.6	6.9
89.8	12.9	102.7	93.9	14.3	108.2	99.0	15.0	114.0
68.1	2.8	70.9	71.1	3.0	74.1	71.1	3.0	74.1
1.9	—	1.9	1.8	—	1.8	1.7	—	1.7
—	—	—	90.3	—	90.3	—	—	—
29.3	1.9	31.2	31.3	2.5	33.8	—	—	—
1.8	0.4	2.2	1.8	0.4	2.2	1.8	0.4	2.2
13.9	2.1	16.0	14.3	2.2	16.5	14.5	2.5	17.0
4.5	0.2	4.7	4.8	0.2	5.0	4.8	0.2	5.0
67.4	9.4	76.8	71.9	10.1	82.0	74.7	13.3	88.0
3.1	—	3.1	3.4	—	3.4	3.6	—.	3.6
2.9	0.3	3.2	3.1	0.3	3.4	3.1	0.3	3.4
13.8	1.7	15.5	14.7	1.9	16.6	17.1	2.1	19.2
8.1	0.4	8.5	7.7	0.4	8.1	8.4	0.5	8.9
22.3	4.0	26.3	23.5	4.5	28.0	23.2	4.7	27.9
—	—	—				—	—	—
10.6	—	10.6	11.8	—	11.8	—	—.	—
—	—	—				—	—	—
2.2	0.7	2.9	2.5	0.2	2.7	2.7	0.3	3.0
1.9	—	1.9	2.5	—	2.5	2.5	—	2.5
—	—	—	—	—	—	—	—	—
—	—	—	—	—	—	—	—	—
—	—	—	—	—	—	—	—	—
—	—	—	—	—	—	—	—	—
—	—	—	—	—	—	—	—	—
—	—	—	—	—	—	0.5	—	0.5
51.1	2.3	53.4	57.6	2.9	60.5	61.7	3.0	64.7
1.8	—	1.8	2.1	—	2.1	1.7	—	1.7
6.5	—	6.5	6.5	—	6.5	7.0	—	7.0
0.6	—	0.6	0.7	—	0.7	0.4	—	0.4
—		—				—		—
1.2	—	1.2	2.4	—	2.4	2.0	—	2.0
—	—	—	0.4	—	0.4	0.3	—	0.3
2.1	—	2.1	1.8	—	1.8	3.0	—	3.0
0.7	—	0.7	1.0	—	1.0	1.0	—	1.0

(Fortsetzung.)

	Tag des Beitritts zum Weltpostverein	1885			1886		
		Briefe	Postkarten	Summe	Briefe	Postkarten	Summe
Belgien	1. 7. 1875	28.4	5.4	83.8	27.9	5.5	33.4
Bulgarien . . .	1. 7. 1879	1.8	0.2	2.0	1 1	0.1	1 2
Dänemark . . .	1. 7. 1875	6.5	0.6	7.1	6.8	0.8	7.6
Deutschland . .	1. 7. 1875	103.0	16.2	119.2	103.7	17.4	121.1
Frankreich mit Algerien und Tunis	1. 1. 1876	72.1	3.2	75.3	73.9	3.2	77.1
Griechenland .	1. 7. 1875	1.9	—	1.9	1.9	0.1	2.0
Grossbritannien	1. 7. 1875	—	—	—	83.4	5.4	88.8
Italien	1. 7. 1875	84.2	3.3	87.5	36.9	3.9	40.8
Luxemburg . .	1. 7. 1875	1.8	0.5	2.3	2.0	0.5	2.5
Niederland . . .	1. 7. 1875	15.2	3.1	18.3	15.3	3 8	18.6
Norwegen . . .	1. 7. 1875	4.7	0.2	4.9	5.0	0.3	5.3
Oesterreich . . .	1. 7. 1875	78.6	14.0	92.6	85.8	15.1	100.9
Portugal	1. 7. 1875	4.0	0.1	4.5	3.4	0.1	3.5
Rumänien . . .	1. 7. 1875	2.9	0.4	3.3	2.9	0.4	3.3
Russland	1. 7. 1875	17.3	2.2	19.5	18.8	2 9	21.7
Schweden . . .	1. 7. 1875	9.0	0.5	9.5	9.4	0.6	10.0
Schweiz	1. 7. 1875	25.0	5.2	30.2	25.9	5.6	31.5
Serbien	1. 7. 1875	—	—	—	—	—	—
Spanien	1. 7. 1875	—	—	—	12.0	—	12.0
Türkei	1. 7. 1875	—	—	—	—	—	—
Ungarn	1. 7. 1875	2.7	0.3	3.0	7.3	1.8	8.6
Argentinien . .	1. 4. 1878	2.9	—	2.9	—	—	—
Bolivien	1. 4. 1886	—	—	—	—	—	—
Canada	1. 7. 1878	—	—	—	—	—	—
Costarica	1. 1. 1883	—	—	—	—	—	—
Paraguay . . .	1. 7. 1881	—	—	—	—	—	—
Peru	1. 4. 1879	0.5	—	0.5	0.6	—	0.6
Salvador	1. 4. 1879	—	—	—	—	—	—
Uruguay	1. 7. 1880	1.2	—	1.2	1.3	—	1.8
Ver. Staaten v. Amerika . . .	1. 7. 1875	62.2	3.0	65 2	67.1	3.4	70.5
Egypten	1. 7. 1875	3.1	—	3.1	2.9	0.1	3.0
Britisch-Indien	1. 7. 1876	7.1	—	7.1	7.1	—	7.1
Japan	1. 6. 1877	0.5	—	0.5	0.7	—	0.7
Siam	1. 7. 1885	—	—	—	—	—	—
Britische Kolonien	verschieden	—	—	—	—	—	—
Dänische Kol. .	1. 9. 1877	—	—	—	—	—	—
Französ. „	1. 7. 1876	—	—	—	—	—	—
Niederländ. „	1. 5. 1877	1.0	—	1.0	1.2	—	1.2

(Fortsetzung.)

	1887			1888			1889	
Briefe	Post-karten	Summe	Briefe	Post-karten	Summe	Briefe	Post-karten	Summe
23.7	4.0	27.7	25.4	4.3	29.7	26.3	5.9	32.2
0.8	—	0.8	1.0	0.1	1.1	1.3	0.2	1.5
7.2	0.9	8.1	7.0	1.1	8.1	8.0	1.1	9.1
109.7	18.3	128.0	118.4	18.9	137.3	125.6	20.5	146.1
76.6	3.4	80.0	83.6	3.3	86.9	88.5	3.7	92.2
1.9	—	1.9	2.2	—	2.2	3.3	0.1	3.4
39.8	4.5	44.3	25.4	3.7	29.1	28.1	3.8	31.9
1.7	0.5	2.2	2.0	0.6	2.6	2.2	0.6	2.8
14.5	3.3	17.8	15.1	3.6	18.7	16.1	3.8	19.9
5.0	0.3	5.3	5.8	0.4	6.2	6.1	0.4	6.5
61.8	13.3	75.1	68.1	14.1	82.2	70.0	15.1	85.1
3.9	0.2	4.1	4.1	0.1	4.2	4.7	0.2	4.9
1.9	0.4	2.3	4.7	1.5	6.2	4.5	1.4	5.9
20.2	3.4	23.0	20.4	3.3	23.7	22.5	3.7	26.2
10.4	0.6	11.0	11.4	0.6	12.0	10.9	0.4	11.3
24.8	5.6	30.4	24.4	5.8	30.2	26.0	6.3	32.3
1.1	0.1	1.2	1.5	0.2	1.7	2.3	0.3	2.6
12.0	—	12.0	11.9	0.2	12.1	12.1	0.2	12.3
31.3	10.1	41.4	37.1	15.3	52.4	39.8	16.5	56.3
4.6	—	4.6	8.9	—	8.9	11.4	0.1	11.5
0.2	—	0.2	—	—	—	0.2	—	0.2
—	—	—	—	—	—	0.2	—	0.2
0.2	—	0.2	0.2	—	0.2	0.2	—	0.2
0.5	—	0.5	—	—	—	—	—	—
1.4	—	1.4	1.7	—	1.7	2.0	—	2.0
73.7	3.4	77.1	82.0	3.7	85.7	87.6	3.9	91.5
2.7	—	2.7	1.9	0.1	2.0	2.9	0.1	3.0
7.5	—	7.5	9.0	—	9.0	9.1	—	9.1
0.7	—	0.7	1.6	0.1	1.7	1.3	—	1.3
—	—	—	0.2	—	0.2	0.2	—	0.2
—	—	—	—	—	—	—	—	—
1.3	—	1.3	2.2	—	2.2	2.6	—	2.6
1.1	0.1	1.2	1.3	0.1	1.4	1.4	0.1	1.5

(Fortsetzung.)

	Tag des Beitritts zum Weltpostverein	1890			1891		
		Briefe	Postkarten	Summe	Briefe	Postkarten	Summe
Belgien	1. 7. 1875	27.2	5.9	33.1	27.9	6.0	33.9
Bulgarien . . .	1. 7. 1879	1.2	0.2	1.4	1.4	0.2	1.6
Dänemark . . .	1. 7. 1875	7.6	1.1	8.7	7.7	1.0	8.7
Deutschland . .	1. 7. 1875	131.2	23.1	154.3	138.3	24.4	162.7
Frankreich mit Algerien und Tunis	1. 1. 1876	90.0	3.8	93.8	92.7	3.9	96.6
Griechenland .	1. 7. 1875	3.6	0.2	3 8	3.6	0.2	3.8
Grossbritannien	1. 7. 1875	—	—	—	—	—	—
Italien	1. 7. 1875	28.0	3.2	31.2	28.4	3.7	32.1
Luxemburg . .	1. 7. 1875	2.1	0.6	2.7	1.9	0.6	2.5
Niederland . . .	1. 7. 1875	16.5	4.1	20.6	17.0	4.1	21.1
Norwegen . . .	1. 7. 1875	6.0	0.4	6.4	6.5	0.4	6.9
Oesterreich . .	1. 7. 1875	75.6	17.6	93.2	79.4	18.6	98.0
Portugal	1. 7. 1875	6.2	0.2	6.4	7.3	0.3	7.6
Rumänien . . .	1. 7. 1875	4.8	1.7	6.5	5.6	2.0	7.6
Russland	1. 7. 1875	23.9	4.1	28.0	23.8	4.3	28.1
Schweden . . .	1. 7. 1875	11.8	0.8	12.6	11.5	0.8	12.3
Schweiz	1. 7. 1875	26.8	6.9	33.7	27.2	6.9	34.1
Serbien	1. 7. 1875	3.0	0.3	3.3	2.7	0.3	3.0
Spanien	1. 7. 1875	12.1	0.2	12.3	12 9	0.3	13.2
Türkei	1. 7. 1875	—	—	—	—	—	—
Ungarn	1. 7. 1875	27.3	10.7	38.0	30.1	11.1	41.1
Argentinien . .	1. 4. 1878	10.1	—	10.1	10.5	—	10.5
Bolivien	1. 4. 1886	—	—	---	0.2	—	0.2
Canada	1. 7. 1878	—	—	—	—	—	—
Costarica	1. 1. 1883	—	—	—	0 2	—	0.2
Paraguay . . .	1. 7. 1881	0.2	—	0.2	0.2	—	0.2
Peru	1. 4. 1879	0.5	—	0.5	0.7	—	0.7
Salvador	1. 4. 1879	—	—	—	0.5	—	0.5
Uruguay	1. 7. 1880	—	—	—	2.2	—	2.2
Ver. Staaten v. Amerika . . .	1. 7. 1875	95.0	3.8	98.8	86.7	4.3	91.0
Egypten	1. 7. 1875	3.0	0.2	3.2	3.1	0.2	3.3
Britisch-Indien	1. 7. 1876	9.4	—	9.4	9.7	—	9.7
Japan	1. 6. 1877	1.1	—	1.1	0.9	0.1	1.0
Siam	1. 7. 1885	0.2	—	0.2	0.2	—	0.2
Britische Kolonien	verschieden	—	—	—	—	—	—
Dänische Kol. .	1. 9. 1877	—	—	—	—	—	—
Französ. „	1. 7. 1876	—	—	—	1.5	—	1.5
Niederländ. „	1. 5. 1877	1.5	0.2	1.7	1.7	—	1.7

JÄHRLICHE STEIGERUNG

DES

INTERNATIONALEN VERKEHRS.

Jährliche Steigerung des

(in Procenten

	1876	1877	1878	1879	1880	1881	1882
Belgien	6.8	5.2	6.0	7.6	11.0	4.3	5.6
Bulgarien	—	—	—	—	—	—	25.0
Dänemark . . .	2.0	12.0	— 5.3	— 1.9	32.7	— 10.1	3.2
Deutschland . .	10.4	2.3	6.9	2.1	10.4	5.8	7.4
Frankreich mit Tunis u. Algerien	—	3.1	6.8	16.4	4.5	1.6	1.1
Griechenland .	—	12.5	33.3	—	8.83	—	—
Grossbritannien	—	—	—	—	—	—	—
Italien	2.2	1.6	2.1	32.1	5.0	13.3	1.9
Luxemburg . .	6.6	— 6.2	— 46.6	112.5	17.6	—	10.0
Niederland . . .	8.6	2.6	12.0	5 4	9.5	2.0	4 5
Norwegen . . .	14.8	6.4	—	—	12.1	16 2	9.3
Oesterreich . . .	— 0.6	30.3	—	10 3	8.1	8.6	—
Portugal	—	4.3	16.6	3.5	—	20.6	— 11.4
Rumänien . . .	105.5	— 82.4	16.0	— 27.6	—	47.6	3.2
Russland	37.8	—	14.3	6,7	15.8	13.2	6.8
Schweden . . .	9.0	6.2	15,7	— 10.1	26.4	1.5	25.0
Schweiz	12.1	— 1.0	9,8	7.4	1.7	8.6	10.5
Serbien	—	—	—	—	—	—	—
Spanien	—	86.7	5.9	— 19.7	12.3	57.8	4.9
Türkei	—	—	—	—	—	—	—
Ungarn	—	—	14.3	2.5	4.8	— 9.8	— 25.6
Argentinien . .	—	—	—	—	6.6	43.7	— 17.3
Bolivien	—	—	—	—	—	—	—
Canada	—	—	—	—	—	—	—
Costarica	—	—	—	—	—	—	—
Paraguay . . .	—	—	—	—	—	—	—
Peru	—	—	—	—	—	—	—
Salvador	—	—	—	—	—	—	—
Uruguay	—	—	—	—	—	—	—
Verein. Staaten v. Amerika .	—	—	—	—	50.0	28.0	16.8
Egypten	—	— 14.3	50.0	44.4	15.2	13.3	5.8
Britisch-Indien	—	17.7	7.5	1.8	5.2	1.6	4.8
Japan	—	—	50.0	— 33.3	200.0	—	—
Siam	—	—	—	—	—	—	—
Britische Kolonien	—	—	—	—	—	—	—
Dänische Kol. .	—	—	—	—	—	—	—
Französ. „ .	—	—	—	—	—	—	—
Niederländ. „ .	—	—	—	—	—	—	—

internationalen Verkehrs

berechnet.)

1883	1884	1885	1886	1887	1888	1889	1890	1891
7.5	5.0	7.6	− 1.2	− 17.0	7.2	8.4	2.8	2.4
40.0	14.3	150.0	− 40.0	− 33.3	37.5	36.3	− 6.6	14.3
7.8	—	2.9	7.0	6.6	—	12.3	− 4.4	—
5.3	5.3	4 5	1.6	5.7	7.2	6.4	5.6	5.4
4.5	—	1.6	2.4	3.8	8.6	6.1	1.7	2.9
− 5.3	− 5.5	1.7	5.2	− 5.0	15.7	54.5	11.7	—
—	—	—	—	—	—	—	—	—
8.3	—	—	8.8	8.5	− 34.3	9.6	− 2.2	2.9
—	—	4.5	8.6	− 12.0	18.1	7.7	− 3.5	− 7.4
3.1	3.0	7 6	1.6	− 4.2	5.0	6.3	3.5	2.4
6.3	—	− 2.0	8.1	—	16.9	4.8	− 1.5	7.8
6.7	7.3	5.2	8.9	− 25.5	9.4	3.5	9.5	5.1
9.6	5.8	25.0	− 22.2	17.1	2.4	16.8	30.6	18.7
6.2	—	− 2.9	—	− 30.3	169.5	− 4.8	10.1	16.9
7.1	15.6	1.5	11.2	8.7	0.4	10.5	6.8	0.8
− 4.7	9.8	6.7	5.2	10.0	9.0	− 5.8	11.4	− 2.8
6.5	− 3.5	8.2	4 3	− 8.5	− 0.7	6.9	4.3	1.1
—	—	—	—	—	41.6	52.9	26.9	− 0.1
11.3	—	—	—	—	0.8	1.6	—	7.3
—	—	—	—	—	—	—	—	—
− 6.9	11.1	—	186.6 *	331.4	26.8	7.4	− 32.5	8.1
31.5	—	16.0	—	—	93.5	29.2	− 12.1	3.9
—	—	—	—	—	—	—	—	—
—	—	—	—	—	—	—	—	—
—	··	—	16.6	− 16.6	—	—	—	40.0
—	—	—	—	—	—	—	—	—
—	—	140.0	8.2	7.7	21.4	17.6	—	—
13.4	6.9	0.8	8.1	9.3	11.1	6.7	8.0	− 7.8
16.6	− 19.0	82.3	− 3.2	− 10.0	− 25.9	50.0	6.6	3.1
—	7.7	1.2	—	5.6	20.0	1.1	3.3	8.2
16.6	− 42.8	25.0	40.0	—	142.8	− 22.2	− 15.4	− 9.1
—	—	—	—	—	—	—	—	—
—	—	—	—	—	—	—	—	—
—	—	—	—	—	—	—	—	—
—	—	—	—	—	—	—	—	—
—	—	—	—	—	—	—	—	—

* Der Verkehr Ungarns mit Oesterreich wird vom Jahre 1886 ab als Auslandsverkehr gerechnet.

Inländischer Briefverkehr

(in Mil-

	Tag des Beitritts zum Weltpostverein	1875			1876		
		Briefe	Postkarten	Summe	Briefe	Postkarten	Summe
Belgien	1. 7. 1875	50.6	7.5	58.1	51.7	8.9	60.6
Bulgarien . . .	1. 7. 1879	—	—	—	—	—	—
Dänemark . . .	1. 7. 1875	15.9	—	15.9	16.9	0.2	17.1
Deutschland . .	1. 7. 1875	478.7	61.1	539.8	486.8	75.8	562.6
Frankreich und Algerien . . .	1. 1. 1876	—	—	—	366.4	26.0	392.4
Griechenland. .	1. 7. 1875	2.1	—	2.1	2.1	—	2.1
Grossbritannien	1. 7. 1875	—	—	—	—	—	—
Italien	1. 7. 1875	131.8	9.9	141.7	110.8	12.2	123.0
Luxemburg . .	1. 7. 1875	1.2	0.1	1.3	1.3	0.1	1.4
Niederland . . .	1. 7. 1875	40.2	7.6	47.8	42.5	9.0	51.5
Norwegen . . .	1. 7. 1875	6.2	—	6.2	6.9	0.1	7.0
Oesterreich. . .	1. 7. 1875	152.0	18.3	170.3	161.0	22.9	183.9
Portugal	1. 7. 1875	—	—	—	11.6	—	11.6
Rumänien . . .	1. 7. 1875	3.2	—	3.2	8.0	0.2	8.2
Russland	1. 7. 1875	60.6	1.4	62.0	66.7	1.8	68.5
Schweden . . .	1. 7. 1875	20.0	0.1	20.1	21.9	0.1	22.0
Schweiz	1. 7. 1875	46.0	4.6	50.6	39.8	6.6	46.4
Serbien	1. 7. 1875	—	—	—	—	—	—
Spanien.	1. 7. 1875	—	—	—	74.5	1.3	75.8
Türkei	1. 7. 1875	—	—	—	—	—	—
Ungarn	1. 7. 1875	57.2	8.0	65.2	61.5	9.0	70.5
Argentinien . .	1. 4. 1878	—	—	—	—	—	—
Bolivien	1. 4. 1886	—	—	—	—	—	—
Canada	1. 7. 1878	—	—	—	—	—	—
Costarica	1. 1. 1883	—	—	—	—	—	—
Paraguay . . .	1. 7. 1881	—	—	—	—	—	—
Peru	1. 4. 1879	—	—	—	—	—	—
Salvador	1. 4. 1879	—	—	—	—	—	—
Uruguay	1. 7. 1880	—	—	—	—	—	—
Ver. Staaten v. Amerika . . .	1. 7. 1875	—	107.6	107.6	—	—	—
Egypten	1. 7. 1875	—	—	—	1.9	—	1.9
Tunis	1. 7. 1888	—	—	—	—	—	—
Britisch - Indien	1. 7. 1876	—	—	—	107.6	—	107.6
Japan	1. 6. 1877	—	—	—	—	—	—
Siam	1. 7. 1885	—	—	—	—	—	—
Australien . . .	1. 10. 1891	—	—	—	—	—	—
Britische Kol. .	verschieden	—	—	—	—	—	—
Dänische „	1. 9. 1877	—	—	—	—	—	—
Französ. „	1. 7. 1876	—	—	—	1.1	—	1.1
Niederlnd. „	1. 5. 1877	—	—	—	—	—	—

der Weltpostvereinsstaaten.
lionen)

	1877			1878			1879	
Briefe	Post-karten	Summe	Briefe	Post-karten	Summe	Briefe	Post-karten	Summe
53.3	10.0	63.3	54.2	11.1	65.3	58.2	14.1	72.3
18.1	0.1	18.2	19.5	0.1	19.6	20.9	0.1	21.0
491.1	89.5	580.6	504.1	104.2	608.8	503.3	117.9	621.2
376.7	30.9	407.6	424.8	29.6	454.4	454.6	26.6	481.2
2.1	—	2.1	2.0	—	2.0	2.0	—	2.0
151.2	14.2	165.4	140.9	17.2	158.1	150.9	19.2	170.1
1.4	0.1	1.5	1.4	0.1	1.5	1.4	0.1	1.5
44.5	10.6	55.1	45.7	11.2	56.9	47.1	12.6	59.7
7.6	0.1	7.7	8.0	0.1	8.1	8.7	0.1	8.8
148.7	25.3	174.0	170.0	29.3	199.3	165.8	31.6	197.4
11.9	—	11.9	12.3	0.1	12.4	14.1	0.3	14.4
4.0	0.2	4.2	6.4	0.8	6.7	4.3	0.6	4.9
81.9	2.2	84.1	94.3	2.6	96.9	88.0	3.5	91.5
24.6	0.3	24.9	25.4	0.6	26.0	24.4	0.8	25.2
40.5	5.1	45.6	42.0	5.3	47.3	44.1	6.1	50.2
75.0	1.0	76.0	78.8	1.0	79.8	66.4	0.1	66.5
60.0	9.6	69.6	64.5	10.2	74.7	62.7	11.8	74.5
—	—	—	3.4	—	8.4	—	—	—
—	—	—	44.0	6.5	05.5	—	—	—
—	—	—	—	—	—	—	—	—
—	—	—	—	—	—	—	—	—
—	—	—	—	—	—	—	—	—
—	—	—	—	—	—	—	—	—
—	—	—	—	—	—	—	—	—
1.9	—	1.9	2.3	—	2.3	2.5	—	2.5
107.4	—	107.4	112.3	—	112.3	115.8	—	115.8
24.2	8.4	32.6	27.1	11.9	39.0	31.8	15.4	47.2
0.5	—	0.5	0.6	—	0.6	0.7	—	0.7
1.1	—	1.2	1.5	—	1.5	1.3	—	1.3
3.1	0.3	3.4	3.3	0.3	3.6	3.4	0.4	3.8

11

(Fortsetzung.)

	Tag des Beitritts zum Weltpostverein	1880			1881		
		Briefe	Postkarten	Summe	Briefe	Postkarten	Summe
Belgien	1. 7. 1875	61.2	14.8	76.0	65.8	16.7	82.5
Bulgarien . . .	1. 7. 1879	—	—	—	0.6	—	0.6
Dänemark . . .	1. 7. 1875	22.0	0.2	22.2	23.6	0.2	23.8
Deutschland . .	1. 7. 1875	522.7	136.3	659.0	563.2	154.0	717.2
Frankreich und Algerien . . .	1. 1. 1876	488.5	27.6	516.1	535.5	29.6	565.1
Griechenland .	1. 7. 1875	2.2	—	2.2	2.8	—	2.8
Grossbritannien	1. 7. 1875	1176.4	122.9	1299.3	1229.4	135.2	1364.6
Italien	1. 7. 1875	151.5	21.7	173.2	153.7	23.8	177.5
Luxemburg . .	1. 7. 1875	1.4	0.2	1.6	1.4	0.2	1.6
Niederland . . .	1. 7. 1875	48.1	13.9	62.0	49.6	15.5	65.1
Norwegen . . .	1. 7. 1875	9.0	0.2	9.2	9.6	0.3	9.9
Oesterreich . . .	1. 7. 1875	175.0	36.2	211.2	179.5	38.9	218.4
Portugal	1. 7. 1875	14.1	0.3	14.4	14.0	0.8	14.8
Rumänien . . .	1. 7. 1875	4.6	0.7	5.3	5.5	0.7	6.2
Russland	1. 7. 1875	92.5	4.7	97.2	96.3	5.7	102.0
Schweden . . .	1. 7. 1875	27.1	1.3	28.4	27.5	1.6	29.1
Schweiz.	1. 7. 1875	45.7	6.7	52.4	49.3	7.2	56.5
Serbien	1. 7. 1875	—	—	—	—	—	—
Spanien	1. 7. 1875	66.5	0.2	66.7	82.2	0.3	82.5
Türkei	1. 7. 1875	—	—	—	—	—	—
Ungarn	1. 7. 1875	64.6	13.0	77.6	67.0	14.8	81.8
Argentinien . .	1. 4. 1878	5.2	—	5.2	7.3	—	7.3
Bolivien	1. 4. 1886	—	—	—	—	—	—
Canada	1. 7. 1878	—	—	—	—	—	—
Costarica	1. 1. 1883	—	—	—	—	—	—
Paraguay . . .	1. 7. 1881	—	—	—	—	—	—
Peru	1. 4. 1879	—	—	—	—	—	—
Salvador	1. 4. 1879	—	—	—	—	—	—
Uruguay	1. 7. 1880	—	—	—	—	—	—
Ver. Staaten v. Amerika . . .	1. 7. 1875	847.8	275.3	1123.1	1046.1	324.6	1370.7
Egypten	1. 7. 1875	2.8	0.1	2.9	3.3	0.1	3.4
Tunis	1. 7. 1888	—	—	—	—	—	—
Britisch - Indien	1. 7. 1876	118.1	7.5	125.6	126.0	14.9	140.9
Japan	1. 6. 1877	36.9	19.8	46.7	42.0	26.8	68.8
Siam	1. 7. 1885	—	—	—	—	—	—
Australien . . .	1. 10. 1891	—	—	—	—	—	—
Britische Kol. .	verschieden	6.3	—	6.3	6.4	0.1	6.5
Dänische „	1. 9. 1877	—	—	—	—	—	—
Französ. „	1. 7. 1876	1.1	—	1.1	0.8	--	0.8
Niederländ. „	1. 5. 1877	3.5	0.5	4.0	3.7	0.5	4.2

(Fortsetzung.)

1882			1883			1884		
Briefe	Post-karten	Summe	Briefe	Post-karten	Summe	Briefe	Post-karten	Summe
69.2	18.3	87.5	71.7	18.8	90.5	73.0	19.8	92.8
0.6	—	0.6	1.2	0.1	1.3	1.1	0.2	1.3
24.3	0.8	24.6	26.4	0.3	26.7	27.1	0.3	27.4
574.7	168.4	743.1	601.5	188.0	789.5	633.8	205.0	838.8
551.8	30.9	582.7	572.1	31.5	603.6	578.8	32.6	611.4
3.1	—	3.1	3.1	—	3.1	3.7	0.1	3.8
1280.6	144.0	1424.6	1322.1	154.3	1476.4	1360.3	160.3	1520.6
160.5	27.0	187.5	168.7	29.7	198.4	—	—	—
1.2	0.2	1.4	1.2	0.2	1.4	1.1	0.2	1.3
51.7	16.3	68.0	53.1	17.8	70.9	55.6	18.4	74.0
10.1	0.4	10.5	11.1	0.6	11.7	11.5	0.8	12.3
190.7	43.8	234.5	203.9	48.6	252.5	219.8	54.3	274.1
14.1	1.1	15.2	15.0	1.5	16.5	15.4	1.7	17.1
6.8	0.9	7.2	6.7	1.0	7.7	6.4	0.1	6.5
103.6	7.0	110.6	109.2	8.1	117.3	116.9	9.5	126.4
29.3	2.1	31.4	30.9	2.6	33.5	32.9	2.9	35.8
51.5	7.4	58.9	50.1	7.8	57.9	50.0	8.4	58.4
—	—	—	—	—	—	—	—	—
88.4	0.3	88.7	94.9	0.3	95.2	—	—	—
—	—	—	—	—	—	—	—	—
69.9	16.5	86.4	72.5	18.0	90.5	77.6	20.6	98.2
8.8	—	8.8	10.9	0.1	11.0	14.6	0.1	14.7
—	—	—	65.4	12.9	78.3	68.9	13.6	82.5
—	—	—	—	—	—	—	—	—
—	—	—	—	—	—	—	—	—
—	—	—	—	—	—	—	—	—
—	—	—	—	—	—	1.7	—	1.7
—	—	—	—	—	—	—	—	—
3.1	0.1	3.2	8.8	0.1	8.9	4.2	0.1	4.3
—	—	—	—	—	—	—	—	—
127.9	22.0	149.9	132.8	29.8	162.1	137.1	38.6	175.7
48.0	32.0	80.0	53.2	32.8	86.0	55.2	36.7	91.9
—	—	—	—	—	—	—	—	—
0.8	—	0.8	7.6	0.1	7.7	8.6	0.1	8.7
—	—	—	0.1	—	0.1	0.1	—	0.1
2.0	—	2.0	1.4	—	1.4	1.6	—	1.6
3.9	—	3.9	3.8	0.6	4.4	3.8	0.7	4.5

(Fortsetzung.)

	Tag des Beitritts zum Weltpostverein	1885			1886		
		Briefe	Postkarten	Summe	Briefe	Postkarten	Summe
Belgien	1. 7. 1875	74.3	21.0	95.3	61.1	21.1	82.2
Bulgarien . . .	1. 7. 1879	1.3	0.2	1.5	1.5	0.2	1.7
Dänemark . . .	1. 7. 1875	28.5	0.3	28.8	31.0	0.3	31.3
Deutschland . .	1. 7. 1875	665.7	221.7	887.4	655.8	236.4	892.2
Frankreich und Algerien . . .	1. 1. 1876	587.3	33.3	620.6	541.4	34.3	575.7
Griechenland .	1. 7. 1875	4.3	0.1	4.4	3.2	0.1	3.3
Grossbritannien	1. 7. 1875	1403.5	171.3	1574.8	1420.7	177.5	1598.2
Italien	1. 7. 1875	172.7	33.6	206.3	127.3	38.4	165.7
Luxemburg . .	1. 7. 1875	1.2	0.3	1.5	1.0	0.3	1.3
Niederland . . .	1. 7. 1875	56.8	19.3	76.1	50.3	19.8	70.1
Norwegen . . .	1. 7. 1875	12.1	0.9	13.0	11.7	1.0	12.7
Oesterreich . .	1. 7. 1875	231.5	57.7	289.2	205.7	62.1	267.8
Portugal	1. 7. 1875	15.8	2.1	17.9	14.7	2.7	17.4
Rumänien . . .	1. 7. 1875	7.7	1.3	9.0	5.8	1.3	7.1
Russland	1. 7. 1875	121.8	10.4	132.2	97.5	12.4	109.9
Schweden . . .	1. 7. 1875	36.9	3.4	40.3	37.3	3.7	41.0
Schweiz	1. 7. 1875	52.6	8.4	61.0	49.6	8.7	58.3
Serbien	1. 7. 1875	—	—	—	—	—	—
Spanien	1. 7. 1875	—	—	—	90.3	0.3	90.6
Türkei	1. 7. 1875	—	—	—	—	—	—
Ungarn	1. 7. 1875	81.3	22.2	103.5	65.1	24.3	89.4
Argentinien . .	1. 4. 1878	16.9	—	16.9	—	—	—
Bolivien	1. 4. 1886	—	—	—	—	—	—
Canada	1. 7. 1878	—	—	—	—	—	—
Costarica	1. 1. 1883	—	—	—	—	—	—
Paraguay . . .	1. 7. 1881	—	—	—	—	—	—
Peru	1. 4. 1879	0.4	—	0.4	—	—	—
Salvador	1. 4. 1879	—	—	—	—	—	—
Uruguay	1. 7. 1880	1.8	—	1.8	1.9	—	1.9
Ver. Staaten v. Amerika . . .	1. 7. 1875	—	—	—	—	—	—
Egypten	1. 7. 1875	4.5	0.2	4.7	3.3	0.2	3.5
Tunis	1. 7. 1888	—	—	—	—	—	—
Britisch - Indien	1. 7. 1876	140.8	48.7	189.5	143.8	58.9	202.7
Japan	1. 6. 1877	54.5	40.2	94.7	47.3	45.7	93.0
Siam	1. 7. 1885	0.1	—	0.1	0.1	—	10.
Australien . . .	1. 10. 1891	—	—	—	—	—	—
Britische Kol. .	verschieden	1.1	—	1.1	1.6	—	1.6
Dänische „	1. 9. 1877	0.1	—	0.1	0.1	—	0.1
Französ. „	1. 7. 1876	1.3	—	1.3	1.4	—	1.4
Niederländ. „	1. 5. 1877	4.0	0.8	4.8	—	—	—

(Fortsetzung.)

1887			1888			1889		
Briefe	Postkarten	Summe	Briefe	Postkarten	Summe	Briefe	Postkarten	Summe
61.3	21.4	82.7	63.7	23.2	86.9	67.1	28.5	95.6
1.6	0.3	1.9	1.8	0.4	2.2	2.0	0.6	2.6
38.5	0.4	38.9	35.5	0.5	36.0	37.6	1.2	38.8
686.3	251.4	937.7	717.9	267.9	985.8	778.5	294.1	1072.6
553.1	36.5	589.6	573.2	38.2	611.4	584.1	41.6	625.7
2.7	0.1	2.8	2.8	0.1	2.9	3.0	0.1	3.1
1512.2	188.8	1701.0	1558.1	201.4	1759.5	1650.2	217.1	1867.8
127.0	40.1	167.1	111.3	43.7	155.0	113.0	45.8	158.8
0.9	0.3	1.2	1.0	0.3	1.3	1.1	0.4	1.5
50.5	21.7	72.2	50.6	23.3	73.9	50.7	24.7	75.4
12.1	1.1	13.2	11.8	1.1	12.9	12.4	1.4	13.8
191.9	64.4	265.3	199.8	70.8	270.6	210.5	75.1	285.6
15.9	3.0	18.9	16.2	3.3	19.5	17.6	3.7	21.3
6.0	1.4	7.4	6.7	2.0	8.7	6.4	1.9	8.3
103.0	14.8	117.8	107.4	17.3	124.7	112.0	19.3	131.3
36.1	4.2	40.3	37.4	4.7	42.1	38.7	4.6	43.3
50.4	10.6	61.0	53.2	11.5	64.7	52.1	12.2	64.3
2.0	0.1	2.1	2.2	0.1	2.3	2.8	0.1	2.9
90.6	0.3	90.9	90.8	0.9	91.7	90.8	0.9	91.7
—			—			—		
64.1	25.8	89.9	49.4	21.5	70.9	55.9	22.1	78.0
9.0	0.1	9.1	23.3	0.5	23.8	53.7	1.9	55.6
0.3	—	0.3	—	—	—	0.4	—	0.4
74.3	16.4	90.7	80.2	16.6	96.8	92.7	19.4	112.1
						0.2	—	0.2
0.1	—	0.1	0.1	—	0.1	0.1	—	0.1
0.7	—	0.7	—	—	—	—	—	—
—			—			—		
3.6	—	3.6	3.7	0.1	3.8	3.8	0.1	3.9
—			—			1894.3	375.2	2269.5
3.5	0.3	3.8	3.6	0.4	4.0	3.6	0.5	4.1
—			—			—		
147.9	67.8	215.7	152.3	75.9	228.2	157.9	85.9	243.8
51.0	55.6	106.6	54.7	66.4	121.1	59.4	33.9	93.3
0.1	—	0.1	0.1	—	0.1	0.1	—	0.1
—			—			—		
1.5	—	1.5	0.2	—	0.2	0.2	—	0.2
0.1	—	0.1	0.1	—	0.1	0.1	—	0.1
1.2	—	1.2	1.5	—	1.5	1.4	—	1.4
3.2	0.9	4.1	3.5	1.0	4.5	3.9	1.1	5.0

(Fortsetzung.)

	Tag des Beitritts zum Weltpostverein	1890			1891		
		Briefe	Postkarten	Summe	Briefe	Postkarten	Summe
Belgien	1. 7. 1875	66.4	31.0	97.4	67.7	31.2	98.9
Bulgarien . . .	1. 7 1879	2.5	0.7	3.2	2.8	0.9	3 7
Dänemark . . .	1. 7. 1875	39.1	1.6	40.7	37.5	1.8	39.3
Deutschland . .	1. 7. 1875	825.3	319.2	1144.5	881.5	342.4	1223.9
Frankreich und Algerien . . .	1. 1. 1876	612.3	42.6	654.9	623.1	44.9	667.1
Griechenland .	1. 7. 1875	3.1	0.1	3 2	2.9	0.2	3.1
Grossbritannien	1. 7. 1875	1705.8	229.7	1935.5	1767.5	241.6	2009.1
Italien	1. 7. 1875	115.8	45.5	162 3	115.0	45.8	160.8
Luxemburg . .	1. 7. 1875	1.3	0.4	1.7	1.3	0.4	1.7
Niederland . . .	1. 7. 1875	50.8	26.6	77.4	50.9	28.4	79.3
Norwegen . . .	1. 7. 1875	15.0	1.6	16.6	15.7	1.8	17.5
Oesterreich . .	1. 7. 1875	218.0	81.8	299.9	226.9	82.8	309.6
Portugal	1. 7. 1875	18.5	4.3	22.8	18.2	4.8	23.0
Rumänien . . .	1. 7. 1875	6.5	2.2	8.7	7.4	2.5	9.9
Russland	1. 7. 1875	117.7	22.1	139.8	127.6	26.0	153.6
Schweden . . .	1. 7. 1875	41.8	4.9	46.7	44.3	5.4	49.7
Schweiz	1. 7. 1875	56.1	12.9	69.0	58.5	13.6	72.1
Serbien	1. 7. 1875	4.4	0.1	4.5	3.6	0.1	3.7
Spanien	1. 7. 1875	90.8	0.9	91.7	91.0	0.5	91.5
Türkei	1. 7. 1875	4.6	0.1	4.7	—	—	—
Ungarn	1. 7. 1875	49.3	24.4	73.7	50.9	25.1	76.0
Argentinien . .	1. 4 1878	49.7	0.8	50.5	61.1	1.4	62.5
Bolivien	1. 4. 1886	—	—	--	0.4	—	0.4
Canada	1. 7. 1878	94.1	19.5	113.6	98.0	20.3	118.3
Costarica	1. 1. 1883	—	—	—	0 2	—	0.2
Paraguay . . .	1. 7. 1881	0.2	—	0.2	0.2	—	0.2
Peru	1. 4. 1879	—	—	—	—	—	—
Salvador	1. 4. 1879	—	—	—	0.2	—	0.2
Uruguay	1. 7. 1880	—	—	—	4.0	0.1	4.1
Ver. Staaten v. Amerika . . .	1. 7. 1875	1860.4	429.5	2289.9	2438.7	424.2	2862.9
Egypten	1. 7. 1875	5.8	0.1	5.9	6.4	0.2	6.6
Tunis	1. 7. 1888	—	—	—	—	—	—
Britisch-Indien	1. 7. 1876	164.7	94.4	259.1	166.7	101.1	267.8
Japan	1. 6. 1877	63.8	96.4	160.1	66.0	106.6	172.6
Siam	1. 7. 1885	0.1	—	0.1	0.1	—	0.1
Australien . . .	1. 10 1891	—	—	—	91.2	2.0	93.2
Britische Kol. .	verschieden	0.1	—	0.1	0.8	—	0.3
Dänische „	1. 9. 1877	0.1	—	0.1	0.1	—	0.1
Französ. „	1. 7. 1876	0.9	—	0 9	1.4	—	1.4
Niederländ. „	1. 5. 1877	3.9	1.2	5.1	4 0	1.8	5.3

JÄHRLICHE STEIGERUNG

DES

INLÄNDISCHEN VERKEHRS.

———

Jährliche Steigerung des
(in Procenten

	1876	1877	1878	1879	1880	1881	1882
Belgien	4.3	4.4	3.1	10.7	5.1	8.8	6.0
Bulgarien	—	—	—	—	—	—	—
Dänemark	7.5	7.0	7.7	7.1	5.7	7.2	3.3
Deutschland	4.2	3.2	4.8	2.1	6.0	8.8	3.6
Frankreich mit Algerien	—	3.8	11.3	5.9	7.2	9.5	3.1
Griechenland	—	—	− 4.7	—	10.0	27.8	10.7
Grossbritannien	—	—	—	—	—	5.0	4.4
Italien	− 18.2	34.4	− 4.4	7.5	1.8	2.4	5.8
Luxemburg	7.7	7.1	—	—	6.6	—	− 12.5
Niederland	7.7	6.9	3.2	4.9	3.8	5.0	4.4
Norwegen	12.9	10.0	5.2	8.6	4.5	7.6	6.0
Oesterreich	7.9	− 5.8	14.5	− 0.9	6.9	8.4	7.3
Portugal	—	2.5	4.1	16.1	—	2.8	2.7
Rumänien	—	31.2	59.5	− 26.7	8.1	17.0	16.1
Russland	10.5	22.7	15.2	− 5.5	6.2	4.9	8.4
Schweden	9.4	13.1	4.4	− 3.0	12.7	2.4	7.9
Schweiz	− 8.3	− 1.7	3.7	6.1	4.8	7.8	4.2
Serbien	—	—	—	—	—	—	—
Spanien	—	0.2	5.0	− 16.6	0.8	23.7	7.5
Türkei	—	—	—	—	—	—	—
Ungarn	8.1	− 1.2	7.3	− 0.2	4.1	5.4	5.8
Argentinien	—	—	—	—	—	40.4	20.5
Bolivien	—	—	—	—	—	—	—
Canada	—	—	—	—	—	—	—
Costarica	—	—	—	—	—	—	—
Paraguay	—	—	—	—	—	—	—
Peru	—	—	—	—	—	—	—
Salvador	—	—	—	—	—	—	—
Urugay	—	—	—	—	—	—	—
Verein. Staaten v. Amerika	—	—	—	—	—	22.0	—
Egypten	—	—	21.0	8.7	16.0	17.2	− 5.9
Britisch-Indien	—	—	4.5	3.1	8.4	12.1	6.4
Japan	—	—	19.6	21.0	− 1.0	47.3	16.8
Siam	—	—	—	—	—	—	—
Britische Kolonien	—	—	—	—	—	—	—
Dänische Kol.	—	—	—	—	—	—	—
Französ. „	—	—	—	—	—	—	—
Niederländ. „	—	—	5.9	5.5	5.2	—	—

inländischen Verkehrs

berechnet.)

1883	1884	1885	1886	1887	1888	1889	1890	1891
8.4	2.5	9.6	— 18.7	0.6	5.0	10.0	1.9	1.5
133.3	—	15.3	13.3	11.7	15.7	18.1	23.0	15.6
8.5	2.6	5.1	5.2	8.3	6.1	7.7	4.9	— 8.4
6.2	6.2	5.7	0.5	5.1	5.1	8.8	6.7	6.9
3.6	1.3	1.5	— 7.2	2.4	8.7	2.3	4.6	1.9
—	23.6	15.8	— 25.0	— 15.1	3.6	7.0	6.4	— 8.4
3.6	3.0	8.5	1.5	6.4	3.4	6.1	3.1	3.8
5.7	—	—	— 19.6	0.8	— 7.2	2.1	2.5	— 0.4
—	— 7.1	15.8	— 18.3	— 7.7	8.3	15.8	13.3	—
4.2	4.3	2.9	— 7.8	3.0	2.3	2.0	2.7	2.4
11.4	5.1	5.5	— 2.8	4.0	— 2.3	7.0	20.3	5.4
7.6	8.5	5.5	— 7.4	— 4.3	5.5	5.5	5.0	3.2
8.5	3.6	4.6	— 2.7	8.6	3.2	9.2	7.0	0.9
7.0	— 15.6	38.4	— 21.1	4.2	17.5	— 4.6	2.4	13.8
6.5	7.7	4.6	— 16.8	7.1	5.9	5.8	6.4	9.8
6.6	6.8	12.6	1.7	— 1.7	4.4	2.8	7.8	6.4
— 1.7	0.9	4.4	— 4.4	4.4	6.0	— 0.6	7.3	4.5
—	—	—	—	—	9.5	26.1	55.1	— 17.7
7.3	—	—	—	0.3	0.9	—	—	—
4.7	8.5	5.4	— 18.5*	—	— 21.1*	2.9	1.0	3.1
25.0	39.7	14.9	—	—	161.6	146.0	— 9.1	23.7
—	5.3	—	—	—	6.7	15.8	1.8	4.1
—	—	—	—	—	—	—	—	—
—	—	—	—	—	—	—	—	—
—	—	5.9	5.5	89.4	5.5	2.6	—	—
—	—	—	—	—	—	—	0.9	25.0
21.8	10.2	9.3	— 25.5	8.6	5.2	2.5	43.9	1.2
8.1	8.3	7.8	6.9	6.4	5.8	6.9	6.2	3.8
7.5	6.8	3.0	— 1.8	14.6	13.6	— 22.9	71.7	7.7
—	—	—	—	—	—	—	—	—
—	—	—	—	—	—	—	—	—
—	—	—	—	—	—	—	—	—
—	—	—	—	—	—	—	—	—

* Der Verkehr Ungarns mit Oesterreich wird vom Jahre 1886 ab als Auslands-verkehr gerechnet.

SCHLUSSKAPITEL.

Reformfragen.

Wenn auch das in Bern begonnene, in Paris und Lissabon weitergeführte Werk des Weltpostvereins auf dem Wiener Kongresse vorläufig zum Abschluss gebracht wurde, so werden doch auch an die nächsten Kongresse grosse Aufgaben herantreten; denn das Postwesen kann und muss stets vervollkommnet und ausgedehnt werden, wenn es seinen Zweck erfüllen soll. Deshalb wollen wir uns nicht mit den Fragen untergeordneter Bedeutung beschäftigen, wie das geschaffene Werk verschönert werden könne, und wie die noch bestehenden Ungleichheiten und Ausnahmen zu beseitigen seien; unsere Aufgabe soll es vielmehr sein, die grossen Fragen zu streifen, welche auf dem nächsten, im Jahre 1897 in Washington zusammentretenden Kongresse voraussichtlich aufgeworfen werden, deren Lösung das Wirken des Weltpostvereins dem Publikum recht augenfällig machen und in hervorragender Weise zur Erleichterung und Vereinfachung des Verkehrs beitragen würde.

Die Fragen, welche wegen ihrer Schwierigkeiten ihre Lösung in Washington zum Theil noch nicht finden werden, sind

1. der Wegfall der Vergütungen für den Landtransit,

2. die Einführung eines internationalen Postsparkassenwesens und

3. die Einführung einer internationalen Postfreimarke.

Die Unentgeltlichkeit des Transits wurde bereits in dem von der deutschen Postverwaltung aufgestellten, dem Berner Kongresse vorgelegten Vertragsentwurfe gefordert, jedoch namentlich aus Rücksicht für Belgien und Frankreich nicht durchgesetzt. Die Frage wurde dann in Paris wieder aufgeworfen, fand aber auch dort ihre Lösung nicht. Auf dem Wiener Kongresse führten die Erörterungen über die Einführung der Unentgeltlichkeit des Transits zu einem lebhaften Meinungsaustausch. Sicher ist, dass das damalige Verfahren grosse Missstände hatte, da oft Leistungen bezahlt wurden, wo überhaupt keine ausgeführt worden waren, und umgekehrt. Als ein Beispiel sei erwähnt, dass während der Statistik vom 1. bis 28. November 1887 wichtige Transporte durch

Niederland gingen, welche bis zum 31. Mai 1887 durch andere Länder, namentlich durch Belgien, geleitet worden waren. Nach den Vertragsbestimmungen hatte Niederland die Transitvergütung für die ganze dreijährige Periode vom 1. April 1886 bis 31. Dezember 1888 zu beanspruchen, während dieses Land für den Zeitraum von 14 Monaten die Leistungen überhaupt nicht bewirkt hatte. Die Transitentschädigung für diese Zeit betrug etwa 400.000 Franken.

Derartige Ungleichheiten wurden allerdings durch den Wiener Vertrag nach Möglichkeit beseitigt, indess liess man darum doch den Gedanken der Unentgeltlichkeit des Transits nicht aus dem Auge. Allmählich dringt die Ueberzeugung durch, dass, wenn sämmtliche Länder des Weltpostvereins als ein einziges Gebiet betrachtet werden sollen, der Austausch der Postsendungen ganz frei sein muss. Auf Veranlassung Deutschlands hat der Wiener Kongress dem internationalen Büreau den Auftrag ertheilt, eine Umfrage über den Landtransit zu veranstalten. Das Ergebniss der Erhebungen wird voraussichtlich dem nächsten Kongresse als Grundlage für die Berathungen dienen. Da die meisten grösseren Staaten für die Idee der Unentgeltlichkeit des Landtransits gewonnen sind, so steht zu erwarten, dass diese Frage auf dem Kongresse in Washington in der einen oder andern Form, sei es durch Zahlung von Abfindungssummen an die hauptsächlichsten Transitländer, sei es durch einfache Abschaffung der bisherigen Vergütungen, ihre Lösung finden wird.

Seit etwa 30 Jahren hat eine Anzahl europäischer und aussereuropäischer Länder das Postsparkassenwesen eingeführt; so England im Jahre 1861, Belgien im Jahre 1870, Frankreich im Jahre 1882 und Oesterreich im Jahre 1883.[1] Ihre wichtigste Ursache hatte die Institution der Postsparkassen wohl in der mangelhaften Ausbildung und den zahlreichen Bankerotten der Privat- und Aktiensparkassen der genannten Länder. Das Institut hatte den grossen Vortheil, die Zahl der Einzahlungsstellen erheblich zu ver-

---

[1] Ausserdem besteht das System der Postsparkassen in Italien, Ungarn, Niederland, Schweden, Russland, Rumänien, Canada, Kapland, Britisch-Indien, Ceylon, Japan, Victoria, Neusüdwales, Neuseeland, Tasmania und Hawai.

mehren und absolute Sicherheit für das hinterlegte Kapital zu
schaffen, aber auch den Nachtheil der schablonenhaften Organisation und der Kreditcentralisation; denn die Verwaltung der von
der Post angesammelten Sparbeträge geschieht in allen Ländern
durch eine staatliche Centralbehörde, welche entweder die oberste
Post- oder Finanzbehörde oder, wie in Oesterreich und Ungarn,
ein für die Verwaltung der Postsparkassengelder besonders ge-
schaffenes Organ ist. In Deutschland wurde im Jahre 1885 die
Einrichtung der Postsparkassen vom Reichstage abgelehnt, wohl
mit Rücksicht darauf, dass Deutschland mit seinen Gemeinde- und
Kreissparkassen mehr erreicht hat, als alle Länder mit Postsparkassen, und weil ein ausserordentlicher Vortheil darin liegt, dass
die Ortssparkasse sich dem örtlichen Bedürfniss anpassen kann
und das am Orte angesammelte Kapital auch wieder kreditmässig
am Orte angelegt wird, während die Postsparkasse Alles nach der
Hauptstadt führt und nur zur Anlage in Staatspapieren verwendet.

Abgesehen von der leichten Zugänglichkeit und grossen Verbreitung der Einzahlungsstellen haben die Postsparkassen den
wichtigen Vortheil der leichten Uebertragbarkeit der Guthaben,
welcher schon für den innern Verkehr eines Landes von Bedeutung ist, weil die Einleger bei den Postsparkassen sich er-
fahrungsgemäss meist aus den arbeitenden Klassen rekrutiren,
welche ihren Aufenthaltsort öfter wechseln und mit ihren Spar-
einlagen ohne Zinsverlust und Kosten, sowie ohne Einhaltung
einer Kündigungsfrist in die Sparkasse des neuen Wohnsitzes eintreten können. Gerade dieser Vortheil der Uebertragbarkeit legt
aber auch bei den heutigen Verkehrsverhältnissen und der mit
diesen für den Arbeiter verbundenen Erleichterung in der freien
Wahl seiner Arbeitstätte den Gedanken nahe, das Postsparkassenwesen in den internationalen Verkehr einzuführen.

Es war deshalb ein Vorschlag von weitgehender Bedeutung,
welchen der Minister der französischen Posten und Telegraphen
dem Lissaboner Kongresse machte, indem er durch den französischen Delegirten Besnier den Antrag stellen liess, ein Abkommen
über den internationalen Postsparkassendienst in Erwägung zu
ziehen. Die Einrichtung desselben sollte, wie Cochery in seinem
am 2. März 1885 an Besnier in Lissabon gerichteten Briefe ausführte, auf folgenden Grundlagen beruhen.

1. Jeder Staat führt die Sparoperation, auch für Rechnung der fremden Einleger, nur nach den durch seine eigene Gesetzgebung festgestellten Normen aus.

2. Der Austausch von Sparguthaben vollzieht sich ausschliesslich durch Vermittelung der Centralbehörden in der Form der Uebertragung, so zwar, dass die Fonds entweder vollständig oder theilweise, sei es für Rechnung des Inhabers des Buches, sei es für Rechnung eines vom Inhaber bezeichneten Dritten übertragen werden.

3. Die Uebertragung erfolgt in jedem einzelnen Falle mittelst eines Sichtwechsels, welcher von der Verwaltung, die das Guthaben in Händen hat, zu Gunsten derjenigen Anstalt ausgestellt wird, auf welche das Guthaben übertragen werden soll; die Uebertragung gilt vom 16. des laufenden oder vom 1. des auf den Zeitpunkt der Uebertragung folgenden Monats ab.

4. Der aus dem Austausch dieser Wechsel sich ergebende Saldo wird zwischen den betheiligten Verwaltungen durch Bankrechnung periodisch ausgeglichen.

5. Die fiskalischen Interessen lassen es nothwendig erscheinen, anfänglich die Kosten der Uebertragungen von Sparguthaben im internationalen Verkehr durch Einbehaltung von Zinsen zum Ausdruck zu bringen, welche ein Procent betragen und somit der Postanweisungsgebühr entsprechen sollen. Die Berechnung der Zinsen soll sich auf eine zu vereinbarende Zahl von Wochen oder Monaten erstrecken und der Betrag zwischen den beiden betheiligten Verwaltungen gleichmässig getheilt werden.

Der französische Vorschlag wurde von den belgischen, italienischen und luxemburgischen Delegirten unterstützt und schliesslich dem internationalen Büreau zur Prüfung überwiesen. Zu einem Ergebniss haben die Verhandlungen bisher nicht geführt.

Der Vorschlag Cocherys enthielt an sich nichts Neues, sondern suchte nur den zwischen Frankreich und Belgien bestehenden Postsparkassenverkehr auch auf die anderen Länder des Weltpostvereins auszudehnen. Nach der am 31. Mai 1882 zwischen den beiden genannten Ländern getroffenen Vereinbarung können sowohl die in der Postsparkasse Frankreichs, als auch in der allgemeinen Spar- und Versorgungskasse Belgiens niedergelegten Sparbeträge auf Verlangen der Betheiligten bis zum Meistbetrage von 2000 Franken ohne Kosten von der einen Kasse auf die andere und wieder zurück durch Vermittelung der Postverwaltungen übertragen werden. Ausserdem können die Betheiligten die Zurücknahme von Sparbeträgen, welche sie bei der Sparkasse des einen Landes niedergelegt haben, ohne Anrechnung von Kosten im andern Lande erlangen. Die von einer auf die andere Kasse übertragenen Summen tragen Zinsen zu Lasten derjenigen Verwaltung, welche die Sparbeträge in Händen hatte, bis zum Ablauf des Monats, in welchem der Antrag auf Uebertragung gestellt worden ist, und zu Lasten derjenigen Verwaltung, welche die Uebertragung annimmt, vom 1. des darauf folgenden Monats ab. Am Ende eines jeden Monats stellt jede der beiden Postverwaltungen eine Abrechnung über die Beträge auf, welche sie aus Anlass der im Postsparverkehr gemachten Operationen der andern Verwaltung schuldet; nach wechselseitiger Prüfung der Abrechnungen zahlt diejenige Verwaltung, für welche sich eine Schuld ergiebt, den schuldigen Betrag in Wechseln auf Paris bz. auf Brüssel.

Der Einwand, dass ein internationaler Postsparkassendienst nur zwischen Ländern mit demselben Münzsystem möglich sei, wird durch die Thatsache widerlegt, dass bereits seit dem 16. September 1883 ein Uebereinkommen zwischen Belgien und Niederland besteht, wonach sowohl die in die allgemeine Postsparkasse Belgiens, als auch in die Postsparkasse Niederlands eingezahlten Sparbeträge auf Verlangen der Betheiligten ohne Kosten von der einen Kasse auf die andere und wieder zurück durch Vermittelung der Postverwaltungen übertragen werden. Die besonderen Vorschriften entsprechen den für den Verkehr zwischen Frankreich und Belgien gegebenen.

Da sowohl der zwischen Frankreich und Belgien, als auch der zwischen Belgien und Niederland eingerichtete Postsparkassendienst sich in den 12 Jahren seines Bestehens bewährt und zu keinerlei Schwierigkeiten geführt hat, so dürfte es nicht schwer fallen, auf Grund der bestehenden Verträge und gewonnenen Erfahrungen eine allgemeine Regelung des internationalen Postsparkassendienstes zwischen denjenigen Verwaltungen zu erzielen, welche diesen Dienst bereits im innern Verkehr eingeführt haben.

Von den oben bezeichneten drei Fragen ist die interessanteste, aber in ihrer Beantwortung mit den grössten Schwierigkeiten verknüpfte die Einführung internationaler Briefmarken oder, was ungefähr dasselbe ist, von Rückbriefmarken. Sobald die Idee der deutschen Regierung bekannt wurde, zum Zwecke der Gründung eines allgemeinen Postvereins einen Postkongress zu berufen, tauchten auch sofort die Projekte wegen einer internationalen Briefmarke auf. Dem Kongresse in Bern lagen bereits vier Anträge [1] auf Einführung derartiger Marken vor. Ebenso wurden dem Pariser Kongresse zwei Petitionen, datirt aus Genua und Béziers, unterbreitet. Beide Male nahm man keine weitere Notiz davon. Auf dem Lissabonner Kongresse trat zum ersten Male ein Delegirter gegen die Idee der internationalen Briefmarken auf und beantragte, der Kongress möchte derartigen Wünschen durch eine bündige Erklärung ein für alle Male entgegentreten. Diesem Antrage wurde indess nicht entsprochen; vielmehr erklärte der französische Delegirte, dass er die Universalbriefmarke durchaus nicht für eine Utopie halte, die französische Postverwaltung beschäftige sich mit dem Studium dieser interessanten Frage, und ohne durch eingehendes Studium zu einem Urtheil über die Möglichkeit der Einführung gekommen zu sein, dürfe man den Plan nicht abweisen.

Auf dem Wiener Kongresse hielt der luxemburgische Delegirte den Zeitpunkt für gekommen, die Aufmerksamkeit der mit der Prüfung des Hauptvertrags beauftragten Kommission von Neuem auf die Schaffung der Universalbriefmarke zu lenken. Nach seinem Dafürhalten würde die Lösung dieses Problems dem Publikum grosse Dienste leisten; dieses verlange schon längst die Möglichkeit, die Antwort für einen Brief vorauszubezahlen, wie dies bei den Telegrammen bereits eingeführt sei. Er wolle im Augenblick keinen bestimmten Vorschlag in dieser wichtigen Frage formuliren, unterbreite aber der allgemeinen Begutachtung folgenden Antrag.

„Zum Zweck der Erleichterung der Beziehungen zwischen

---

[1] Von Charles Lemonnier in Genf, Virginie Géo in Nantes, Nikolas Ruffner in München und Universitätsprofessor Faà di Bruno in Turin.

den Ländern des Weltpostvereins werden internationale Briefmarken im Werthe von 25 und 5 Centimen geschaffen.

„Diese Briefmarken werden in allen Ländern des Weltpostvereins zur Frankirung der internationalen Korrespondenz zugelassen, ebenso wie die Briefmarken jedes Landes.

„Sie können zur Frankirung der Sendungen im innern Dienst eines Landes nicht verwendet werden.

„Der Verkauf der internationalen Briefmarke wird für Rechnung aller Länder des Weltpostvereins bewirkt. Nach Abzug der Fabrikations- und sonstigen Kosten wird der Verkaufserlös gemäss § 3 des Artikels 28 der Ausführungsbestimmungen zum Weltpostvertrag, d. h. analog der Vertheilung der Unterhaltungskosten des internationalen Büreaus, für die einzelnen Länder festgesetzt.

„Das internationale Büreau wird mit der Fabrikation der internationalen Briefmarke, mit der Aufbewahrung und Versendung derselben an die einzelnen Länder, sowie mit der Abrechnung beauftragt."

Nachdem noch der Delegirte der Vereinigten Staaten sich für diesen Vorschlag ausgesprochen hatte, deutete der Staatssecretair von Stephan in wenigen Worten die Schwierigkeiten an, welche sich der Verwirklichung des den Vorrednern vorschwebenden Ideals entgegenstellen. Diese beruhen einerseits auf der Verschiedenheit des Münzwesens, andrerseits auf dem Mangel einheitlicher Strafbestimmungen für den Fall der Fälschung von Briefmarken.

Der Delegirte der Vereinigten Staaten erklärte zum Schluss, von seiner Regierung die Instruktion erhalten zu haben, dem Kongresse die Annahme einer internationalen Briefmarke vorzuschlagen. Das Bedenken, dass mit Rücksicht auf den verschiedenen Münzwerth der Länder der Kauf und Verkauf der Marken durch Privatgesellschaften bewirkt werden könne, welche daran profitiren würden, wenn sie die Marken in einem Lande zu niedrigem Preise kauften, im andern zu höherem Preise verkauften, sei mehr eingebildet, als wirklich. Der Unterschied des Geldwerthes in den verschiedenen Ländern des Weltpostvereins einerseits und der Kostenbetrag der Marken andrerseits seien so unbedeutend, dass nach Deckung aller Ausgaben für den Ankauf und die Uebersendung der Marken, einschliesslich der Zollgebühren, der Profit zu gering sein werde, um die Spekulanten zu reizen. Man könne überdies ein Gesetz geben, welches den Verkauf von internationalen Briefmarken durch andere Stellen, als die Post, verbietet.

So weit ist die Möglichkeit der Einführung einer internationalen Briefmarke erörtert worden; man ist also bis jetzt über die allgemeinsten Gesichtspunkte nicht hinausgekommen. Es soll deshalb in Nachstehendem versucht werden, die Vortheile und Schwierigkeiten des Vorschlags zu zeigen und die Möglichkeit der Durchführung desselben zu erwägen.

Nichts würde dem korrespondirenden Publikum das Bestehen und Wirken des Weltpostvereins besser veranschaulichen, als die Möglichkeit, in einem Gebiete von nahezu 100 Millionen Quadratkilometern und einer Bevölkerung von rund 1000 Millionen Menschen eine Briefmarke von allgemeiner Gültigkeit zu verwenden ohne Rücksicht auf die Währungsverhältnisse der einzelnen Länder. Durch diese Marke wäre das korrespondirende Publikum, welches mit den Währungsverhältnissen anderer Länder und mit den Werthbeträgen fremdländischer Marken im Allgemeinen nicht vertraut ist, in den Stand gesetzt, das Franko eines Briefes oder, wenn derselbe nicht vollständig frankirt war, die Richtigkeit der Nachtaxe zu prüfen.

Ferner würden die Reisenden der grossen Unannehmlichkeiten überhoben, denen sie in fremden Ländern dadurch ausgesetzt sind, dass die Briefmarken des einen Landes im andern Lande für die Frankirung von Postsendungen keinen Werth haben, ein Umstand, welcher die Reisenden zwingt, sich entweder einen Bedarf an Briefmarken desjenigen Landes, welches sie betreten, zu verschaffen oder die Briefe an ihre Korrespondenten in den anderen Staaten unfrankirt abzusenden. Man besitzt zwar bereits jetzt ein Mittel, von jedem fremden Lande aus Nachrichten nach der Heimath gelangen zu lassen, ohne dass man nöthig hätte, im Ausland ein Postamt zu betreten. Dieses Mittel ist die Postkarte mit Antwort. Wird von dieser die Antwortkarte abgetrennt, so ist damit eine Weltpostkarte geschaffen, welche in

12

jedem fremden Lande zur Post gegeben werden kann, denn selbst diejenigen Postverwaltungen, welche derartige Postkarten nicht ausgeben, sind nach den Bestimmungen des Weltpostvertrags verpflichtet, die aus anderen Ländern herrührenden Antwortkarten ungehindert zu befördern. Indess ist die Postkarte wegen der geringen Grösse nur für kurze und wegen der offenen Versendung nicht für alle Nachrichten geeignet.

Hierzu kommt, dass durch die internationalen Briefmarken den Briefversendern eines Landes das Mittel gegeben wird, ihre Korrespondenzen nach einem andern Lande mit für die erbetene Rückantwort gültigen Briefmarken zu versehen, was in vielen Fällen aus naheliegenden Gründen sehr erwünscht und durch die Uebersendung einer Antwortkarte in manchen Fällen nicht möglich ist.

Von grosser Bedeutung ist der Umstand, dass mit der Einführung einer internationalen Briefmarke auch sofort ein internationales überall gleiches Werthzeichen geschaffen würde. Da schon jetzt der Brauch herrscht, kleinere Zahlungen in Briefmarken zu leisten, so ist mit Sicherheit anzunehmen, dass dieses im innern Verkehr der einzelnen Postgebiete beobachtete Verfahren auch im internationalen Verkehr Platz greifen, und mithin diese Art der Geldversendung, namentlich soweit kleinere Beträge in Frage kommen, an die Stelle des Postanweisungsverfahrens treten würde, wie dies auch eine der dem Berner Kongresse unterbreiteten Petitionen hervorhebt.

Bietet hiernach die Einführung der Universalbriefmarke manchen Fortschritt in der Korrespondenz im ganzen Gebiete des Weltpostvereins, so darf man andrerseits die Schwierigkeiten nicht unterschätzen, welche hauptsächlich finanzieller, dann auch technischer Art sind.

Gerade die vortheilhafte Verwendbarkeit der Universalbriefmarke als Zahlungsmittel verursacht die schwerwiegendsten Bedenken, denn mit der Schaffung der internationalen Briefmarke muss naturgemäss die nach langen Kämpfen weggefallene Portotheilung wieder in Aufnahme kommen. Bei dem im Artikel 12 des Weltpostvertrags ausgesprochenen Princip, dass jede Postverwaltung das Porto, welches sie erhebt, ungetheilt behält, würden nämlich viele Länder, namentlich solche, nach welchen die Versendung kleinerer Geldbeträge mit Schwierigkeiten oder erheblichen Kosten verknüpft ist, unbedingt Einbusse erleiden. Doch ist dies noch der kleinere Missstand, da sich wohl ein Modus denken lässt, nach welchem eine Ausgleichung wenigstens annähernd erzielt werden kann.

Setzen wir den Fall, die internationale Briefmarke sei eingeführt, und der Werth der im Jahre 1893 zur Frankirung der internationalen Korrespondenz verwendeten Marken habe betragen:

1. im Vereinsland A ℳ 80 000,
2. „ „ B „ 4 000,
3. „ „ C „ 6 000,
4. „ „ D „ 10 000,
5. „ „ E „ 20 000,

so würden von dem gesammten Umsatz von 120 000 Mark auf

1. das Vereinsland A 66,66 Procent,
2. „ „ B 3,33 „
3. „ „ C 5,0 „
4. „ „ D 8,33 „
5. „ „ E 16,66 „

entfallen. Andrerseits sei angenommen, dass der Erlös aus den an das Publikum abgesetzten Briefmarken zusammen 140 000 Mark betragen habe, und dass diese Summe sich in folgender Weise vertheile:

1. auf das Vereinsland A ℳ 60 000,
2. „ „ „ B „ 10 000,
3. „ „ „ C „ 15 000,
4. „ „ „ D „ 25 000,
5. „ „ „ E „ 30 000.

Von dem Gesammterlös würden nach dem oben angegebenen Procentsatze entfallen:

1. auf das Vereinsland A ℳ 93 333,33,
2. „ „ „ B „ 4 666,66,
3. „ „ „ C „ 7 000,—,
4. „ „ „ D „ 11 666,66,
5. „ „ „ E „ 23 333,33,

Bei der Ausgleichung hätte

				zu fordern	zu zahlen
1.	das	Vereinsland	A	ℳ 33 333.33	
2.	„	„	B		ℳ 5 333.33,
3.	„	„	C		„ 8 000,—,
4.	„	„	D		„ 13 333.33,
5.	„	„	E		„ 6 666,67,

$$\text{ℳ } 33\,333,33 = \text{ℳ } 33\,333,33.$$

Es ist kaum anzunehmen, dass sich einer derartigen Abrechnung unüberwindliche Hindernisse in den Weg stellen würden. Die Anzahl der im Lande zur Frankirung der Auslandskorrespondenz benutzten Universalbriefmarken wäre durch intermittirende Statistiken festzustellen, welche mit derselben Peinlichkeit, wie gegenwärtig die Statistik über die Transitvergütungen, indess häufiger als die letztere, vorgenommen werden müssten, etwa alle Jahre, wie beispielsweise die Statistik, welche zur Feststellung der den deutschen Eisenbahnverwaltungen seitens der Postverwaltung für die Beförderung der über 10 kg schweren Päckereien zu zahlenden Entschädigungssummen dient.

Schwerere finanzielle Bedenken bietet schon die Verschiedenartigkeit der Münzsysteme der Vereinsländer. Das im Weltpostvertrag festgesetzte Einheitsporto besteht hauptsächlich nur in den Ländern, welche den Franken als Münzeinheit haben; den übrigen Ländern ist es überlassen worden, die Taxen zum entsprechenden Werthe in ihrer eigenen Währung festzusetzen. Da es selbstverständlich nicht möglich ist, den Werth von 25 Centimen in jeder andern Währung genau auszudrücken, existirt eine nicht unerhebliche Verschiedenheit des Einheitsportos für Briefe. Der deutsche Portosatz von 20 Pfennig entspricht dem Werthe von 24 $^3/_4$ Centimen; das österreichische Weltporto von 10 Kreuzern bleibt fast um 5 Centimen hinter dem Werthe von 25 Centimen zurück, während in Dänemark, Norwegen und Schweden der Portosatz von 20 Oere den Betrag von 25 Centimen um etwa 3 Centimen übersteigt. Diese Unterschiede sind zwar im Einzelnen nicht erheblich; sie werden es aber, wenn es sich um Massen handelt. Infolgedessen würde die Freimarke bald von Spekulanten massen-

haft in denjenigen Ländern, in welchen der Werth der Universalbriefmarke hinter dem Betrage von 25 Centimen zurückbleibt,
aufgekauft und in diejenigen Länder eingeführt werden, in welchen
ein höherer Betrag gezahlt wird.

In weit höherem Grade noch würden die Valutaverhältnisse
zu Spekulationszwecken ausgenutzt werden. Betrachten wir dies
beispielsweise im Verhältnisse von Italien zu Deutschland, so finden
wir gegenwärtig dort wenn auch nicht die gesetzliche, so doch
die faktische Papierwährung, hier dagegen die Goldwährung. Nehmen
wir an, dass die italienischen Wechsel an den deutschen Börsen
ein Disagio von 8 bis 10 Procent haben, so würde es zweifellos ein einträgliches Geschäft sein, an einer deutschen Börse
Wechsel auf italienische Plätze zu dem niedrigen Preise aufzu-
kaufen, diese Wechsel in Italien zum Nennwerthe einlösen zu
lassen, internationale Briefmarken dafür anzukaufen und diese
nach Deutschland zu senden. In dieser Weise würde an jeder
einzelnen Marke ein Profit von 1 $\frac{1}{2}$ bis 2 Pfennigen erzielt werden.
Bei der Einführung der internationalen Briefmarken würde man
im Weltpostverein sehr bald die Thatsache konstatiren können,
dass die Länder mit den schlechtesten Münzsystemen den grössten
Umsatz an Universalbriefmarken hätten. Wie derartigen Spekula-
tionen vorgebeugt werden könnte, ist bisher wohl auch dem
eifrigsten Fürsprecher der internationalen Briefmarke noch ein
Räthsel geblieben.

Die geschilderten Nachtheile werden sich, auch wenn der
Verkauf von Universalbriefmarken durch andere Stellen, als durch
die Post, in allen Vereinsstaaten unter Strafe gestellt wird, nie
völlig beseitigen lassen; indess darf wohl angenommen werden,
dass einestheils dieses Verbot, anderntheils die Beschränkung der
Benutzung der genannten Briefmarken auf den internationalen
Verkehr und die Rücksicht auf die durch die Versendung entstehenden Porto- und sonstigen Kosten einen Missbrauch durch
Spekulanten erschweren. Dagegen ist das bei den betreffenden
Berathungen auf dem Wiener Kongresse geäusserte Bedenken,
die Einführung der Universalbriefmarke würde Anlass zu vielfachen Portodefraudationen geben, grösstentheils beseitigt worden,
da die Frage der strafrechtlichen Ahndung der Fälschung von
Briefmarken, wie wir oben gesehen haben, in den meisten Staaten

inzwischen gelöst ist und in den übrigen ihre Lösung voraussichtlich bald finden wird.

Die Bedenken technischer Art richten sich hauptsächlich gegen die Umständlichkeit der Versendung der bei dem internationalen Büreau hergestellten Marken an die Verwaltungen der Vereinsstaaten. Bei den grossen Massen, um welche es sich bei der internationalen Korrespondenz handelt, würde die Herstellung, Versendung und Verrechnung der Marken allerdings einen erheblichen Aufwand an Arbeitskräften erfordern.

Da der nächste Weltpostkongress in Washington zusammentreten wird, und somit der Postverwaltung der Vereinigten Staaten von Amerika die Aufgabe zugefallen ist, die dem Kongresse zu unterbreitenden Vorlagen zu entwerfen, so steht bei dem grossen Interesse, welches diese Verwaltung der Idee der internationalen Briefmarke entgegenbringt, zu erwarten, dass sich unter den Vorlagen ein Plan, betreffend die Einführung der internationalen Briefmarke, befinden wird. Wenn es auch nicht gelingen sollte, schon auf dem nächsten Kongresse zu einem positiven Ergebniss zu gelangen, so wird der Gedanke der Universalbriefmarke doch immer wiederkehren, obgleich er eigentlich weniger einem tief empfundenen Bedürfniss entsprungen, als in dem Wunsche begründet ist, ein äusseres Zeichen der im Weltpostverein zum Ausdruck kommenden Gemeinschaft aller civilisirter Völker zu besitzen.

Quellenangabe.

Die Akten des Reichs-Postamts in Berlin über
Weltporto, Bd. I—XVIII,
  Abkommen über den Austausch von Postanweisungen, Bd. I—IV.
  »   »   »   »   »   » Werthbriefen,   » I—IV.
  »   »   »   »   »   » Postpacketen,   » I—IV.
  »   »   »   »   »   » Postaufträgen,   » I—III.
Die im eidgenössischen Archiv in Bern vorliegenden Protokolle der
Pariser Konferenz von 1863.
Die Akten des schweizerischen Postdepartements aus den Jahren 1873
und 1874 (ungeheftet und unsignirt).
Die vom Bureau international de l'union postale universelle heraus-
gegebenen
Circulaires, Jahrgang 1875—1893.
Rapports de gestion, Jahrgang 1875—1893.
Documents du congrès postal de Berne 1874.
  »   »   »   » Paris 1878.
  » de la conférence postale de Paris 1880.
  » du congrès postal de Lisbonne 1885.
  »   »   »   »   » Vienne 1891.
Union postale, Jahrgang 1875—1891.
Statistique générale du service postal 1875—1891.
Das Bundesgesetzblatt der schweizerischen Eidgenossenschaft, Jahrgang
1848—1876.
Report of the (British) Postmaster General, Jahrgang 1855—1891.
Bulletin mensuel de l'Administration des Postes (françaises) Jahrgang
1870—1891.
Die Verwaltungsberichte der österreichischen Postverwaltung.
Archiv für Post und Telegraphie 1873—1891.
Hüttner: Beiträge zur Kenntniss des deutschen Postwesens.
von Kirchheim: Der Pariser Postkongress.
Meili: Die internationalen Unionen.
Meili: Das Recht der modernen Verkehrs- und Transportanstalten.